つながりからみた 自殺予防

SUICIDE PREVENTION

太刀川 弘和

HIROKAZU TACHIKAWA

人文書院

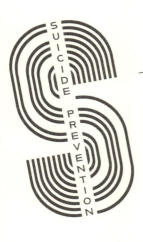

はじめに

我が国では、ここ数年ようやく年間自殺者数が三万人を切り、バブル経済崩壊前の水準に戻った。この状況については、既に多くのメディアで折に触れ報じられているので、みなさんもご承知だろう。一九九八年から急増した自殺者数は、年間三万人以上の状態が一〇年以上続いた。二〇〇六年に、この状態を憂えた人々の尽力で自殺対策基本法が制定され、以降様々な自殺対策が国をあげて行われてきた。そして二〇一二年頃から自殺者数は減少に転じた。それでも、二〇一八年の年間自殺者は二万人以上いる。これは年間の交通事故死者数の約六倍で、世界的にも他国と比べて大変高い。このような「自殺をめぐる社会状況」について、それを悲劇と感じて何とかしたいと思うのが、一般的感想であろう。厚生労働省は、今後一〇年間で自殺者数をさらに三〇パーセント削減することが目標、と謳っている。

一方みなさんは、「一人の人間が自殺すること」について、どのような考えをお持ちだろうか？　とても重い問題で、あまり考えたくない、と思うかもしれない。自殺は本人が覚悟の上の行為だから、どうしようもない、と思うかもしれない。自殺するのは個人の自由だ、とさえ思う人もいるだろう。身近な人が自殺した人では、なぜこのようなことがおこってしまったのか、自分のせいではないか、などと、きっと思うことだろう。

自殺は歴史的に古くから存在し、その是非については医学、哲学、宗教、芸術など多くの領域で様々な考え方があるが、全ての人が納得するような一致した答えが出ているわけではない。亡くなった方の自殺の是非や不幸の内容について問うことは、周囲の人の事後的な解釈であって、本人は亡くなっているのだから訊くわけにもいかず、答えがでないのは道理である。そこで本書でもそのような議論を進めるつもりはない。

しかし筆者は精神科医として、今までに多くの「死にたい」と悩む患者さんに接し、そのうち数人は不幸にも自殺に至ってしまい、何度か深い悔悟の思いにさいなまれた。一方で、重い精神疾患にあっても、幸いにして自殺を踏みとどまり、幸せに生活している人もたくさん知っている。さらに筆者は、これまでの人生で、何人かの大切な友人・知人・親族の自殺に接してきた。

これらの経験から思い至るのは、自殺というのは「様々な人生の不幸と悩みにさらされた人たちが対処した行動の悲劇的な結果」であろうということである。もし、そうであれば、今悩んで死にたいと思っている人に対して、事前の不幸と悩みに手を差し伸べ、可能な限り生の側にとどめることは、医師としても人間としても、正しい行動といっていいだろう。そういう意味で、自殺予防は必要なことだと思う。ただし、事前の不幸と悩みをどのように軽減できるのか、どのように対処行動の幅を広げ、自殺したいほど悩んでいる人たちを救うのか、という困難な問いに、私たちは対峙しなければいけない。そのためには、まず様々な立場からの自殺に関する考え方と、自殺予防の最新の対策を知る必要がある。しかし、多くの一般書では、自殺に対する考え方や対策の紹介が、客観的とはとても言えない単一の個人的視点や経験から書かれているものも多く、時には自殺を肯定するような極端に偏った考え方で書かれているものさえある。

筆者はここ数年、医療の立場や行政の立場の人たちと協力して自殺予防活動を行っている。ところが、しばしば活動に対しての違和感を覚えることもある。行政の立場で行われる社会的な自殺対策は、多くの場合、公的な支援ネットワークの整備や、健康診断における自殺者のスクリーニング、自殺予防の啓発活動など、社会的な対策に重点がおかれている。しかし臨床的には、自殺は人生の不幸と悩みにまつわる極めて個人的な葛藤の結果なのであり、その対策も精神疾患の治療を含め、悩める個人への対策に重点がおかれる。そこで医療の立場からすると、「自殺予防キャンペーン」や「生き心地のいい社会」といった、現在行政で行われている自殺対策のキャッチコピーに温度差を感じてしまうのである。むしろ、個人レベルと社会的レベルの価値観や支援体制をいかにつなげるか、という自殺対策の接続面、いわば自殺対策がどう連動していくか、が現在の対策には問題として残るように思う。

そこで本書では、自殺に関する考え方、自殺の予防に関する考え方の現状を順次紹介し、整理していきながら、むしろその問題点を検証していきたい。そのうえで、個人でできる自殺予防、社会的にできる自殺対策をあげ、さらにそれらの連携こそ、今後の重要な自殺予防対策であることを提言していきたいと思う。

なお、本書では「つながり」という言葉を何度も使うが、この言葉は、個人と個人のつながり、すなわち「絆」という意味と、社会的な対策と個人への具体的な対応をつなぐ「連携」の、二重の意味で使っているので、前もって理解しておいてほしい。

目次

第一章 自殺は個人の問題か、社会の問題か？

彼女はこれまでにも「死にたい」といい、何度かリストカットや過量服薬を繰り返したが、とうとう自殺企図で重傷を負い、ショック状態となった。懸命な救急治療で意識を回復した彼女の第一声はこうだった。「ああ、死ぬかと思った」。

自殺の社会的現状——他人事ではない

「自殺は他人事で、あまり考えるべきではない、あるいは考えたくない」、という立場がある。確かに自殺という言葉の響きは重く、そこに本来明るいイメージは仮託できない。今日の健康ばかりを追求する衛生的な社会は、「死」や「殺」などネガティブなイメージを想像させる言葉をできるだけ避けている。自らの人生に精一杯の時、できれば考えるだけで気が重くなるようなことは考えたくないという気持ちが出るのもやむを得ない。そこで、生々しい個別の死について考える前に、厚生労働省が作成している自殺対策白書(1)におけるいくつかの疫学データを用いて、自殺の社会的現状を眺めてみよう。

一九九八年から一四年間連続して、日本では年間自殺者数が三万人を超えていた。三万人という数は、例えは悪いが、あえて想像しやすくするためにいえば、年始に行われ、日本最大の参加者を誇る東京マラソンの出走者数（例年三万五〇〇〇人程度）に近い。マラソン開始時には、都庁に集結し出走を待つ無数のランナーの様子がテレビで報じられるが、同程度の数の人が毎年自殺でなくなっていたのである。

また、全国に一七四二ある市区町村のうち、半数以上九七六の各市区町村人口は三万二〇〇〇人以下である。つまり、例年市町村の一つが自殺で消えていくことに等しい。将来人口減で消えていく自治体のニュースが、最近驚きをもって報じられていたが、自殺に関しては、このような例えで危機感が何年も前から語られている。さらに時間単位で考えてみると、一年は三六五日であるから、年間三万人ということは、一日に平均して八七・六人、一日を二四時間として一時間に三・七人が自殺でなくなっている計算になる。さらに交通事故と比較してみる。例えば二〇〇九年度中の交通事故死者数は年間四九一

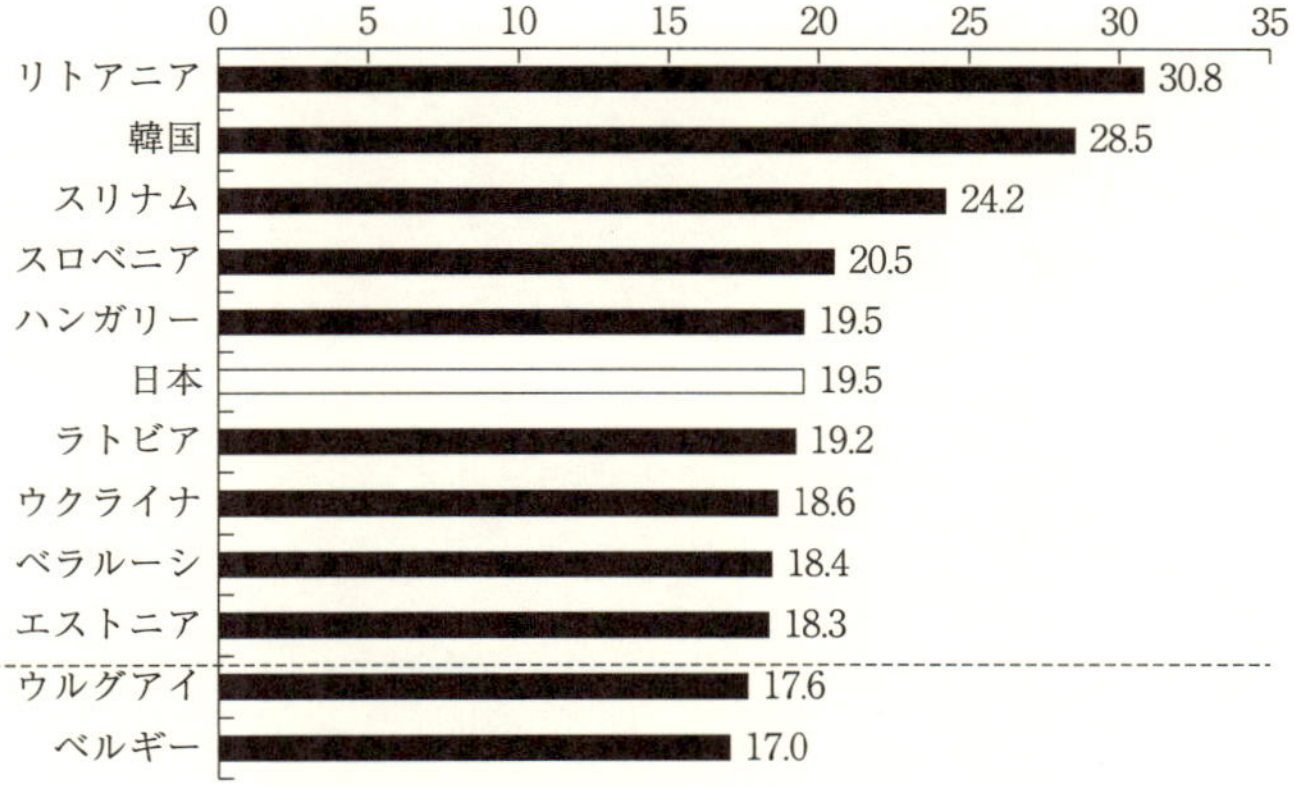

図 1　世界の自殺率順位（厚生労働省，2017）

四人であり、その後も減少を続けている。同年の自殺者数は交通事故の約六・四倍にあたる。このように想像していくと、どれほど日本の自殺問題が深刻か、おわかりになるだろう。

これは諸外国と比べてどのような位置づけだろうか。厚生労働省の自殺対策推進室は、世界保健機関（ＷＨＯ）の死亡データベースから、二〇一三年以降の人口と自殺者数が掲載されている国を対象に自殺死亡率を算出し、図１のように上位の国を順に表示している。

この図では、我が国の自殺率はリトアニア、韓国、スリナム、スロベニア、ハンガリーに次いで六位であり、アジアでは韓国に次いで第二位に位置する。もっとも、二〇一〇年までのデータでは第一位であった。同年、韓国の自殺率が急増したために第二位になったのである。この主な要因については、同国高齢者の経済苦、不況による就職難、軍隊での不適応などが指摘されている。ともあれ、図を一瞥しておわかりのように、他のランキング上位の国は概して国情が不安定だった、旧ソ連や旧東欧諸国、発展途上国であり、やはり国情が安定しているといわれる日本の自殺

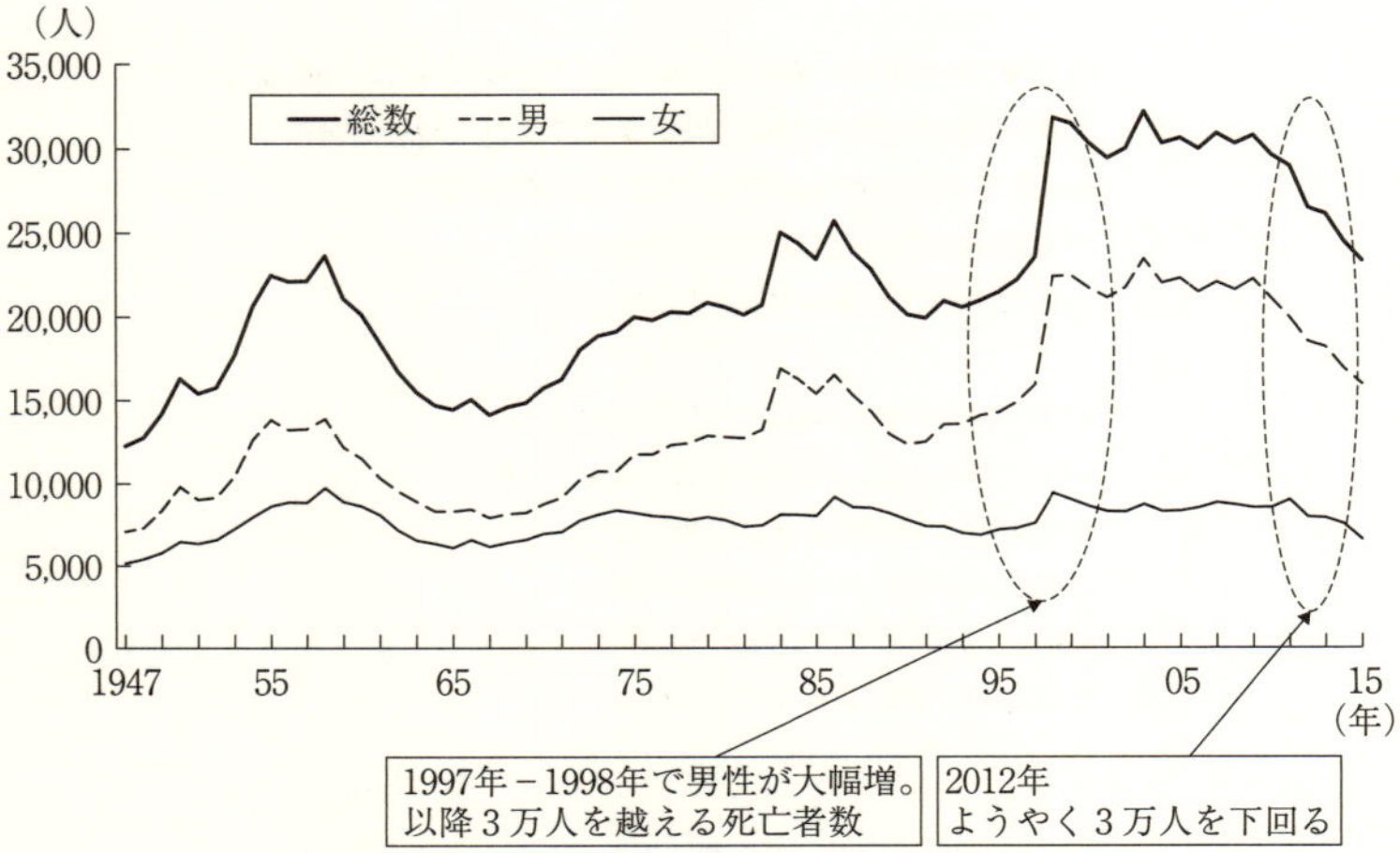

図２　我が国の自殺の現況（厚生労働省，2017）

率の高さは特殊といわざるを得ない。

　では、この悲劇的状況は続いているのだろうか。厚生労働省が報告している図2の自殺者数の年次推移をみてみると、我が国の自殺者は一九九七年が二万四三九一人であったが、一九九八年に三万二八六三人と約一・三倍に急増した。それまでの戦後の自殺率の推移をひもとくと、一九五五年に一回目、八五年に二回目の自殺者急増のピークがみられており、一九九八年からは三回目のピークといえよう。一九五五年前後の一回目のピークは学生運動の終焉、戦後の価値観からの急激な転換を契機としており、五年ほど続いて減少に転じた。一九八五年頃の二回目のピークはプラザ合意に伴う円高不況の時期に一致しており、やはり五年ほどで減少に転じた。一九九八年に増加した三回目のピークでは、その後一四年間にわたって、年間自殺者三万人以上の状態が続いた。

　この一九九八年からの一〇年に何があったかというと、バブル経済の崩壊がある。当時の小泉純一郎総理が、「痛みに耐えないと明るい展望が開けることはありえない。改革なくして（経済）成長なし」、といってのけた時代から、地域を問わず日本の自殺者数は長く高どまりしたまま、その後一四年にわたり、年間三万人を維持していた。二〇〇九年から自殺者数は減少に転じ、二〇一二年には、ようやく三万人を下回った。その後も減少が続き、二〇一五年の時点で二万三一五二人と、バブル崩壊前の時点に戻り、二〇一六年には二万二〇〇〇人を下回った。それでも現時点で年間二万人以上の自殺者がいる。

医学の領域でも自殺は看過できない。表1の我が国の死因統計[2]によると、自殺は、男女を問わず四十歳代まで死因の上位三位に常に入っており、特に男性で二〇歳から四四歳まで、女性で一五歳から三四歳までは、死因の第一位なのである。これは、自殺ががんとならぶ健康上の大問題であることを示している。

表1　世代別死因上位三位

世代	死因		
	1位	2位	3位
10代	不慮の事故	自殺	がん
20代	自殺	不慮の事故	がん
30代	自殺	がん	不慮の事故
40代	がん	自殺	心疾患
50代	がん	心疾患	脳血管疾患

（厚生労働省，2009）

さらに注意すべきなのは、自殺者数とは、自殺で既になくなってしまった人の数を指すということである。一般的に、自殺者が一人いるということは、その背後に一〇人の自殺未遂者がいることを意味する。また未遂者が一人いるということは、その背後に一〇人の死にたい気持ちを持つ人がいることを意味するという。すると、自殺者三万人の背後には三〇万人の未遂者が、さらにその背後には三〇〇万人の死にたい人がいる計算になる。日本の人口が約一億二八〇〇万人（二〇一〇年度）とすると三〇〇万人は全人口の二・三パーセント、つまり、国民の百人に二人以上は「今死にたい」と思っている計算になる。筆者らの研究班が二〇一一年に実施した、茨城県の笠間市住民のこころの健康調査[3]においても、「一カ月以内に死にたいと思った」人は全調査者の五パーセントおり、「今までに死にたいと思ったことがある」人は、二五パーセント、実に四人に一人いた。笠間市は、人口構成や経済状態など自治体の様々な公的指標が全国平均に近い。また、ここで示した自殺を考えている人の比率は、実は他市の研究調査でも大きく変わりはない。

自殺者が多いことは、私たち自身のこころにも深刻な影響をもたらす。先の住民調査に戻ると、四割の人が「今までの人生で周囲に自殺した人がいる」と回答した。また、「今までの人生で死にたい」と思った人は、そうでない人に比べてより多く周囲の人の自殺を経験していた。群発自殺という現象をご存じだろうか。個人にとって重要な他者が自殺すると、その後を追って複数の自殺が生じる現象のことである。[4] この現象は、一人の自殺が、周囲にも自殺したくなるほどの深刻な影響を与えることを示している。親しい者の自殺は、「なぜ救えなかったか」「自分のせいではないか」という自らを責める気持ち（自責感）を、周りの人々の心に与える。自殺で家族をなくした遺族（自死遺族）となると、影響の強さはなおさらである。遺された人々は、真面目な人ほどうつ病にかかり、自らも自殺を考えてしまう。こうして、群発自殺が発生する。群発自殺にまで発展しないにせよ、ある調査では、一人が自殺すると、周囲の人たち六人から一〇人の人生が変わるという結果が報告されている。[5] つまり、三万人の死は、およそ三〇万人の人々の人生を変えているのである。実際のところ、精神科医のなかにも、家族、友人の自殺を経験し、そのことを機に精神科医を志した人が少なくない。

ここまで述べてきた自殺の社会的現状をまとめよう。

我が国は、毎年二～三万人が自殺で死んでいる。それは毎年市町村が一つなくなるようなもので、世界的にみても高い自殺率である。この背後には数十倍の未遂者と、他者の自殺で人生が変わってしまった数十倍の人たちがいる。こうした社会的現況を踏まえたうえで、それでも私たちは、自殺は他人事で、自分に関係ないといい切れるだろうか。

次に自殺の精神医学的な定義と心理的プロセスについて論を進めよう。

自殺の心理——覚悟の上ではない

自殺についてよくいわれる考え方として、「自殺は覚悟の上での死であるから仕方がない」というものがある。日本人は歴史的にこの考え方をとりやすい。江戸時代の切腹や心中、太平洋戦争中の神風特別攻撃隊など、こうした例は枚挙にいとまがない。ここに武士道や忠君愛国思想の影響をみる研究者もいる。つい最近までその「覚悟」に共感し、自殺をロマンチックに賛美・美化する風潮さえあった。自ら割腹自殺を遂げた作家の三島由紀夫は、その端的な例である。二〇年ほど前のニュースでも、石原慎太郎が知己の政治家の自殺に際し、「覚悟があって偉い」といっていたのを聞いて驚いた記憶がある。自殺の意識調査をすると、半数以上の人は、「自殺は覚悟の上の死であると思うか」、という問いにイエスと答える。しかし、自殺は個人が本当に覚悟した上での死だろうか。
そもそも**自殺**とはどのような状態を指すのか、その定義については様々な考え方がある。そこで自殺の心理的プロセスを考える前に、その言葉の意味をまずはっきりさせておきたい。字義通りにいえば、自殺とは、自分を殺す行為となる。しかしこれでは自分で死のうとした結果を指すのか、自分を殺そうとした行為を指すのかがはっきりしない。前者の観点から、自殺ではなく**自死**という言葉を使うべきとする立場もあり、自殺で遺された家族は、「**自死遺族**」という呼称が一般的となっている。本書では、その行為を止めることが目的であり、その行為について一般に浸透している呼称である自殺を用いる。

心理学や精神医学の立場では、これまで様々に自殺の定義がされてきた。自殺学の権威であるエドウィン・S・シュナイドマンは、「自殺とは自らがもたらした生命を止める意識的行為であり、ある問題に対して自殺が最善の選択であると認識する必要性に迫られた人の多要因的な病態である」と定義した[6]。日本においては、精神科医の加藤正明が、「真の自殺とは、ある程度成熟した人格を持つ人間が、自らの意志に基づいて死を求め、自己の生命を絶つ目的を持った行動をとること」といい、同じく精神科医の大原健士郎も、自殺を「自らを殺す行為であって、しかも死にたいという意図が認められ、その結果を予測した死である」と述べている[7]。これに対して、自殺研究者の高橋祥友は、その著書『自殺の危険』[8]のなかで、「これらの定義は、自ら死の意図を持ち、行為の結果を予測している、という点で共通する。しかし果たして、自殺する人、あるいはそれを試みる人たちは、みな意識的にはっきりした死ぬ意志をもち、その結果としての死を予測しているだろうか」と疑問を付している[9]。

日本いのちの電話や日本自殺予防学会の創設に関わった精神科医の稲村博は、「自殺意図の明確な者は自殺者のうちで意外に少なく、意志コントロールの混乱がむしろ彼らの特徴である」と指摘し、そこでより客観的な基準として、「自ら自己の生命を絶とうとする行為を自殺行為、ないし自殺企図、および、結果として死に至ったものを自殺既遂（あるいは自殺）と呼ぶ」、と定義した。この定義は現在でも精神医学の領域で用いられている。すなわち、死にたいと思う気持ちを**希死念慮**、自殺したいと強く願う気持ちを**自殺念慮**、自らの死を念頭に行う行動を**自殺企図**、企図の結果として死に至るものを**自殺既遂**、幸い命を取り留めたものを**自殺未遂**、と呼ぶ。これらの言葉は以降本書でも頻出するので覚えておいていただきたい。

日本自殺予防学会の現理事長である精神科医の張賢徳は、自殺未遂した患者に未遂直前の様子を尋ね、その多くに記憶の欠損がみられたことから、「自殺企図の際、個人は大なり小なり解離状態、つまり催眠にかかった人のように、意識の範囲が狭くなったトランス様の状態にあるのではないか」という自殺の解離仮説を立てている[10]。

私が診ていたある患者さんの例をあげよう。彼女はこれまでにも「死にたい」といい、何度かリストカットや過量服薬を繰り返したが、とうとう自殺企図で重傷を負い、ショック状態となった。懸命な救急治療で意識を回復した彼女の第一声はこうだった。「ああ、死ぬかと思った」。

また、鉄道に飛び込み自殺を図り、助かった患者の話は次のようなものである。

「次の営業先にいくまでに、駅で電車を待っていて、ああ、なんだか毎日つらいなあと思っていた。電車がホームに入ってきてそれをみつめていたら、いつのまにか飛び降りていた。助かって本当によかったです。あの時死にたいとさえ、思っていたか定かではない」。

意志のコントロールが困難で、直前に解離状態にあるとすると、死ぬ一歩手前においても、彼らのように、死を覚悟し、行為の結果を予測しているとはとてもいえまい。

では、これらの定義を用いて自殺に至る経過を図3に描写してみよう。

まず、前提として個人が健康問題、経済問題、職場問題、家庭問題など人生上の様々な問題を複数抱えて解決策の見いだせない慢性的な葛藤状況にある。これを自殺の準備状態とする。個人はその状態におかれて悩み、苦しみ、うつ状態となる。うつ状態が続くと思考力が低下し、さらに複数の問題の解決策から遠のく。そして、これらの問題を解決、または回避するには死しかないのではないかと思い至る。こうして希死念慮、次いで自殺念慮が徐々に高まっていく。しかし人間は本来生きることを目標とした

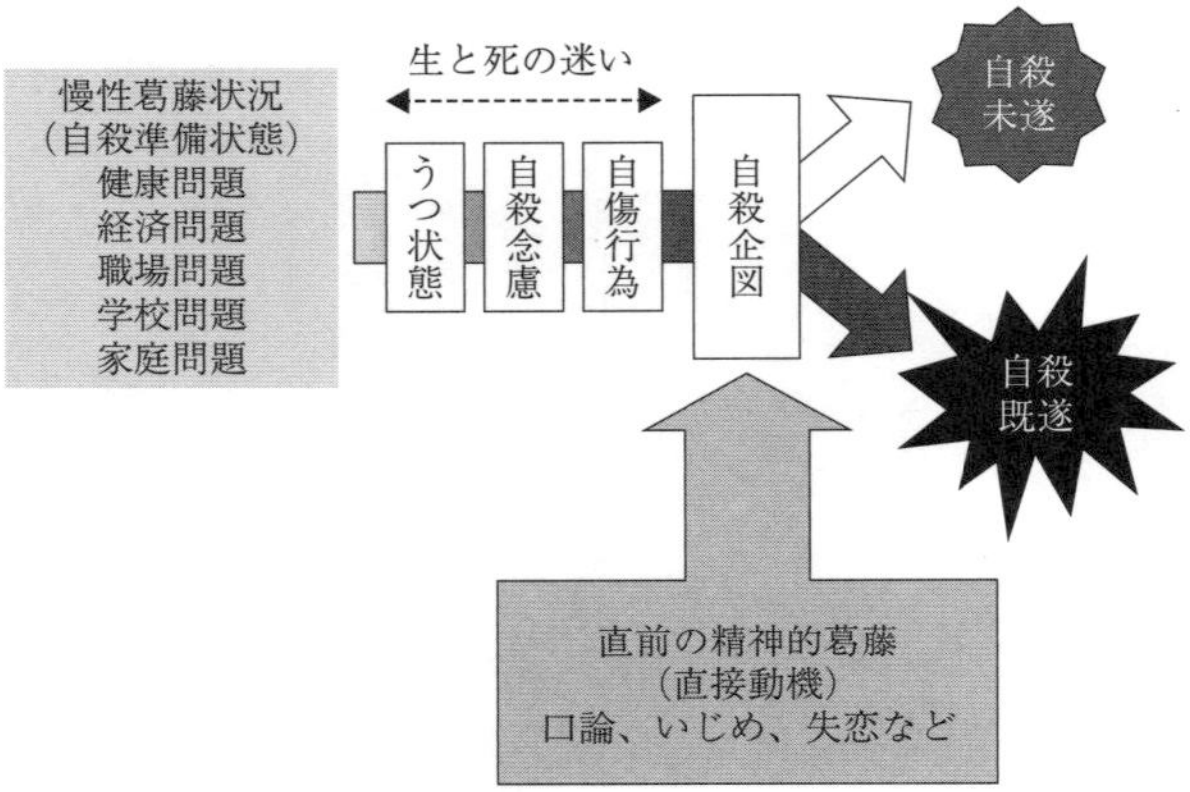

図3　一般的な自殺のプロセス

メカニズムを持つ。そこで死にたい気持ちと生きたい気持ちの間を振り子のように揺れ動く。人に気づかれぬまま生と死の迷いの森を彷徨する。個人によっては、生きる苦しみと死の誘惑から逃れるために、リストカットなどの自傷行為を行うこともある。

実は、この自傷行為にも落とし穴がある。当初は苦しみを痛みで忘れるため、すなわち生きるための対処行動として自傷を始めるが、繰り返し行っているうちに、同じ効果を得るために行為の頻度や強度が強まる耐性が生じ、長期的には自殺の抑止となる死の恐怖を軽減させることになり、結局自殺のリスクを高めてしまう。バンジージャンプやジェットコースターのようなものを想像するとよい。はじめはスリルを求める欲求が生命のリスクへの恐怖にかろうじて打ち勝ち、実行される。しかし一旦それに慣れてしまうと、むしろスリルをさらに追求するようになり、好んでリスクを経験するようになる。もし万が一綱がきれたら、とか、高所で脱線したら、という恐怖は忘れてしまう。死の影が一歩ずつ忍び寄る。

さらに、自殺念慮が強まると特徴的な心理状態になることを高橋は指摘している。(8)「この世で自分は一人きりだ」といった極度の孤立感、「自分は生きる価値がない」という無価値感、「こんな社会は許せない」という強度の怒り、「自分は今後もつらい状態で一生一人きりだ」という窮状が永遠に続く確信、「他に解決策は全くない」という心理的視野狭窄、「もうどうでもよい」という諦め、などの特徴があげられている。このような心理的状態にあるとすれば、これは理性的に自殺の覚悟を決める状態とはとてもいえない。

そしてついにある時、直前の精神的葛藤、これは例えば、家族と口論したとか、いつもより激しいいじめに遭ったとか、失恋したとか、自分が何らかの犯罪で逮捕されることを知ったとか、長期的にみればやり過ごすことができたかもしれない人生のネガティブな出来事(直接動機)が引き金となり、衝動的に自殺企図が生じる。自殺企図の結果生きていれば自殺未遂、死んでしまったら自殺既遂となり、かくして個人の自殺のプロセスが完了する。

慢性的な葛藤の内容については、遺書においてすらあまり語られない。おそらくは、死の目前となって、心理的視野狭窄の状態にある本人は、何が自分を死に駆り立てているのかわからず、目前のことしか見えていないと思われる。一方で自殺だけは自分ができることという万能感が、一種の高揚感として感じられているのだろう。

しばしば作家や哲学者が「自殺は自分の権利である」といったり、覚悟の上の自殺の宣言をすることがある。しかし筆者にいわせれば、これは本来の賢明さを失って、それでも最後まで自分のプライドを守ろうとする自己愛的な行動を超越するものではない。最近でも、多摩川に飛び込み自殺したとされている評論家の西部邁が、「一人で死んでいく」と自殺を仄めかす発言をしながら、実際は健康上の問題を抱えて、自殺の手助けを身近な人に頼んだことが事件となっている。覚悟の上の死を宣言していても、自殺の真実は迷った上の誤った死であることを、すでに八百年前に鴨長明が『発心集』[11]の中で記述しているので紹介しておこう。蓮華城という高名な僧侶が、自らの老いと死を嫌い、覚悟のうえで入水自殺を遂げるが、その後自殺をしないよう進言した弟子の下に幽霊となって現れる。なぜ化けて出てきたのか理由を尋ねると、蓮華城の霊は次のように語る。「わが心知らで、いひがひなき死にをして侍り。まさしく水に入らんとせし時、たちまちにくやしくなんなりて侍り」。これについて長明は、たとえ立派な人でも人の心は自ら推し量りがたい。覚悟の上といっても清明な気持ちで自殺はできない。これを末の世の人の教訓とすべし、と説く。

さて、当人が亡くなった後に警察が周囲の人から聴取できるのは、ほとんど推測された直接動機である。そこで報道などでよくされるように、直接動機が自殺の原因と単純に結びつけて考えられることが多い。いわく「いじめ自殺」「過労自殺」などである。しかし実際には先のプロセスを経て自殺は実行され、多くの動機と自殺リスクの総合的な関数として生じていることが、心理学的剖検研究という、本人の生い立ちから死にいたる道程を丹念に調査した結果からわかっている[12]。

個人が自殺に至る心理プロセスについてまとめよう。複数の解決困難な社会的問題を抱えた個人は、生と死の間を悩みさ迷い、直前の精神的葛藤を機に意志のコントロールが困難となり、特徴的な心理状態で自殺企図を行う。それは覚悟の上の死、というロマンチックな死とはおよそ異なり、意図も不明確で、死の予測も十分できていない非業の死である場合が多い。加えて、自殺には多くの場合、こころの病気が関係するとされる。

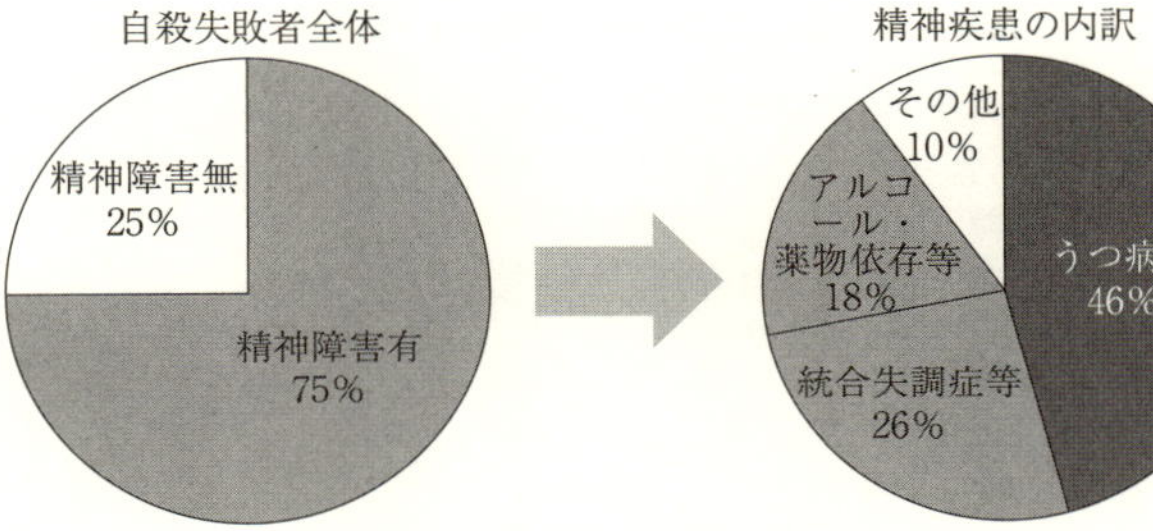

図４　自殺失敗者に占める精神疾患の比率（飛鳥井他，1994）

こころの病気（精神疾患）と自殺——正常心理ではない

精神医学の領域では、こころの病気、すなわち精神疾患が自殺のリスクを高めることが古くから知られている。精神科医の飛鳥井望らは、都立墨東病院の救急に入院してきた、治療しなければ亡くなっていたかもしれない、飛び降りや首つりなどの致死的な手段を用いて自殺を図った重症患者を「自殺失敗者」と定義し、彼らにどの程度の割合で精神障害の診断がつくか調査した[13]。その結果、図４に示すように、自殺失敗者の七五パーセントに精神障害の診断がつき、そのうち最多の四六パーセントがうつ病、二六パーセントが統合失調症、一八パーセントがアルコールや薬物の依存症の順に多かったと報告した。

ＷＨＯも、自殺既遂者の実に九〇パーセント以上に精神疾患の診断がつくと報告している。では、自殺と関係が深い精神疾患とはどのようなものだろうか。それぞれの疾患をアメリカ精神医学会が作った世界標準の診断基準である「精神疾患の診断・統計マニュアル第五版（ＤＳＭ-５）[14]」に準拠して紹介したうえで、その症状、経過と自殺との関係について簡単に説明しよう。なお、イメージしやすいように、罹患した有名人や、疾患に関わる映画もあわせて紹介したい。

表2　うつ病の診断基準

一日じゅう、ほぼ毎日、以下の症状が５つ以上２週間以上にわたり存在する。
・抑うつ気分……………………… 「気分がゆううつだ」
・興味・喜びの減退…………… 「興味がわかない」
・食欲・体重の減少・増加…… 「食欲がない」
・不眠・過眠……………………… 「眠れない」
・精神運動性制止・焦燥……… 「いらいらする」
・易疲労性または気力の減退… 「気力がでない」
・無価値感・罪責感…………… 「自分が悪い」
・思考力・集中力の減退……… 「考えが進まない」
・自殺念慮、自殺企図………… 「死にたい」

(American Psychiatric Association, 2014)

まず、自殺ともっとも関係が深いとされるうつ病について説明する。うつ病とは、強い抑うつ状態が続くこころの病気で、平均二五歳頃に発症する。生涯においては実に六〜八人に一人が経験するという頻度の高い病気で、女性に多い。有名人では「死に至る病」を著した哲学者のセーレン・キルケゴール、政治家のウィンストン・チャーチル、ロマン派画家のカスパー・ダーヴィト・フリードリヒなどがうつ病ではないかとされている。

主な症状は、表2に示すように、①ゆううつな気分、②興味や喜びの喪失、③食欲と体重の減少、④不眠または過眠、⑤いらいら、または動きの遅さ、⑥疲れやすさや気力の減退、⑦無価値感、または自分を責める、⑧思考力、集中力の減退、⑨繰り返す自殺念慮や自殺企図、である。ＤＳＭ-５では、この九つの症状のうち五つ以上が二週間以上続けば、うつ病と診断される。うつ病では、このほかに頭痛、目眩、耳鳴り、肩こり、冷感、しびれ、胸部圧迫感、呼吸困難感、腹痛、嘔吐、関節痛、頻尿、性欲減退など様々なからだの症状がこころの症状に合併、または先行することがあり、うつ病自体の存在が見出されにくい。このためうつ病のうち、精神科を受診している人は四分の一に満たないことが知られている。

うつ病の発生のメカニズムは様々に検討されている。生物学的には、元々の本人の素質、特に脳内で情動の調整に関わるセロトニンという神経伝達物質のアンバランスがあるのではないかと考えられている。心理学的には、「ちょっとでも仕事を休んだら自分は終わりだ」といった完全主義的な思考パターン（認知の歪み）や、まじめ一筋で几帳面、対人関係が円満でよく気を遣うような人（メランコリー親和型性格）など、性格と思考パターーンの特徴が指摘されている。こうした生物学的心理学的特徴を素地として、ある時、単身赴任、リストラ、定年、転居、病気、家族の死など、人生上の大きなストレスとなる出来事（ライフイベント）が契機となって発症することが多い。

うつ病は精神障害のうちで自殺のリスクがもっとも高い。診断基準にも自殺が症状の一つとして入っているほどで、うつ病の一五パーセントは自殺を試みる。別の報告でも、一〇人に一人が真剣に自殺を考え、四〇から五〇人に一人は自殺を実際に試みるとされる。これはうつ病のない人に比べて二五倍以上自殺リスクが高いことを意味する。うつ病者が自殺に至るまでのこころの道程をリアルに描いた映画には、アルコール依存傾向の男がピストル自殺を図るまでを描いた『鬼火』（ルイ・マル監督）がある。夫がうつ病になった細川貂々の漫画を映画化した『ツレがうつになりまして』（佐々木清監督）など、うつ病を正面からわかりやすく扱った邦画もある。うつ病者の心象を最も的確に表現しているのは、先述したフリードリヒの絵画（図5）であろう。窓際に佇む人や荒涼とした風景をシンメトリカルに描いた絵画からは、うつ病がもたらす精神の果てしない孤独と絶望がひしひしと伝わってくる。

次に自殺リスクが高い精神疾患は、統合失調症である。統合失調症は、かつて「精神分裂病」と呼ばれていた病気で、古くはその症状から狂気の代名詞とされていた。現在では、一〇〇人に一人以上は罹患する、糖尿病や高血圧と同様の普通の病気とされる。有名人では、ゲーム理論やナッシュ均衡で有名

図 5　フリードリッヒの絵画（カスパー・ダーヴィト・フリードリヒ，「窓辺の女」1822年）

表3　統合失調症の診断基準

A．以下のうち2つ以上の症状が、1カ月以上続く。
1）妄想
2）幻覚
3）解体した会話（例：頻繁な脱線または滅裂）
4）ひどく解体したまたは緊張病性の行動
5）陰性症状（感情の平板化、思考の貧困、意欲の欠如）
妄想が奇異なものであったり、幻聴がその者の行動や思考を逐一説明するか、または2つ以上の声が互いに会話しているものである時には、基準Aの症状を1つを満たすだけでよい。
B．社会的または職業的機能の低下がある。
C．障害の持続的な徴候が少なくとも6カ月続く
D．分裂感情障害と気分障害を除外する
E．物質や一般身体疾患を除外する
F．広汎性発達障害との関係を除外する

(American Psychiatric Association, 2014)

な数学者のジョン・ナッシュ、劇作家のアントナン・アルトー、「叫び」で有名な画家のエドワルド・ムンクがいる。我が国では作家の夏目漱石や画家の高村智恵子が統合失調症ではないかとされる。本症は二〇代前半に発症し、男女比はあまりない。主な症状は、①根拠がないのに「みんながグルになって私をいじめる」などと訴える妄想、②誰もいないのに頭の中で人の声、ないし会話が聞こえる幻聴、③まとまらない会話、④まとまらない、または激しい興奮や全く動かない緊張病性行動、⑤喜怒哀楽がなくなる、何も考えなくなる、または意欲がなくなるという症状、である。DSMでは、このうち二つ以上の症状が一カ月以上続く場合、本症と診断する（表3）。

①から④の症状は、見かけ上はっきり周囲からみて異常と感じられる急性に出現する症状で、これを陽性症状と呼ぶ。一方⑤は、周囲からみて社会的あるいは職業的機能の低下としてみられる慢性的な障害で、これを陰性症状と呼ぶ。陽性症状が断続的に生じながら、陰性症状が進行する経過が一般的だが、陽性症状が一回起こったのみで社会機能は低下しない例や、陽性症状がはっきり

せず、いつのまにか陰性症状のみが慢性化している例などもあり、経過は様々である。本症の機序はまだ解明されていないが、脳内で思考、意欲の調整に関わるドーパミンという神経伝達物質にアンバランスのある、主に生物学的要因に基づく疾患ではないかと考えられている。症状経過をリアルに描写した映画に、ジョン・ナッシュの生涯を描いた映画『ビューティフル・マインド』（ロン・ハワード監督）があげられる。ただし、この映画では視覚的にわかりやすいように幻視で幻覚体験を表現しているが、通常統合失調症で現れるのは幻聴が主である。

統合失調症はその一〇パーセントが自殺を試みるとされる。多くは事前の予兆が見出しにくく、予測は困難とされている。急性期には直接「死ね」といった恐ろしい幻聴の命令や頻繁な幻覚に圧倒されて、また慢性期には社会的能力の低下に伴う社会的孤立に耐えかねて、自殺を試みる。また統合失調症の六〇パーセントはうつ状態を合併していて、これにより自殺が生じるのだという考察もある。芥川龍之介は母親が統合失調症で、自身もこの病気が発症することを恐れており、最終的に自殺する。自殺前に執筆された「河童」「歯車」など晩年の作品のまとまらなさや幻覚の頻繁な描写からは、統合失調症が本人に発症した可能性もうかがわれる。死の直前の「ただ漠然とした不安」という表現は、「ただならぬ気配」「世界が没落したような体験」という言い方で患者が訴える発病初期の妄想気分という症状に近いと思われる。

アルコール、薬物の依存症（物質依存症）は、欧米では自殺の要因としてうつ病についで高い。これは海外において患者が日本の数倍に上るためとされている。実際データは未確認であるが、ベトナムから留学してきた精神科医に尋ねたところ、同国でもっとも自殺率の高い精神疾患はアルコール依存症であるという。本症は、アルコールにせよ違法薬物にせよ、①ある物質の効果を得るためにその物質を多

表４　薬物依存症の診断基準

以下の項目のうち３つ以上が12カ月の期間にわたってあてはまる。
①耐性ができた（使用量が増えた）
②離脱症状がある
③はじめに思っていたより多くの量・時間、薬物を使用する
④薬物をやめよう、あるいは量を減らそうと努力したが失敗する
⑤薬物を使うための努力が肥大する
⑥薬物使用のため、社会生活や仕事、余暇活動が損害をうける
⑦薬物使用のため身体的・心理的問題が起こっているにもかかわらず使い続ける

（American Psychiatric Association, 2014）

量に必要とする、②その物質をやめると様々な離脱症状が出現するため物質をやめられない、③物質摂取をはじめた時より長く、より多く使用する、④物質をやめることに失敗する、⑤物質を手に入れるために必死の活動をする、⑥物質使用のために社会活動が低下している、⑦その物質によりこころやからだに重大な障害が生じることを知っているのにその物質の摂取をやめない、という症状からなる。これらの症状の三つ以上があれば、物質依存症と診断される（表４）。

本症は、いったんその依存物質を摂取することにより、脳内のドーパミンを伝達する神経系の一部（報酬依存系と呼ばれる）が活性化し、薬物による快楽の刺激を記憶して、理性では制御できない摂取行動の無限ループが生じてしまうことによる脳の病気とされる。その証拠に、サルでも覚せい剤を投与することにより容易に依存症が生じる。よく覚醒剤依存の芸能人が「クスリやめます」といって決してやめられないのは、脳の病気であるため当然なのである。もともと薬物に手を出す理由には、安定した対人関係を築けず、孤立している寂しさを紛らわすための一種の対処行動としての側面も強い。ところが、対処行動としての薬物摂取が、その行動によって更に人間関係を破たんさせ、皮肉にも孤立を強めてしまう。そのことが本人を自殺に近づけてしまう。このような悲劇は『酒とバラの日々』（ブレイク・エドワーズ監督）など何度も映画の題材になっている。自殺との関連では、全自殺者の一〇パーセントが物質依存であると報告されている。直前の対人関係の破綻をきっかけとする場合が多く、物質摂取しながら自暴自棄で自殺行動をするため、自殺なのか事故なのかはっきりしない場合も多い。歌手のホイットニー・ヒューストンなど、アルコール・薬物の影響下でなくなり、死因がはっきりしないアーティストは数多い。しかし、薬物依存になった時点で、既に社会から孤立する間接的な自殺のプロセスを踏んでいるのであり、一部の死は自殺とみなして差し支えないと思う。

次はパーソナリティ障害である。パーソナリティ障害とは、成人になるまでに形作られた性格の傾向、これは当然人により様々なのだが、ある特定の性格傾向が強まり、そのパーソナリティの偏りによって社会機能の障害をきたし、自分が困るか社会が困る状態をさす。パーソナリティ障害には様々なものがあるが、特に自殺と関連が深いのは境界性パーソナリティ障害である。症状は、①見捨てられることを避けようとするなりふり構わない努力、②他人を理想化するか罵倒する両極端しかない、不安定で激しい対人関係、③著しく不安定な自己のイメージ、④浪費、過食、セックスなど衝動的な自己を傷つける行為、⑤自傷行為や自殺企図の繰り返し、⑥エピソード的な強いいらだち、不安、⑦慢性的な虚しい感覚、⑧突発的でコントロールできない怒り、⑨一過性の被害妄想、である。症状のうち五つを満たせば診断される（表5）。

本症では、診断基準にも含まれている通り、実に八〇パーセント以上が複数回自傷行為や自殺企図を行う。かつて彼らの行為は、見捨てられないための脅しや素振りであり、実際に死に至ることはあまりないとされていた。しかし多くの患者は幼少期に虐待や親との葛藤関係の中で不幸な生い立ちがあり、自我同一性の確立が不十分で果てしない虚無感を抱えきれずにいるという点からすると、自殺リスクが

表5　境界性パーソナリティ障害の診断基準

対人関係、自己像、感情の不安定および著しい衝動性の広範な様式で、成人期早期までに始まり、種々の状況で明らかになる。以下のうち5つ（またはそれ以上）によって示される。

（1）現実に、または想像の中で見捨てられることを避けようとする、なりふりかまわない努力

（2）理想化とこき下ろしとの両極端を揺れ動くことによって特徴づけられる、不安定で激しい対人関係様式

（3）同一性障害：著明で持続的な不安定な自己像または自己感

（4）自己を傷つける可能性のある衝動性で、少なくとも2つの領域にわたるもの（例：浪費、性行為、物質乱用、無謀な運転、むちゃ食い）

（5）自殺の行動、そぶり、脅し、または自傷行為の繰り返し

（6）顕著な気分反応性による感情不安定性（例：通常は2〜3時間持続し、2〜3日以上持続することはまれな、エピソード的に起こる強い不快気分、いらだたしさ、または不安）

（7）慢性的な空虚感

（8）不適切で激しい怒り、または怒りの制御の困難（例：しばしばかんしゃくを起こす、いつも怒っている）

（9）一過性のストレス関連性の妄想様観念または重篤な解離性症状

（American Psychiatric Association, 2014）

高いのは当然である。実際のところ、意図しようとしまいと四二パーセントが危険な状況で自殺企図を行い、自殺リスクはそうでない人と比べて数十倍に上るということがわかってきている。『17歳のカルテ』（ジェームズ・マンゴールド監督）などの映画で境界性パーソナリティ障害の激しい行動がよく描かれている。

これ以外にも、神経症や摂食障害（拒食症・過食症）、最近では発達障害や性同一性障害で自殺リスクが高いことが報告されている。

ここまで述べてきて、みなさんは、「成程、自殺は精神疾患と同じ意味なのだな」、という印象をもたれたかもしれない。例えば、「ライフイベントを契機に発症し、ゆううつな症状が様々に出て自殺する気持ちが強まる」、といううつ病のメカニズムの説明は、先に述べた「社会的に不幸な出来事が重なり、

人知れずゆううつな状態から生と死の間で葛藤し、自殺する」という自殺のメカニズムの説明にほぼ重なる。また、これほど精神疾患が自殺に関係しているのであれば、自殺者はみな精神疾患患者で、個人的な問題、ないし症状に葛藤しているのだから、自殺予防とはまず精神科医の仕事と思うかもしれない。こうした考えをさらに推し進めて、「予防できないのは結局精神疾患の治療が十分でないからではないか」、という見方で精神科医を責める人もいる。精神科医の中にも、「自殺は精神症状の一つなのだから、自殺予防を社会的に叫んでみたところで、精神科の仕事が増えるだけで対応ができない、だから自殺予防などできっこないし反対」という人もいる。

一方で疑問も生じないだろうか。例えば、うつ病の一五パーセントが自殺を試みるということは、八五パーセントのうつ病は自殺を試みないということである。それでも自殺＝うつ病ととらえるべきだろうか？　また診断基準の症状に自殺が入っている精神疾患に自殺が多いというのは、当たり前のことで、同語反復ではないだろうか？　さらに個人が抱えるライフイベントやストレスの内容は、概ね社会的な問題であるが、精神科にいけばそうしたことも全て解決できるのだろうか？　これらの疑問を説明する前提として、今度はいったん個人に焦点をあてた自殺の精神医学を離れ、社会学の観点から集団の自殺現象を捉えてみよう。

社会現象としての自殺

社会現象の実態や原因を解明するための学問を社会学と呼ぶ。社会学の提唱者の一人であるエミール・デュルケーム（一八五八－一九一七）は、社会は統計指標を用いて客観的対象として分析すべき、

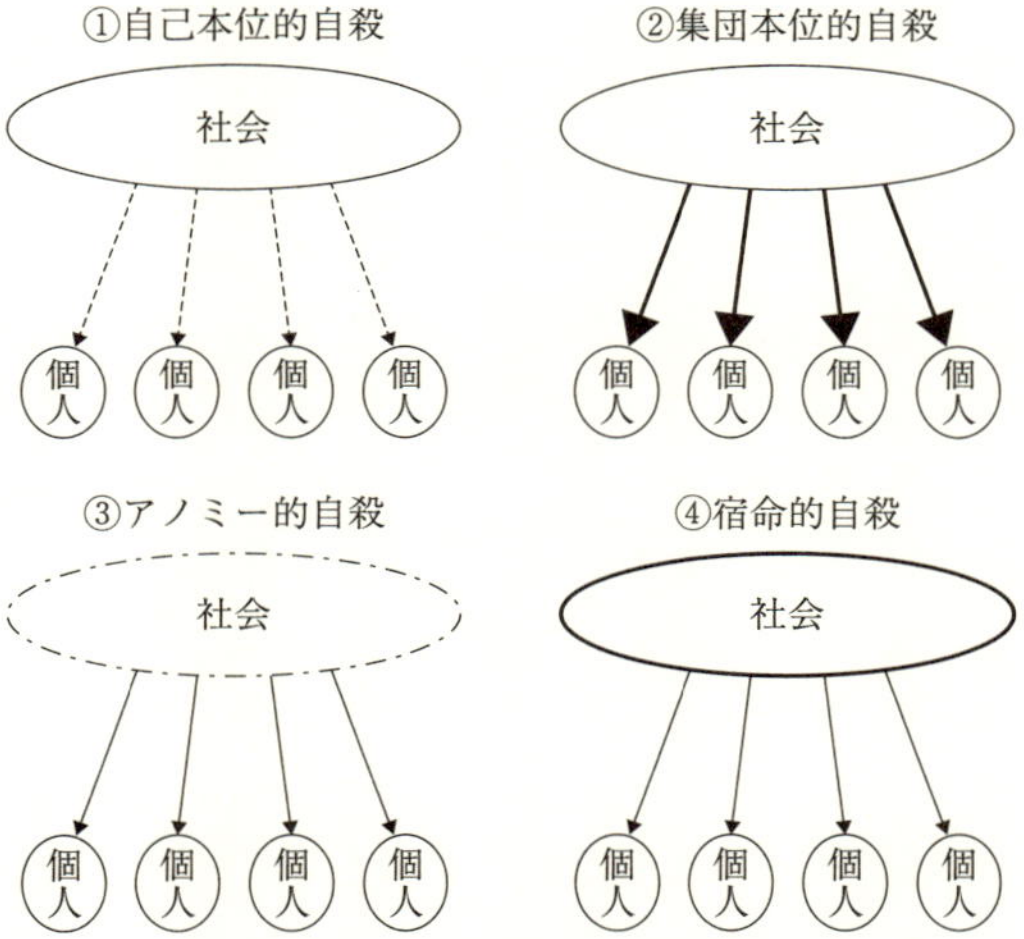

図６　デュルケームの社会的自殺類型

という自らが提起した社会学の研究方法を応用すべく、当時フランスで社会現象になっていた自殺をとりあげ、『自殺論』[15]を著した。同書では、自殺を「死が当人自身によってなされた積極的、消極的な行為から直接、間接的に生じる結果であり、しかも当人がその結果を生じることを予測していた場合」と定義した。そして宗教、家族構成、経済状態などの社会情勢と自殺との関係を集団統計データを用いて検討した結果、自殺は、社会のつながり、ないしまとまりに異常が生じた場合に生じるとして、社会の統合特性に応じた四つの自殺現象の類型を提唱した。図６にその模式図を示す。

　第一は「自己本位的自殺」で、これは社会の統合や連帯が弱まり、個人が集団生活から切り離されて孤立する結果として生じる自殺を指す。第二は「集団本位的自殺」で、自己本位的自殺の場合と逆に社会が強すぎる連帯感と権威を持ち、社会集団の大義のために個人に死を強制したり、奨励したりすることにより生じる自殺を指す。代表例はテロリストの自爆攻撃や、神風特別攻撃隊である。第三は「アノミー的自殺」で、社会が変化する過程で社会規範が弛緩ないし崩壊し、個人の欲求への適切なコントロールが働かなくなる結果、無際限の欲求に駆り立てられた個人が幻滅や虚無感を感じて行う自殺を指す。第四は「宿命的自殺」といい、アノミー的自殺の逆で、個人の欲求に対する社会の抑圧的規制が強すぎるため、閉塞感、絶望感が募って生じる自殺を指す。代表例としては心中や全体主義体制下の自殺があげられる。

この自殺論は、社会の病理が個人に深刻な影響を与えることを社会統計から示したという点で画期的であり、その後の社会学研究に大きな影響を与えている。最近でも、ポーランドの社会学者であるマリア・ヤロシュが、第二次世界大戦後、共産主義を経て今日に至るポーランドの大規模な社会変動と自殺との関係を分析し、「個人における自殺は、マクロな社会傾向の間接的反映である」として、デュルケームの考え方を支持している[16]。また、エストニアの自殺予防研究者であるアイリ・ヴァーニックは、ソビエト連邦の崩壊、禁酒政策などの社会変動が同国の自殺率に強い影響を与えたことを見出している[17]。

我が国の問題に戻ると、戦後敗戦のトラウマを忘れるためか、やみくもに経済成長を追い求め、急激な核家族化、都市化、農村の過疎化が進んだ結果、社会の連帯感が薄れ、個人の疎外が進んだことは間違いない。また各種の規制が自由化され、経済的な恩恵は享受されたかもしれないが、一方で社会的な規制は緩み、政治は停滞した。加えてバブル経済後の長い不況は、リストラや就職難をもたらし、個人の生活を追い詰めた。こうした現代の日本社会の特徴は、そのまま自己本位的自殺やアノミー的自殺の増加をもたらしていると解釈するのは容易である。実際のデータはこれを支持できるだろうか。

自殺に関する各種統計からそれを確認しよう。自殺対策白書[1]によれば、自殺者が三万人を超えていた二〇一〇年における自殺者は、全ての年代において男性の占める割合が高く、特に二〇代から六〇代ま

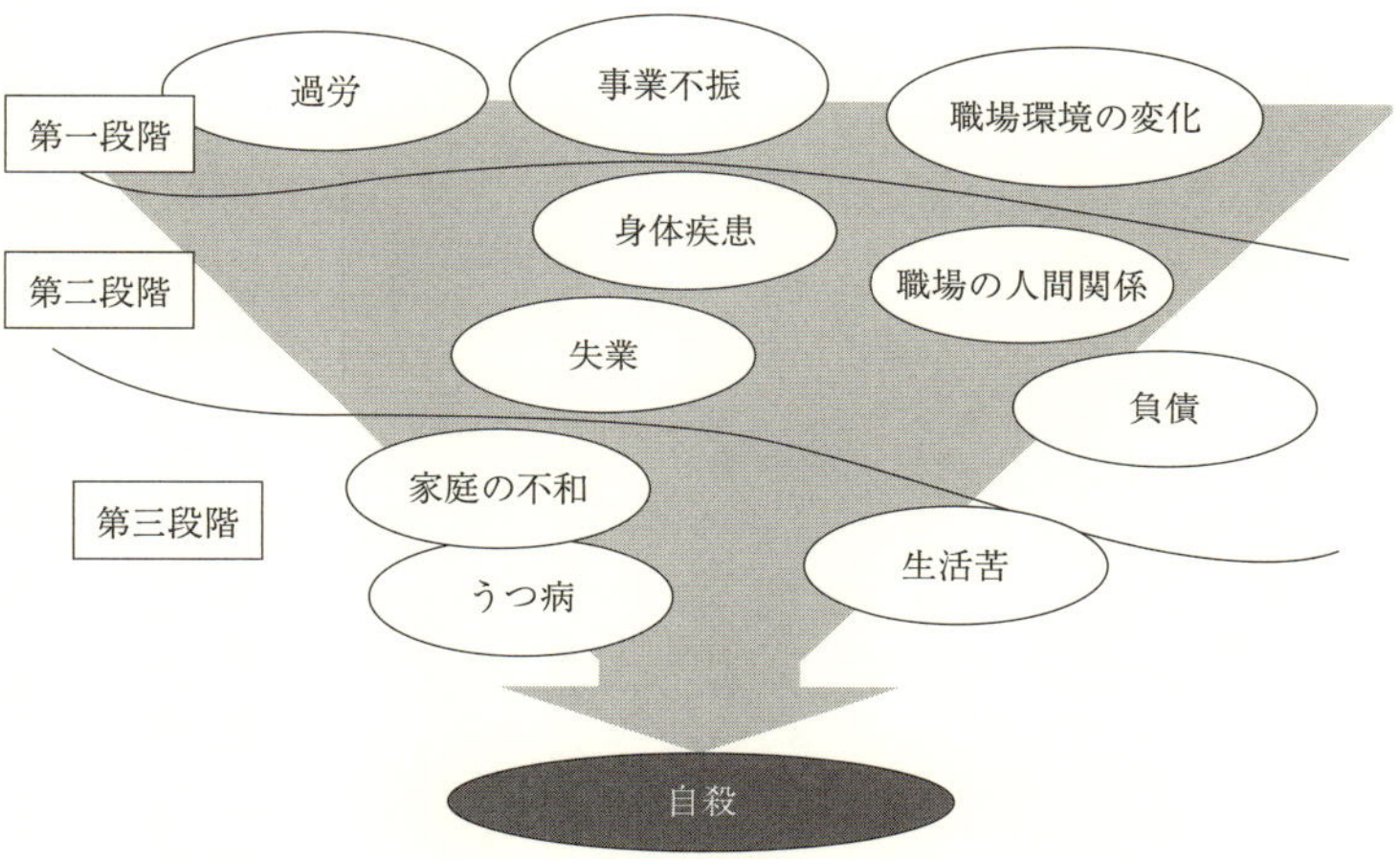

図７　自殺の危機複合度（ライフリンク，2008）

では男性が七割を超えている。年代別には、中高年で自殺者全体の七割、特に四〇代から六〇代の男性で自殺者全体の四割を占める。職業別には、「無職者」が自殺者の約六割を占めて最も多い。原因・動機別の自殺の状況については、「健康問題」が約一万五〇〇〇人と最も多く、次いで「経済・生活問題」七四〇〇人、「家庭問題」四五〇〇人、「勤務問題」二六〇〇人の順に多い。このうち四〇から五〇歳代の男性では「経済・生活問題」が最も多くなっている。

ＮＰＯの自殺対策支援センターライフリンクは、この動機について自死遺族から詳しい聞き取り調査を行い、複数の動機がどのように関連するかを調べた[18]。それによると自殺の危機は図7のように複数の動機が重なって徐々に高まっていた。

「過労」「事業不振」「職場環境の変化」などの動機から始まり（第一段階）、「身体疾患」「職場の対人ストレス」「失業」「負債」などで悪化し（第二段階）、「家庭不和」「生活苦」「うつ病」などの動機でさらに悪化し（第三段階）、自殺に至っていたという。つまり、動機は社会的問題に関連して複数あり、徐々に積み重なり自殺を導いていることになる。

再び白書に戻って都道府県別の自殺をみると、自殺者数では東京、大阪、神奈川など人口の多いところが多いが、自殺率では、岩手、秋田、青森、新潟など過疎化、高齢化が進み、就業率の低い北東北が高かった。ところで、山梨県は住居地の自殺者数に比べて発見地の自殺者数が大変多い。これは、自殺の名所になっている青木ヶ原樹海にわざわざいって自殺する人が多いためと思われる。

曜日では月曜日、時間は男性では明け方、女性では昼ごろ、月別には三月の自殺が多い。配偶者の有無などでみると、男女とも未婚・死別・離別の割合が高く、特に四〇歳から五〇歳代の男性は配偶者との離別の割合が高い。

これらの統計結果からは、病気や健康上の問題を抱え、職がなく、妻とも離別した中高年の男性が、年度の終わりの月曜日、寒い日の朝に見通しのない将来を憂えて自殺を決意する様子が浮かび、とても悲しい気持ちになる。また、過疎化した社会で経済的に恵まれず孤立した個人が自殺している、という点で、我が国の自殺の傾向は概ねデュルケームのいう自己本位的自殺の特徴に合致することがわかる。つまり、個人の自殺は「社会的に強制された死」なのであり、自殺は「社会的な問題」であり、「社会構造的な問題が強く影響する」とも考えられるのである。この考え方を進めると、自殺するのは社会が悪いのだから、社会がなんとかすべきだし、自殺を減らせるように社会構造をよりよく変革しなければならないと考えることもできる。実際にそうした考え方から、日本の社会的自殺対策が始まり、今日に至っている。

しかしここにも課題がある。デュルケームは、自殺を社会的に捉えるにあたって、「個人の精神的問題は、特殊なものであり、これは自殺の直接的動機とはいえない」として精神疾患の存在を退けた。また自殺の既遂者のみを問題としてその一〇倍にのぼる自殺未遂者の問題を検討していない。しかし実際には、先に述べたように、自殺の原因・動機で最も多いのは「健康問題」であり、その半数以上を精神疾患、うつ病の存在が占めている。また前項で説明したとおり、自殺は個人の精神症状が関連することは明らかで、特に自殺未遂は自殺の最大の危険因子であることが知られている。[19] デュルケームが提唱した自殺の類型は、自殺とそれに関連する社会現象のタイプ論であって、個々の自殺者の抱えている問題に適用できない、という批判もある。[20] つまり、マクロな社会構造を変えるよう働きかけることが、果たして個人的な葛藤の結果であるミクロの自殺を防げるのかという疑問が、社会学的自殺論の俯瞰から生じるのである。実際のところ、デュルケームは自殺論の最終章で、労働組合のような中間的共同体の充実が自殺率を減らすだろう、と提言してはいるが、そのような活動が実際に効果をあげたという報告はその後見当たらないように思う。では、個人に生じる自殺問題と社会の自殺現象の関連をどのように考え、どのように対策を考えていけばいいのだろうか？　そこで次章では、個人と社会はどのようにつながっているのか、そして自殺においてそれはどのように変化しているのか、という観点から、今までの自殺現象の解釈を見直したい。

(1) 厚生労働省『平成29年版自殺対策白書』二〇一七。
(2) 厚生労働省『人口動態統計年報』二〇〇九。
(3) 太刀川弘和『茨城県地域自殺対策モデル研究事業「地域ネットワーク強化により自殺既遂を防止する介入モデル研究：笠間を元気にするネットワークづくり」平成23年度報告書』二〇一三。
(4) 高橋祥友『群発自殺――流行を防ぎ、模倣を止める』中公新書、一九九八。

(5) Berman A L: Estimating the population of survivors of suicide: seeking an evidence base. *Suicide Life Threat Behav.* 41(1): 110-6, 2011.
(6) エドウィン・S・シュナイドマン（高橋祥友訳）『シュナイドマンの自殺学――自己破壊行動に対する臨床的アプローチ』金剛出版、二〇〇五。
(7) 大原健士郎『働き盛りのうつと自殺』創元社、二〇〇一。
(8) 高橋祥友『自殺の危険（第3版）――臨床的評価と危機介入』金剛出版、二〇一四。
(9) 稲村博『自殺学――その治療と予防のために』東京大学出版会、二〇一一。
(10) 張賢徳「自殺行為の最終段階についての研究――「解離」仮説の提唱と検証」『脳と精神の医学』一〇、二七九‐二八八、一九九九。
(11) 鴨長明（浅見和彦、伊藤玉美訳注）『発心集（上）現代語訳付き』角川書店、二〇一四。
(12) 張賢徳『精神科医からのメッセージ　人はなぜ自殺するのか――心理学的剖検調査から見えてくるもの』勉誠出版、二〇〇六。
(13) 飛鳥井望「自殺の危険因子としての精神障害――生命的危険性の高い企図手段を用いた自殺失敗者の診断学的検討」『精神神経学雑誌』九六、四一五‐四四三、一九九四。
(14) American Psychiatric Association（高橋三郎、大野裕訳）『DSM-5　精神疾患の分類と診断の手引』医学書院、二〇一四。
(15) エミール・デュルケーム（宮島喬訳）『自殺論』中公文庫、一九八五。
(16) マリア・ヤロシュ（石川晃弘他訳）『自殺の社会学――ポーランド社会の変動と病理』学文社、二〇〇八。
(17) Airi Värnih: *Suicide in the baltic countries and in the former republics of the USSR.* Gotab, 1997.
(18) ライフリンク『自殺実態白書２００８』ライフリンク、二〇〇八。
(19) 河西千秋『自殺予防学』新潮選書、二〇〇九。

(20) 宮島喬『デュルケム自殺論』有斐閣新書、一九七九。

第二章
つながりから自殺を説明してみる

自分でも、もちろん死にたいと考えるなんてかおかしいって、思ってはいるんです。でも心の中で、「職場にもいけないのなら死んでしまえ」って繰り返し私を責めるもう一人の私がいます。

個人と社会のつながり

自殺は前章で論じたように、デュルケームの社会学でその集団の傾向が統計から説明され、精神医学や心理学で個人の心理的メカニズムが説明されるが、どちらの解釈によっても十分に説明できない。では、自殺における個人の問題と社会現象の問題をどのようにつなげて考えていけばよいだろうか。

この点を検討するためには、まず個人と社会が通常どのようにつながっているのか、そして個人はそのつながりの中でどのように成立しているのかを理解する必要があるだろう。このような観点の理論は実は精神医学の中にはほとんどない。なぜなら、精神医学はこころの病気を持つ個人を前提にして発展してきた学問であるため、コミュニケーションの病理を個人の症状や、せいぜい家族の問題としてとらえるからである。個人と社会のつながりを常に問題にしてきたのはデュルケーム以降の社会学であるので、ここでは個人と社会のつながりを検討したほかの社会学理論を参照して、自殺現象が説明できるのか検討していこう。

デュルケームのように、社会を自律的全体的なものとみなして社会現象や社会構造を捉える学問は、マクロ社会学と呼ばれる。これに対して、デュルケームとほぼ同時代に生きた「生の哲学者」と呼ばれる社会学者のゲオルク・ジンメル（一八五八‐一九一八）は、①個人も社会もそれ自体で存在する固定的実体ではなく、どちらも絶えざる相互作用と変化によって存在する、②個人から社会を見るのでもなく、社会から個人を見るのでもない。個人と個人との関係（社会的相互作用）に社会の本質がある、と唱え、これを「相互作用論的社会観」と呼んだ(1)。この考え方は、その後二〇世紀のアメリカでシンボリック相互作用論やコミュニケーション論として発展し、今日ミクロ社会学や社会心理学の一領域を形成するに至っている。

ジンメルの考え方をもう少し説明しよう。人は、いうまでもなく他者とつながりをもって生きている。このつながりとは、単に誰かと誰かは友達、といった静的な相互認知の所属関係のつながりだけではなく、言葉を交わすこと、金品を授受すること、愛情を持ち合うこと、助け合うことなど、様々な相互行為、ないし動的関係を含んでいる。そしてこうした人と人とのつながりが無数に組み合わさってできているネットワークが社会と呼ばれるものである。すなわち、社会は社会的相互行為の連鎖によって生じる領域である。この社会は、ある一定の規模を超えると自律性を持つようになる。すなわち、法律や経済など、その社会を維持するための個人によらないシステム構造や法則ができあがる。それでも個人の動的つながりの連鎖からなる社会は、個人のつながりの変化が大きいと全体的に変動する。この変動が一定の方向性をもった時、それを社会現象と呼ぶ。つまりジンメルによれば、個人と社会との「つながり」それ自体こそ、社会にも個人にも最も重要なものなのだ。(2)

様々なつながりの指標

では個人と社会のつながり、すなわち社会関係はどのように表すことができるだろうか。一口につながりを説明するのは大変難しい。例えば、「あなたは身の周りにどのようなつながりがありますか？」と聞かれて、どのように答えるだろうか？「そーですね……AさんとBさんとは職場仲間なので、よくご飯を食べにいったり、ゴルフに一緒にいきます。困ったときは彼らに助けてもらっていますね」などと答えるかもしれない。この答えには複数のつながりの概念が含まれている。現在では、つながりは主に構造的な側面、機能的な側面、資源的な側面にわけて、複数の指標で理解されている(3)。

まず、構造的な側面には、本人がどのような社会集団に所属しているかという属性構造を表す**社会的統合（Social Integration）**と、個人が他者とどのような相互関係の網目にいるか、という関係性の構造を表す**ソーシャルネットワーク（Social Network）**という二つの指標がある。

図1Aをみてほしい。この私をとりまく多重の円は、「私はこの家族の一員です」、とか「私は○○という会社の社員です」といったものから、「私は日本人です」まで、様々な広がりを持つ関係性である。この自分が含まれる人間関係の集団名を、一般にはその人の属性というが、社会学的には社会的統合と呼ぶ。たとえば、「私は無職で、家族がいなくて」、となると社会的統合度が低いということになる。

次に、図1Bをみていただきたい。こちらは、「私にはAさん、Bさん、Cさんという知り合いがいて、AさんとBさん、Cさんは知り合いだけれど、BさんとCさんは知り合いではない」、といった関係性である。このように関係性を網目で表現するものを、ソーシャル（社会的）ネットワークと呼ぶ(4)。ソーシャルネットワークというと、インターネットのサービスをイメージする人の方が多いかもしれないが、この指標はインターネットができる前から考えられていた概念である。

社会的統合とソーシャルネットワークは、つながりの構造的側面を重視した指標であるが、これに対して、機能的な側面を重視した指標は、個人が特定の他者とどのようなやりとりをしているかという関係の内容を問題にする。この内容は、通常まなざしや言葉から金品、介護に至るまで、何かをしてあげたりしてもらったりする相互関係の作用を指す。

図2Aをみていただきたい。Aさんがやりとりの対象だとすると、「Aさんを私がサポートした」、と

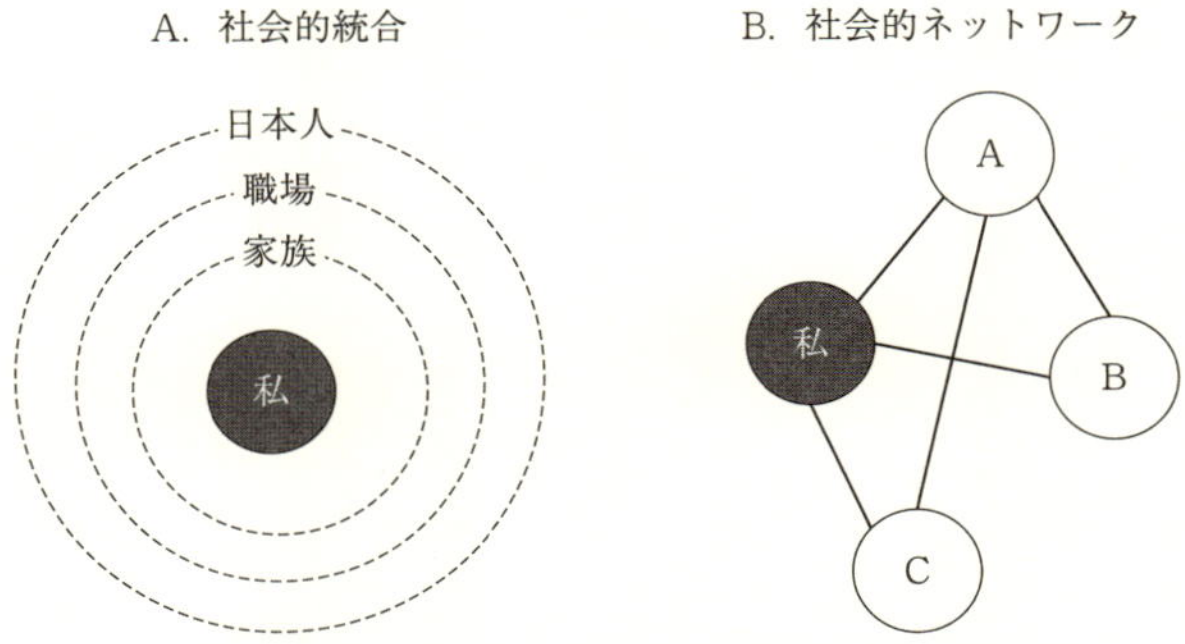

図1　社会的つながり（構造的指標）の模式図

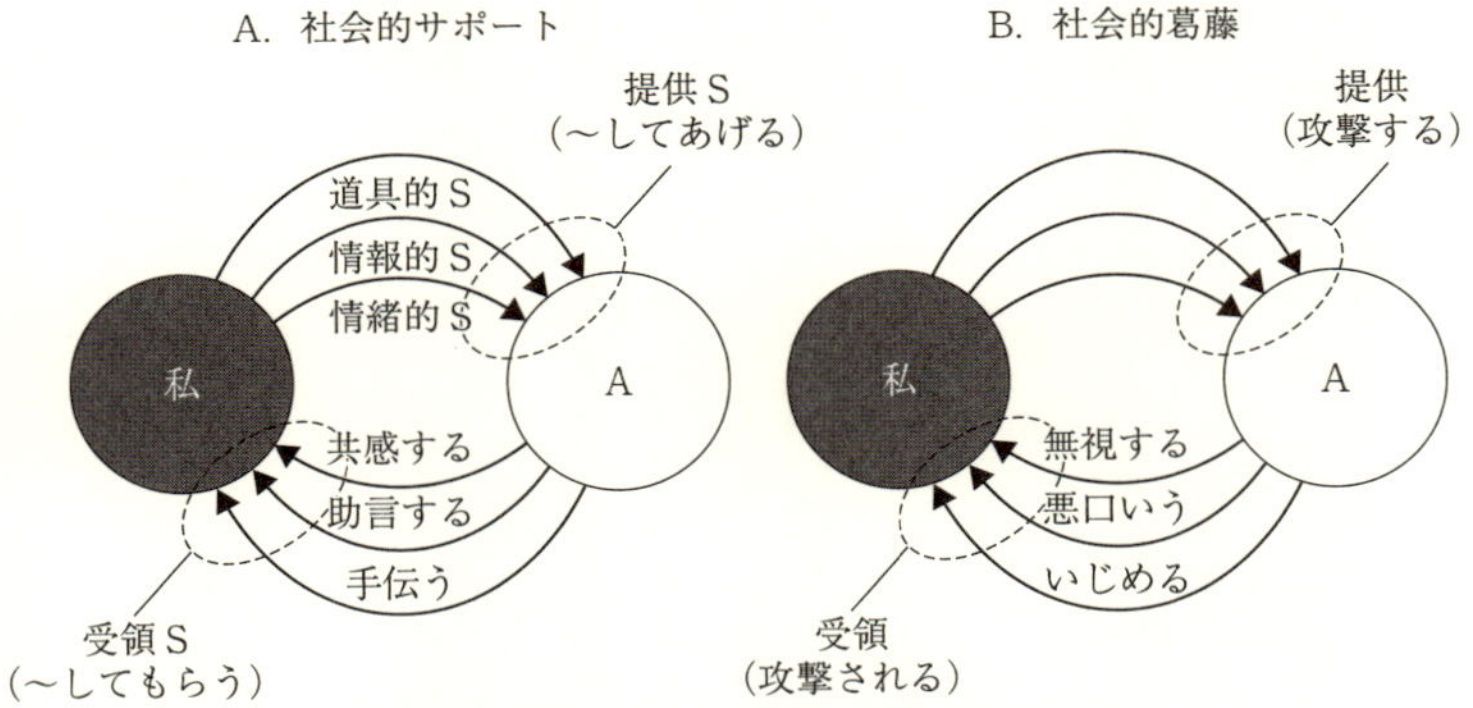

図2　社会的つながり（機能的指標）の模式図

いう場合と「Aさんが私をサポートしてくれた」、という二つの場合がある。個人の側からみると前者を提供サポート（～してあげる）、後者を受領サポート（～してもらう）という。またサポート内容の種類によって、共感するといった情緒的サポート、何か具体的な助言をするといった情報的サポート、何か具体的な手伝いするといった道具的サポートなど、様々なサポートの種類がある。これらの関係作用を総称して**ソーシャルサポート**[5]**（Social Support）**と呼ぶ。

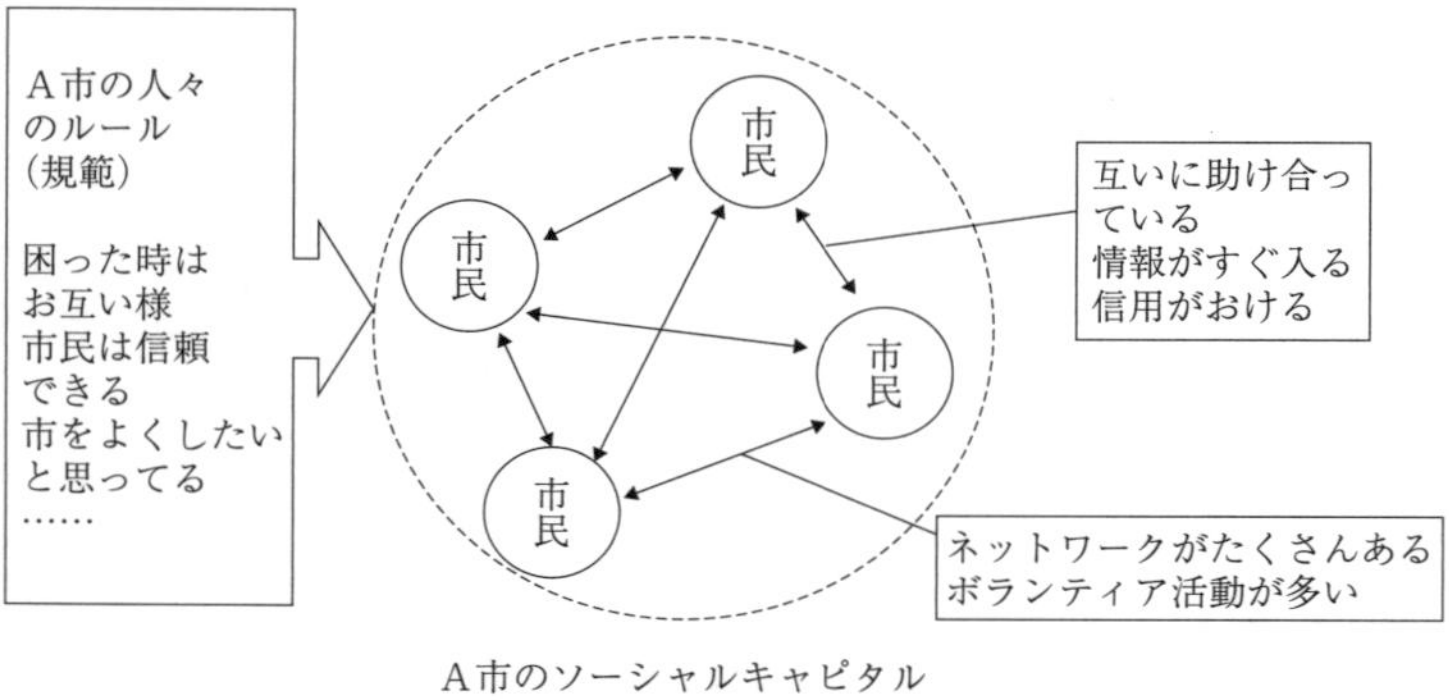

図3　社会的つながり（資源の指標）の模式図

ところでサポートという言葉にはポジティブな意味が含まれることにお気づきだろう。サポートは支援や援助と訳され、「〇〇してあげる」という前向きな意味を含んでいる。では、Aさんとやりとりする内容がネガティブな内容であったらどうだろうか。図2Bのように、Aさんから無視されたり、「お前なんか嫌いだ」と悪口をいわれたり、いじめや脅しにあったとしたら、これは拒絶や攻撃を表す負のソーシャルサポートといえるだろう。このような人間関係が相互にもたらしている負の作用を**社会的葛藤**（**Social Conflict**）と呼ぶ。

次にあげるのは、つながりを資源と考える**ソーシャルキャピタル**（**Social Capital**、**社会関係資本**）という指標である。(6) これは、アメリカの社会学者ロバート・パットナムほか、複数の社会学者によって提唱された、図3のA市のような社会の信頼関係、助け合いの規範（互酬性）、ネットワークといった社会集団の重要性を説く概念である。「社会全体の人間関係の豊かさ」、あるいは「地域力、社会の結束力」と言ってもよい。例えばソーシャルサポートが身近な他者からうまく得られないとしても、私たちはその地域における一般的な他者への信頼感や地域のお祭り、イベント、人々の豊かな交流への参加、利用しやすい多くの団体やボランティア組織があれば何とかやっていける。このように社会集団側から見た社会関係を資源とみる定義をソーシャルキャピタルと呼ぶ。

たとえば、ドラマ『探偵物語』で、松田優作扮する探偵が、「この街が好きだ」というシーンがあるが、それは横浜の街の風景が好きだというだけではなく、そこで営まれる人間関係（ネットワーク）、そこで生まれる人々のもちつもたれつの関係（互酬性）、そこに住む人たちが共有している全般的な人への信頼（信頼感）が好きだといっている。このような人間関係に内在する資源がソーシャルキャピタルである。従って、ソーシャルキャピタルという指標は、個人の指標ではなく、ある組織や地域の集団指標として測定される。

以上紹介したつながりの指標は、様々にその人のつながりの質を物語る。最初の例に戻ると、「そうですね……Aさんとは職場仲間なので、よくご飯を食べにいったり、ゴルフに一緒にいきます。困ったときは彼らに助けてもらっていますね」という時、これをつながりの指標でいいかえると、この人は職場に社会的統合されていて、Aさん、Bさんとソーシャルネットワークを構成し、困ったときに彼らからソーシャルサポートを受領していることとなる。そこでその職場仲間は彼にとってソーシャルキャピタルである。

私たちは社会生活を営む限り、好むと好まざるにかかわらず、これらの様々なつながりに参加せざるを得ない。そしてこのつながりの中で一喜一憂しながら生きていく。

このようなつながりのあり方は、個人の健康状態に何か影響を与えるだろうか。今までに、ソーシャルネットワークの密度が低い、すなわち他者と互いのつながりが少ない人ほど抑うつになりやすいこと、社会的統合度が低い、すなわち社会的役割が低いほど、がんや心疾患を含む死亡率が高まり、抑うつ気分が強まり、自己評価がより低くなること、ソーシャルサポート、特に提供するサポートや情緒的サポートが低いほど、抑うつが悪化すること、逆にソーシャルネットワークの密度が高いと、性感染症や肥満さえも伝播すること[4]、など、多くの研究報告がある。これらの報告に共通するのは、社会とのつながりが私たちの身体的・精神的健康に大きな影響を与えているということである。

では、社会とのつながりの障害が直接自殺と関連することを示した研究はあるのだろうか。従来からソーシャルサポートやソーシャルキャピタルは、自殺から個人を守るもの（保護因子）であるという報告が多い。

まず、ソーシャルサポートについて、欧米では、個人が受けとっているサポートの種類やサポート資源が多いことが、将来の死にたい気持ちの減少に関連するという報告や、個人が受けるソーシャルサポートの程度が強いほど、自殺企図の回数が低かったという報告がみられる[7]。我が国でも、情緒的サポートの不足が二〇～五〇代の女性のうつ状態と自殺念慮に影響していたという報告[8]、日常生活を営む能力の低下とソーシャルサポートがなく孤立していることが、高齢者の自殺念慮に関連していたという報告[9]がみられる。しかし、これらの報告は、情緒的なサポートを家族から受けているかどうか、といった限定的なサポート内容の調査であった。

そこで、筆者らの研究グループは、自殺とソーシャルサポートとのより詳細な関係を探るため、茨城県笠間市の二〇歳以上の住民を調査対象とし、ソーシャルサポートと自殺に関する郵送のアンケート調査を行った[10]。調査内容は、年齢、性別、仕事などの基本属性、抑うつ状態の評価、ソーシャルサポートの評価、自殺念慮の評価である。

特にソーシャルサポートは、サポートの内容（どのようなサポートか）やサポートの資源（誰からのサ

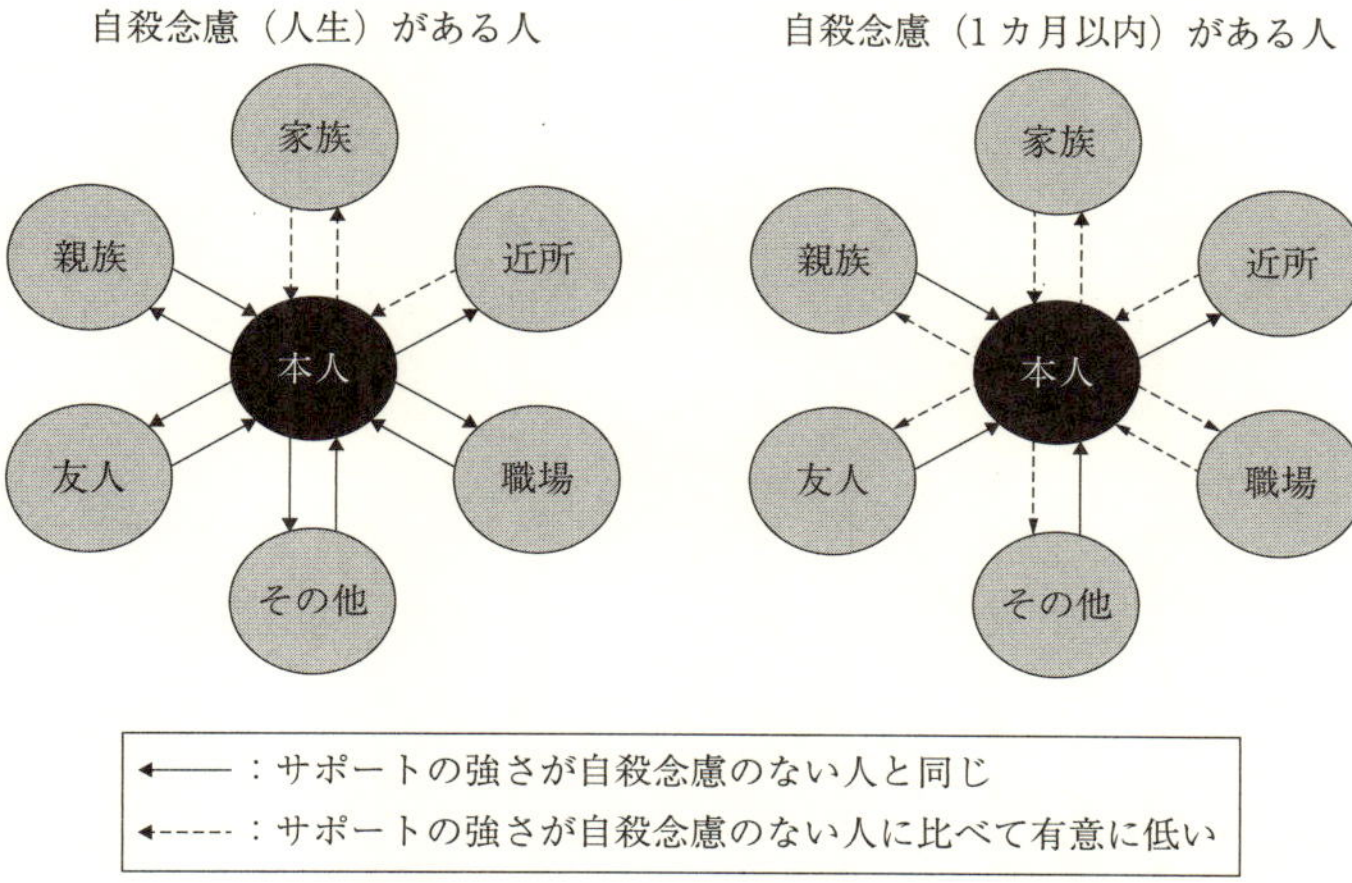

図4　自殺念慮とソーシャルサポート（Endo et al., 2014）

ポートか）、受領サポート（もらうサポートか）と提供サポート（与えるサポートか）の全てのサポートとそのネットワークの特性を測定できる簡易ソーシャル・サポート・ネットワーク尺度（Brief Inventory of Social Support Exchange Network: BISSEN）[11]を新たに開発して用いた。BISSENは情緒、助言、道具、身体的サポートに関する質問を受領、提供の両方向について四問ずつ行い、選択数をサポート資源である家族、親族、友人、近所、仕事関係の五項目毎に合算し、得点にする。質問紙の開発はソーシャルサポート研究の専門家にお願いした。この尺度は、少ない質問で個人のソーシャルサポートとそのネットワークをすべて描出できる点がメリットである。

さて、調査結果を模式的に図4にしめした。左側は今までの人生で死にたいと思ったことがある人のソーシャルサポートのネットワークを、右側は過去一カ月以内に死にたいと思った人のソーシャルサポートのネットワークを表している。それぞれ、中心の円が自殺念慮を持つ本人、周りの六つの円が本人のサポート資源である家族、親族、友人、近所、職場、その他の人のグループを表す。中心からそれぞれのグループに向かう矢印は本人がそれぞれのグループに与えている提供サポート、中心に向かう矢印は本人がもらっている受領サポートを示す。矢印が実線のものは、本人があげたりもらったりしていると評価しているサポートの量が健康な人と同じであり、点線のものはサポートの量が健康な人に比べて少ないことを示す。図でわかるように、今までに自殺念慮がある人は、ない人に比べ、家族との受領・提供、近所からの受領サポートが少ない。一カ月以内に自殺念慮がある人は、家族・近所・職場からの受領サポート、本人から他の人々への提供サポートも少ない。つまり、死にたい気持ちが現在強い人ほど、受領、提供サポートの範囲が幅広く低下しており、特に「自分が人になんのサポートもできていない」ということが、死にたい人に顕著であることを示している。この研究は、自殺を考えている人では幅広いつながりの障害があることを見出した。

次に、ソーシャルキャピタルに関連する報告としては、岡檀[12]が、我が国で自殺が少ない地域である徳島県南部の海部町を四年間にわたり調査し、コミュニティが緩やかなネットワークを有していること、他者にサポートを求めようとする思い、すなわち援助希求への抵抗が小さいこと、主観的な絶望感が小さいことなどの特性が自殺対策の重要な鍵となりうることを指摘している。この研究は町の特性が、自殺率の減少に寄与することを示した点で貴重であるが、直接ソーシャルキャピタルの強さを示したというより、自殺の様々な保護因子を町の調査から導いたものである。そこで私たちは、茨城県つくば市の市民を対象に、市民のソーシャルキャピタルの意識と自殺念慮の関係を直接探る住民調査を行った。[13]

結果は図5のように、パットナムの「一般的信頼：人は一般に信頼できる」、「互恵性：困った時はお互い様」、「ネットワーク：サポートのやりとりをしているグループ数」という三つのソーシャルキャピ

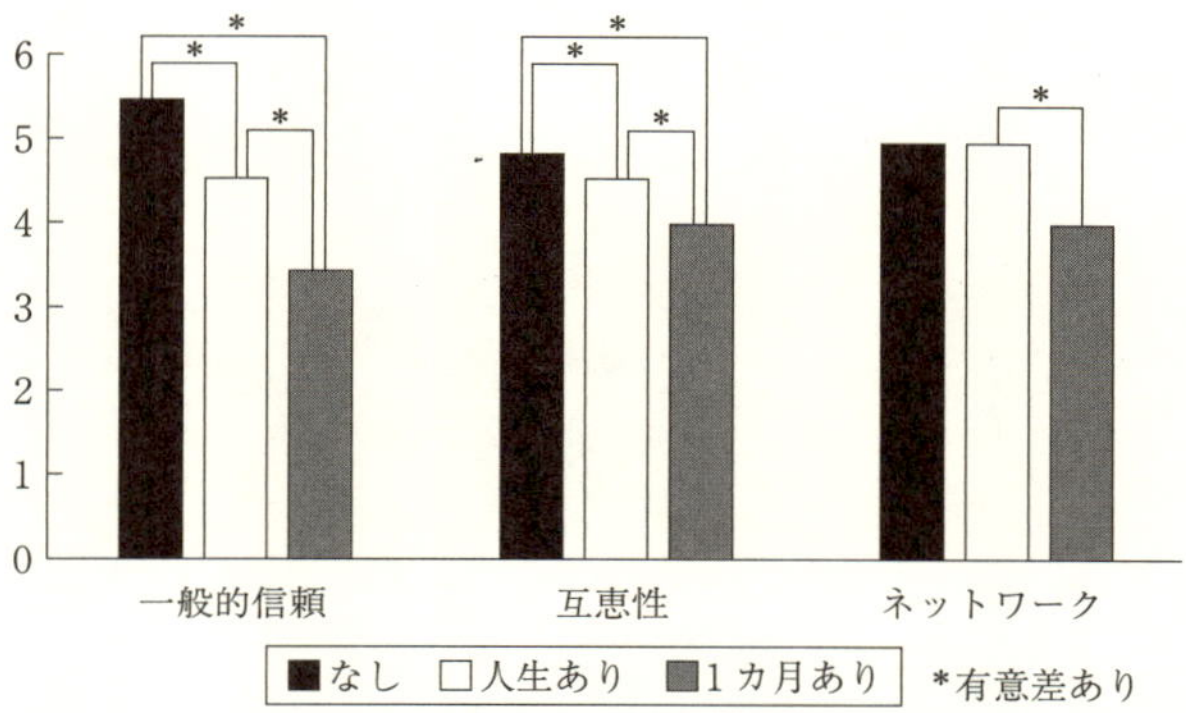

図5　自殺念慮別のソーシャルキャピタル指標の比較（Aiba et al., 2016）

タルの指標の得点が、今までの人生で死にたいと思ったことがない人（なし）に比べて、今までの人生で死にたいと思ったことがある人（人生あり）、過去一カ月間に死にたいと思ったことがある人（一カ月あり）の順に低くなることがわかった。つまり、地域のつながりの資源をもっていない人ほど、死にたい気持ちが強まっていたのである。

これらの調査から、つながりに問題があることと自殺を考えることとの関係が明らかとなった。それでも、そのようなつながりの不足が人を自殺に導くまでに至るのかという疑問もあるだろう。社会的に孤立している人がみな自殺するわけではない。一人でいても、自由に生きている人もいるじゃないか、と考える向きもあるだろう。そこで、次にジンメルがいうような相互作用論的社会観の立場、「個人と周囲の他者との対人関係が社会を作っている」、という考え方から、個人の自殺現象を捉え直してみよう。

つながりと自殺の統合モデルの提案

自殺が起こす結果とは、個人が命を失うとともに、あらゆる人とつながりを絶つことに他ならない。このつながりとは、自らの存在が他の人から認められることや、他の人との気持ちや言葉や行動のやりとりの全てを、本人の方から切断するということである。ところが、自殺リスクのある人では、これらのつながりが、自殺企図の前に既に切れかかっている。

対人関係に関わる自殺の危険因子について、今までに男性、未婚・離婚、職場・学校での孤立、ソーシャルサポートの不足、親しい人との離別・死別、小児期の虐待歴、などがあげられている[14]。これらの因子は全て、つながりの切断が既に自殺企図の前に本人の問題として存在することを示している。

男性は女性に比べてコミュニケーションが不得手で、密なソーシャルネットワークを多重に作ることが困難である、つまりつながりをうまく作ることができないか、あるいは「男子家を出れば七人の敵あり」ということわざに端的なように、つながりを作るような教育を受けていない。虐待は、本来最も親密なつながりであるべき家族から拒絶され、暴力を繰り返し受けることで、自己の役割やコミュニケーション能力、ひいては自分の存在を否定する社会的葛藤の体験をもたらす。いじめも、その本質は直接的な暴力というよりむしろ、「葬式ごっこ」などで明らかなように、学校や教室で理想とされる均一な集団から、個人を社会的に排除する行為である。孤立・離別は、いうまでもなく家族、夫婦という社会的統合やソーシャルネットワークが断たれたことを意味する。

経済的損失、健康上の問題、家族の問題などの自殺の動機も、同じように考えることができるだろう。経済的損失があっても、呼吸をする、食事をとるといった人間が生きていくうえで重要な身体機能が障害を受けるわけではない。発展途上国の人が自殺しているかというと、そんなことはない。家族関係が悪化しているとしても、知人との関係を強化したり家出をするなどの対応はできる。健康上の問題は、重い疾病であれば生活上の障害を受けるが、それでも医学の進歩と社会福祉サービスがカバーできる部分は多い。つまり生活を行う上での問題が一つであれば、何とか対処のしようがある。

しかしこれらの問題は多くの場合、連鎖して複合的、累積的に本人をおいつめ、本人の社会的役割や親しい人との対人関係を失わせる。例えば、身体の病気で仕事ができなくなれば、生活費がなくなり、税金やローンを滞納し、借金が生じ、家庭不和が生じ、孤立に至る。父親であれば、経済的損失は、今まで家族にしてきた経済的なサポートを不可能にする。リストラで仕事を失うことは、自分の公的な社会能力、自分が所属する社会的統合を弱めてしまう。がんや慢性の病気では、日常生活における本人の役割は失われ、サポートを提供する側からサポートを受けとる側に本人の立場を変えてしまう。家族の不仲は、家族間の相互のサポートを失わせ、ネットワークを混乱させ、家族内での自分の立場、役割を脅かす。こう考えると、自殺の動機は、いずれも自らの対人関係や社会的役割を大きく損ない、社会的統合、ソーシャルネットワーク、ソーシャルサポートを弱める問題であるという点で共通している。

社会ネットワーク指標を用いた研究では、人間社会が、ごく一部の人間は多数のネットワークを持ち、多くの人間は少数のネットワークしかもっていない分布をとることを見出した[15]。この分布は横軸が人数で縦軸が一人の持つネットワークの数とすると図6のような形をしている。この分布の形を「べき分布」といい、このようなネットワークをスケールフリーネットワークと呼ぶ。スケールフリーネットワークでは、誰もが六次のつながりでつながっていて、どんな人ともつながりを作ることができる可能性を持っている。一方で、後からきた者は、リンクの大きい者に優先的に選択してつながるという。ということは、ネットワークが成長をやめても構造を維持するには、何人かがネットワークから抜けなければならない可能性もある。このような社会の分布から推測される不吉な可能性は、たとえば図のAという人は大きなネットワークを持つため、より社会から富を得ることができるが、Bという人は一度ソー

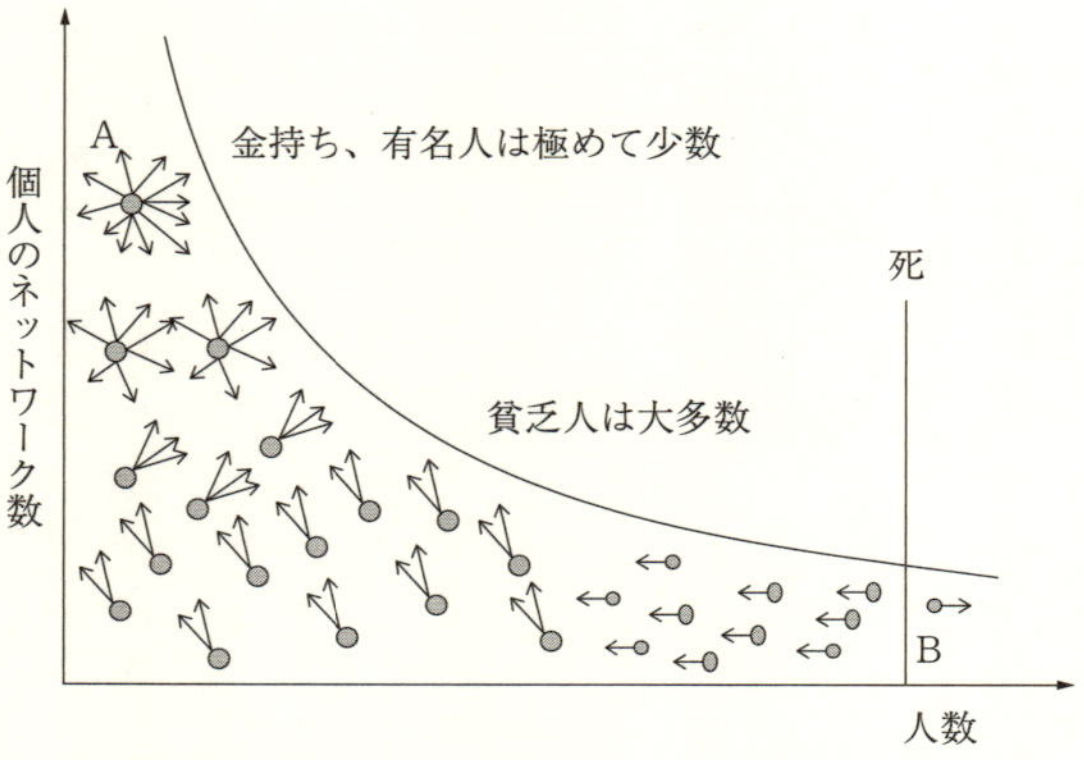

図6　べき分布とスケールフリー・ネットワークの模式図

シャルネットワークの一部を失えば、より富を失い、社会の辺縁に陥り、死に至る確率が高まるということである。つながりの格差によって不幸が連鎖する事例は枚挙にいとまがない。

このように、自殺の危険因子、動機は、その多くが対人的な相互行為の部分的かつ深刻な障害であり、自殺の結果は、そうしたつながりの全体的切断であるといえよう。このことは、他者とのつながりの問題が自殺の大きな要因であることを示す。しかし、原因の段階では部分的障害に過ぎない対人関係を全面的に断つに至る自殺者の考え方は、どのように解釈すべきだろうか。

次に、ジンメルと同時期に個人と社会を考察したジョージ・ハーバート・ミード（一八六三－一九三一）のミクロ社会学の理論[16]を導入して解釈を進めよう。ミードは、自我や自己意識が、社会的に形成されるものであることを提唱した。彼によれば、幼児はごっこ遊びとゲーム遊びを通して、他者の表情・身振りなどのシンボルから他者の態度と反応、さらに社会に適応するための規範（ルール）を経験的に学習する。またこれに対応する自らの行動をモニターし、適応的な行動を学習する。前者から英語でいえば「me」である外から見た私（社会的自己）が生じ、後者から「I」である内に存在する私（認知的自己）が形成される。この二つを合わせたものが「自己」となる。後者は、哲学者ルネ・デカルト（一五九六–一六五〇）のいう「我思うゆえに我あり」、の「我」ともいいかえられよう。また前者は、精神分析の開祖であるジグムント・フロイト（一八五六–一九三九）が「超自我」と呼んだ無意識における規範的モジュールをより意識的に概念化したものと捉えてもいいかもしれない。ここで興味深いのは、ミードが、自分がどうであるかはmeからしか知りえない、Iはあとからできたもので、推測しかできないと述べている点である。これをもう少し詳しく述べると、ある時点でIがmeの意見と対立するとき、Iはmeの以前の要求と、その時のIの対応を発見して次の対応を行う。したがってIはIの現在の対応をモニターすることはできない。Iがいつも参照するのは過去の自分である。自己が走っている車のようなものだとすると、運転しているIは自分のことをみることはできず、自分がしたことは後になって初めてわかる、というのである[17]。さらに、meは、自分が所属している共同社会の因習、制度の要求を自分の中に取り入れたものであるという。つまりmeは内なる社会である。このことは、自分は他者とのつながりや役割を知ることにおいてしか自分を判断できず、また自分が統合されている社会のルールに暗黙に従って行動せざるを得ないことを指す。自己は発生においても作動においても、他者とのコミュニケーションを前提としている。ミードの考えを進めれば、自己とは自己のうちで進む社会的過程にほかならず、この社会的過程から切り離されれば、存在できないこととなるのだ。

　私が今までに接してきた自殺念慮を持つ患者や自殺未遂者には、共通する訴えがある。それは、「私がいてもいなくても何も変わらない」「私は周りに何の貢献もできていない」「私は周りのお荷物になっている」「私は誰にも必要とされていない」「私がいない方が、皆がうまくいく」「だから死にたい」といった言葉である。通常これらの言葉は、精神医学的に自分を責める気持ち（自責感）や、絶望感などのうつ症状の表れと考えられている。しかし精神疾患の患者で、仮に自責感や絶望感をもっていても、自殺を企図しない患者にこうした訴えは少ない。彼らの言葉が症状としてではなく、少なくとも主観的真実だとしたら、どうだろう。今までの考察から、これら死にたい患者たちの頭の中では、他者の反応や他者とのつながりの喪失からネガティブになったmeが強力になっているか、またはIの働きが十分でない状態を示しているといえないだろうか。すると、彼らの言葉は共通して、自分が社会で十分機能できず、他者と相互行為できないことから、meが自らの抹殺を命令している、という訴えに聞こえるのである。自分がそのつながりにどの程度満足しているのか、あるいはそのつながりが個人にどれほどの意味をもつか、死にたい人のこころの中に、meとIの争いという新たな関数を導入してみると、事態は深刻になる。

ここまで主に社会学理論に依拠して話してきたので、科学的考察を重んじる読者からは異論がでるかもしれない。ミードであろうがフロイトであろうが、仮説にすぎず、何の科学的エビデンスもないじゃないかと。そこで今度はこれらの古典的な社会学理論を補強するために、脳科学を参照しよう。近年の脳科学は、脳の構造や個別の疾患の解明を超えて、人間の心理や行動に関わる脳内ネットワークの解明へと歩を進めている。それを可能にしているのは、近年著しい発展を見せている脳画像の解析や認知神経科学である。特に、社会的認知研究、社会脳研究の成果[18]をいくつか紹介して、そこからつながりの問題が個人の脳機能にどのような影響を与えるか、検討していこう。筆者らが作成した脳領域の模式図、図7を見ていただきたい。

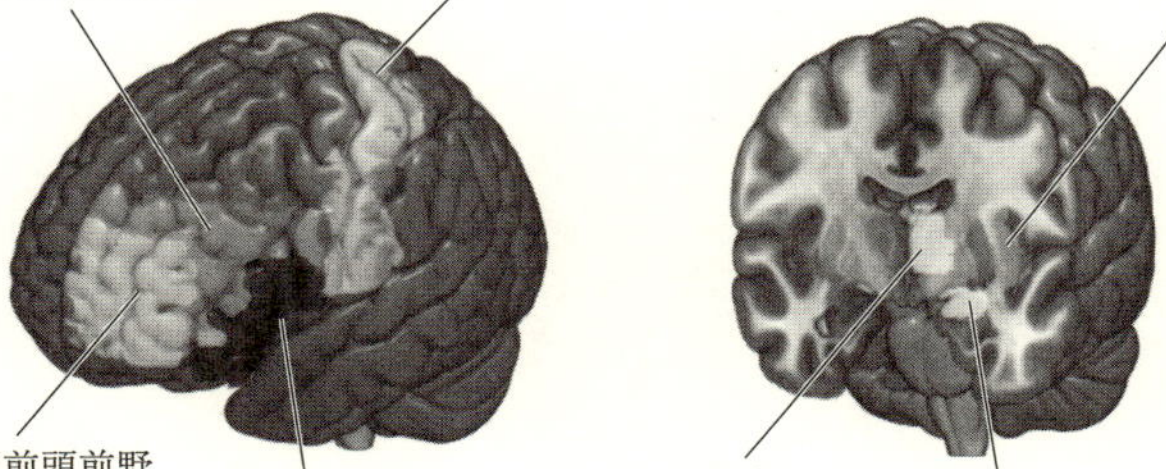

図 7　自殺との関連が疑われる脳領域（根本清貴氏作成）

まず、他者を認知する社会的知覚は、目や耳などの感覚器官から情報を得て、脳で分析・統合される。特に相手の顔、表情、視線など対人コミュニケーションの手掛かりは前部帯状回皮質、背内側前頭前野、感情の推測は脳の扁桃体と腹内側前頭前野などの各部位が双方向的に協調して行われる。最近診断が急増し社会問題となっている発達障害では、これらの脳部位の協調がうまくいってないことがわかっている。それが発達障害の代表的な症状である質的コミュニケーションの障害や想像性の障害の要因の一つとされる。

扁桃体は、他者が自分にとって安全か、あるいは脅威かを速やかに判断する。他者が幸福かどうかを判別・記憶する機能も備わっている。また見知らぬ他者が目の前にいる場合、ネガティブな態度をとったり、好ましい人物かどうかも判別する。従って、扁桃体は、他者と情感を共有する重要な部位である。混雑している電車に乗っている、デパートの広場で人ごみに迷う、などある種の状況下で、「このままでは死んでしまうのではないか」という強い不安とともに動悸、息切れ、目眩などの症状が発作的に生じるパニック障害では、この扁桃体システムに機能障害が生じていることが示唆されている。

次に、内側前頭前野は、扁桃体の活動を調整し、社会的感情である「罪悪感」、「後悔」、「恥」、「道徳性」の基盤となる。ここでの道徳観は、論理的推論よりもむしろ直感的に生じるように構成され、意志の決定や行動に及ぶ。幼少期を思い出してほしい。砂場で遊んでいて、泣いている子が可哀そうになったり、おもちゃを貸してあげたりしたくならなかっただろうか？　その際、「この子を助けた方が得」と論理的に考えて行動した記憶はないだろう。他者への協力行動をとっている時、内側前頭前野は活性化するという。つまり、この領域は自分が利他的行動をとるか、利己的行動をとるか直感的に判断する中枢と考えられている。

一方、背外側前頭前野、腹外側前頭前野という二つの前頭葉外側領域は、「それが本当に利益にあたるか」、「そのためには我慢しなければいけないか」という抑制的な判断を行う部位とされる。社会的排斥や不公平な提案の受諾、痛みの統制などネガティブな心理的・身体的痛みの抑制を行う際にこの部位が活性化し、それにともなって扁桃体や腹内側前頭前野の機能は抑制される。

従って、社会的な活動は、前頭葉の外側が論理的に抑制し、前頭葉の内側、帯状皮質、扁桃体システムは自動的かつ直感的に働く、という二重のシステムでコントロールされているのである。ここまできて、話がミードにつながる。meが内側前頭前野でIが外側前頭前野だと仮定すれば、他者との対人関係から恥や罪悪感が内側前頭前野（me）で生じ、その強さは心理的痛みとなって個人を苛み、衝動的に死を命令する。それを論理的に抑制しようとする外側前頭前野（I）との間に葛藤が生じ、振り子のように揺れながら、最終的にmeの命令を抑制しきれなくなり、自殺が遂行されるのではないだろうか？この混乱こそ、シュナイドマンのいう精神痛ではなかろうか？

この仮説を例証するようなエビデンスも徐々に報告されてきている。最近、安静時機能的核磁気共鳴画像（rsfMRI）を用いた脳イメージングによって、脳内の複数部位が同期して活動する脳内ネットワークが複数検出された。このうち、内側前頭前野、後部帯状回、下部頭頂葉、そして海馬からなるデフォルトモードネットワーク（ＤＭＮ）は、社会的情報処理と自己参照の際に活動する。ワーキングメモリーネットワーク（ＷＭＮ）は外側前頭前野及び後部頭頂葉からなり、実行記憶、計画遂行、抑制、注意の配分の際に活動する。二つのネットワークは課題によって競合したり、協調する。友達と遊ぶといった社会的課題ではＤＭＮとＷＭＮの両者が協調するが、計算をするなどの認知的課題では、両者が競合するという。社会的課題で二つのネットワークがうまく協調しない、あるいは片方の機能的結合が弱い場合には、脳内の行動決定と感情システムに混乱が生じるだろう。これまでに統合失調症、うつ病、アルツハイマー病、自閉スペクトラム障害で、ＤＭＮの異常が報告されている[19]。

自殺においても、脳機能の障害が見いだされつつある。自殺念慮のあるうつ病の患者と自殺念慮のないうつ病の患者の rsfMRI を比較したところ、前頭葉と扁桃体の結合指標が前者で低かったこと[20]、自殺念慮のある患者では、前頭葉と視床の結合性が低下していたことが最近報告されている[21]。脳白質、神経線維の描出を行う拡散テンソル画像では、自殺念慮のある患者の前頭葉と頭頂葉の結合性が低下していることも見出されてている[22]。自殺企図した躁うつ病の青少年の患者脳でも、扁桃体と前頭前野の結合性の低下が見出されてている[23]。これらの報告から、自殺を考える患者では、行動決定システムと感情システム、ないし行動決定システムと情報処理システムの結合、すなわち「つながり」に問題が生じ、脳機能に混乱が生じていることが推測されるのである。

自殺を考えているうつ病の若い女性を診察した際、彼女はその苦労を次のように話してくれた。「自分でも、もちろん死にたいと考えるなんてかおかしいって、思ってはいるんです。でも心の中で、職場にもいけないのなら、死んでしまえ、って繰り返し私を責めるもう一人の私がいます。それを考えないように一生懸命別のことを考えるようにします。夜にネットをみて考えをそらそうとするんですが、気が付くと自殺の手段が載っているページをみています。それをみてないと落ち着かないっていうか、もう一人の自分を納得させることができなくなるんです」。この患者の訴えは、脳機能の混乱を端的に表していると思う。

こうして、個人と社会のつながりの観点から自殺現象の説明が可能になったように思う。図8にここまでの考察をまとめたつながりによる自殺経路モデルを示した。

自殺は、まず個人に様々な社会的問題が連鎖して降りかかる。次に、それらの問題によって社会的統合の喪失、社会的葛藤、ソーシャルネットワークの喪失、ソーシャルサポートの不足などのつながりの障害が生じる。つながりの障害は、個人のこころの中に対他的（社会的）自己と対自的（個人的）自己の間で主観的に苦悩する心理的葛藤、すなわち脳機能の混乱をもたらす。脳機能の混乱は、絶望や抑うつ、精神的痛みを生む。そうした苦悩から逃避すべく、自分と相互行為している他者とのつながりの全面的切断、すなわち社会的な存在の消去を目的として自殺企図が衝動的に遂行される。しかし社会的死を目標とするには、それまでの個人のつながりの属性まで消去できないので、結局生物学的な死を必要とする。このようなつながりと自殺の経路をまとめて、私は自殺を次のように再定義したいと思う。

「自殺とは、様々な社会的問題によってつながりに障害を来した個人の中で、自己に関する脳機能の混乱が起こり、その結果生じる絶望、苦痛から逃れるために生物学的死を選択する行動である」。

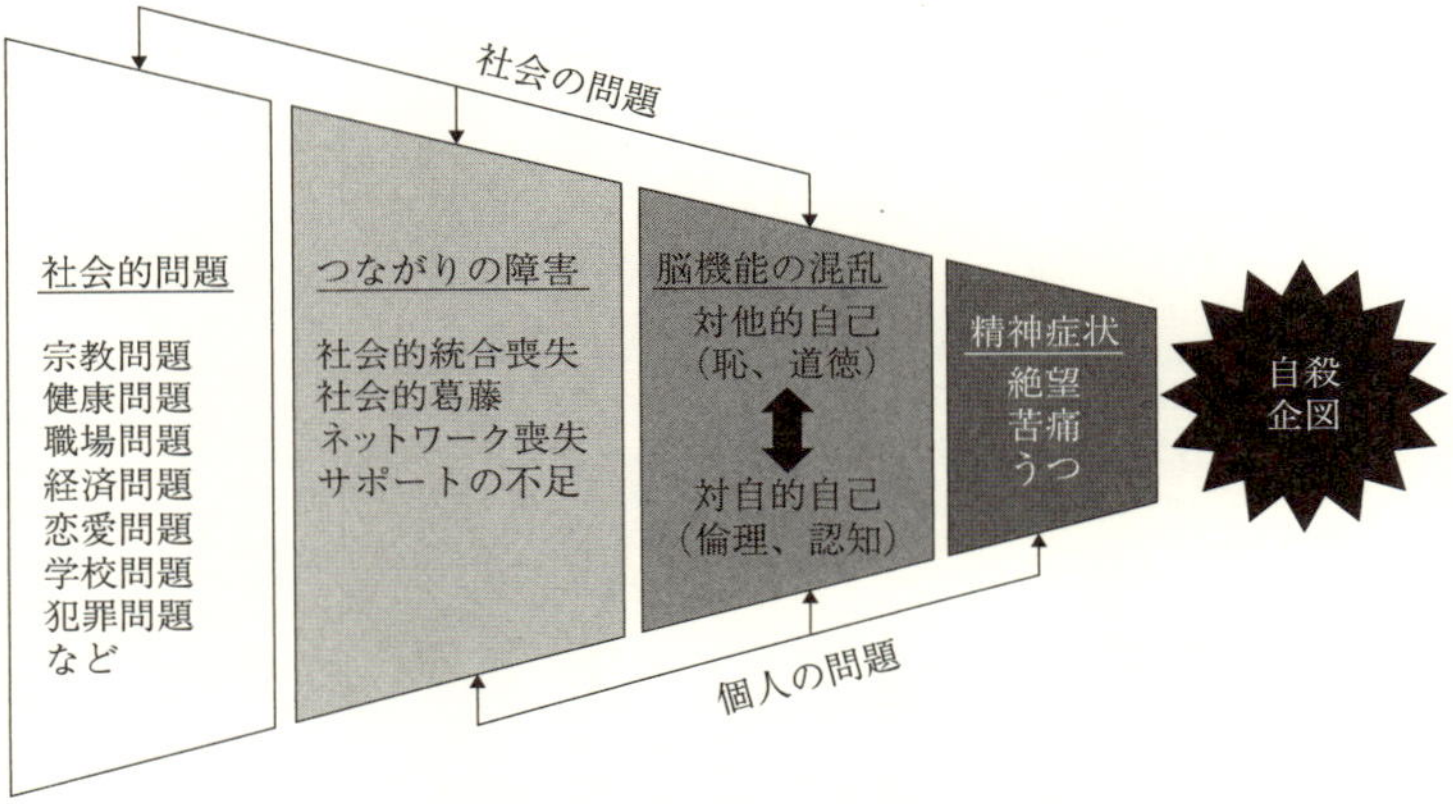

図 8　つながりによる自殺経路モデル

このモデルによって、社会的集団的問題としての自殺と個人的精神的問題としての自殺との乖離を、つながりの障害と脳機能の混乱を導入して埋めることができる。またこのモデルは、なぜ自殺衝動が生と死の間で振り子のように揺れ動くのか（振り子モデル）、なぜ精神痛（シュナイドマン）が生じるのかを説明することもできるだろう。これらは、meとIが対立した脳機能の混乱による症状といえるのではないか。さらにこのモデルからすると、つながりの障害、脳機能の混乱は、個人の問題であると同時に社会の問題であるため、両方の対策が同時に必要なことがわかる。

うつ病研究で著名な心理学者のトーマス・E・ジョイナー(24)は、近年自殺の対人関係理論を提唱している。そのモデルは、図9の通りである。

ジョイナーは、「自殺が可能になるのは、自殺ができる身についた潜在能力と、自己負担感の知覚、所属感の減弱という二つの対人関係に関連した心理状態から生じた自殺願望が揃った場合である。彼らが、自己自身の他者に対する心遣いが十分でなくむしろ害を及ぼすと感じ、彼ら自身も気遣われていない、と感じた時、それが命にとって重要

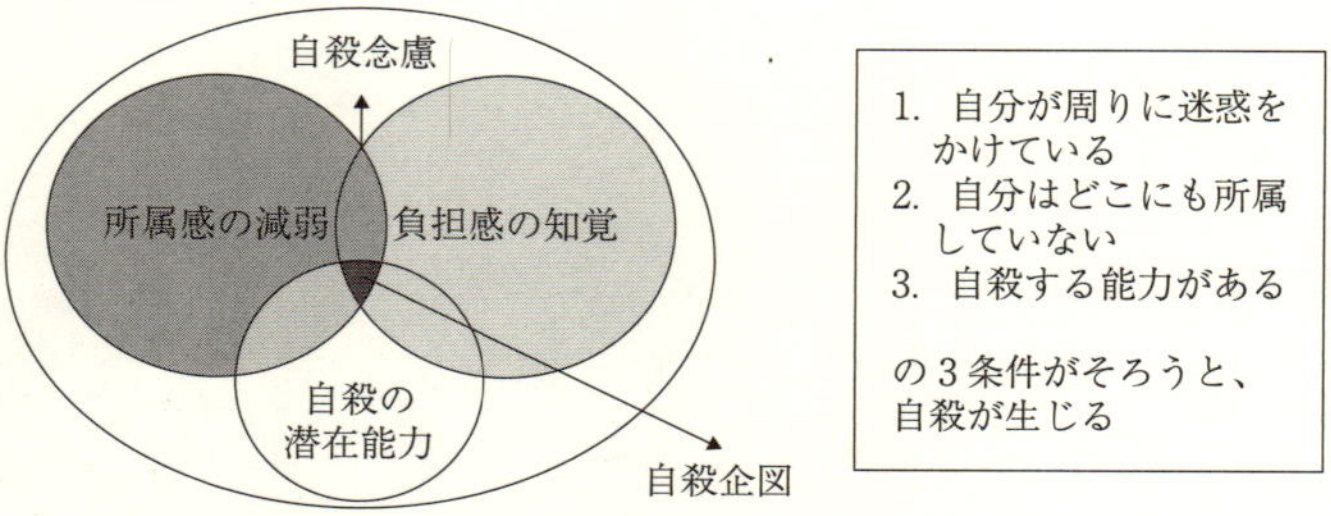

図9　ジョイナーの自殺の対人関係モデル（Joiner et al., 2010）

なつながりの全てを断ち切り、その結果死への願望が生じる」と述べている。特に自殺願望が自己負担感の知覚、自己所属感の減弱で生じるという点は、ここまで論じてきた社会的つながりの深刻な障害が自殺の条件であるという主張と合致しており、興味深い。しかし、彼はつながりの問題がなぜ自殺を生じさせるのか、そのプロセスについて十分な検討をしていない。筆者の提唱するモデルに沿って考えれば、meとIとの混乱が問題なので、自己負担感の知覚と自己所属感の減弱とは、例えば「自分は迷惑をかけている、だから自分は一人になっている」というように他者との関係から見たmeの問題を、裏表の側面で説明しているに過ぎない。

精神疾患とつながりの問題

ここまでの議論は、個人に何らかのストレスフルなライフイベントがおき、それがつながりの問題を介して個人にストレスと認知され、うつ状態や問題となる反応を引き起こすという流れを前提としている。従来の自殺のプロセスモデルも多くの場合、ストレスに対する反応としての自殺行動を想定している。このようにストレスから了解可能な精神症状や反応性行動が引き起こされるという考え方は、ストレス脆弱性仮説と呼ばれる。またこのような時間的経過で発症する精神症状は、かつては心因反応と呼ばれ、DSM-5の診断では適応障害と呼ばれている。ところが、もしそのようなプロセスであったとしてもうつ病や他の精神障害の診断がついた場合、適応障害という診断はつかないことになっている。つまり、適応障害という診断は他の精神障害がない場合の除外診断である。諸外国では、うつ病の診断の割合が自殺では圧倒的だが、我が国では適応障害が自殺者の診断名としてつけられることも多い。おそらくこれは、自殺を明らかな精神疾患以外の枠組みで、できるだけ動機や社会性から理解しようとする国民性も影響していると思われる。従って先の自殺モデルではっきり説明できるのは、適応障害かうつ病だろう。

前項では、自殺のプロセスをつながりの障害から説明しようとしたが、使ったモデルが適応障害やうつ病の枠組みだとすると、他の精神疾患でもこのモデルは通用するだろうか？　精神疾患とつながりの問題はどのように理解すればいいだろうか？

もっとも自殺を起す危険性が高いとされるうつ病は、多くの場合社会的相互関係の変化がその引き金になる。重要な他者の死、定年などは、共通して自らの社会的統合度を低め、ソーシャルサポートを減少させる変化をもたらす。とはいえ、うつ病になるにはこのようなつながりの変化が、「自分の人生を無に帰す」といった完全主義的な認知や自分を責めやすい思考パターンを前提にして初めて成立する。このように極端な評価のパターンをとっている場合、つながりの減少ないし喪失はその評価を介してくりかえし自己否定を高め、絶望をもたらすことになる。しかもこの認知は、必ずしも現実のつながりに問題がない場合も多い。むしろ、うつ病の症状が想像的につながりの問題を生じさせている場合も多いのである。なぜなら、薬物療法や認知療法による治療で認知のパターンが変化すると、多くの患者は「自殺を考えるほど思い詰めていたのがうそのようです」と語るようになるからである。さらに、うつ病でも自殺念慮がある人は、ない人に比べて自己評価が低く、自分を責める気持ちや自分を罪深く思う気持ちを持つメランコリー型と呼ばれるタイプが多い。つまりうつ病自体というよりも、つながりの障害とそれを深刻に考える否定的認知の特徴がうつ病における自殺の必要にして十分な条件なのである。重症期にはうつ病の自殺が少ないことを考えると、むしろ初期にはつながりを失うこと、回復期には周囲にサポートを提供できないこと、そしてそれらを悲観的に捉えることが自殺リスクを高めるというように、社会的つながりの問題を中心に据えることでうつ病の自殺リスクをより深く理解することができるだろう。

統合失調症の自殺は、最近では精神病症状の後の抑うつや、その後の社会活動能力の低下と関連づけられるようになってきている。後に述べるが、例えば統合失調症に罹患した大学生がもっとも苦悩しているのは、ほとんどの場合発病前に自然にできていた学生生活が、幻覚妄想状態の後のエネルギーの低下でできなくなったことである。そのことに対する深い絶望が自殺企図の直接動機となることが多い。これらはやはり、自らのサポート能力や社会的統合度の低下に対する不満足感という点で理解できる。ただし、統合失調症においては、否定的認知の背景に「お前はもう終わりだ」といった幻聴や妄想から「自分は社会とこれ以上つながるべきではない」、と考える妄想的思考が自殺の病理に関連している場合もあり、丁寧な評価が必要である。

アルコール・薬物・ギャンブルなどの依存症は、明らかに依存に至る前に社会関係の問題、孤立と依存を抱えており、依存が重症化すると家庭生活が破綻してしまい、単身、無職となってさらに孤立する。すなわち障害の進行はつながりの問題の進行と機を一にし、双方向的に社会的破綻への悲観的評価がさらなる乱用を繰り返させ、ついに自殺企図をもたらす。

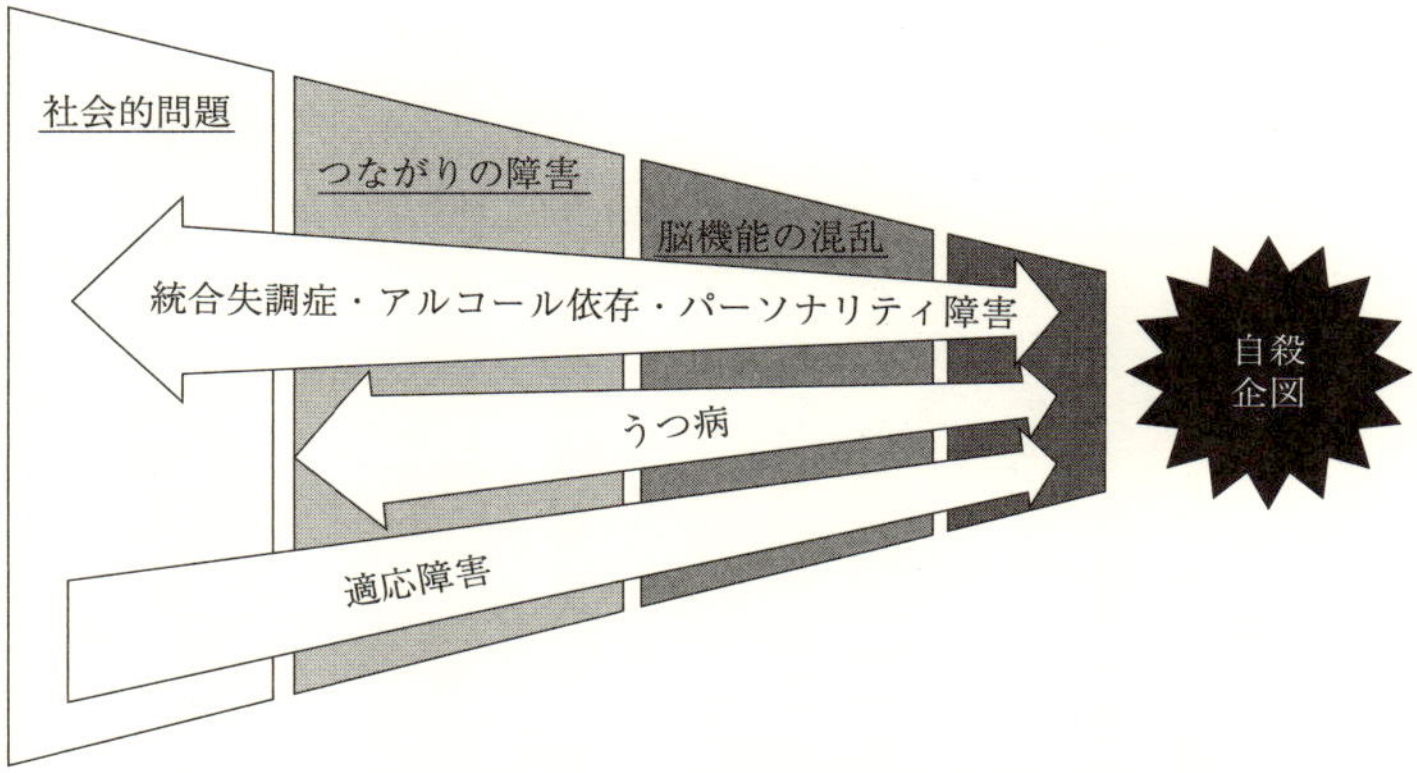

図10　自殺経路モデルでの精神疾患の位置づけ

パーソナリティ障害に至っては、幼少期に親の虐待や深刻な家庭問題、すなわち社会的葛藤がないことはほとんどなく、また障害の症状として自殺企図を頻繁におこし、その動機として「見捨てられたから死にたい」といって対人関係の喪失を訴えることがほとんどである。

このように考えると、精神疾患が自殺に高率に合併しやすいのは、それがつながりの障害とその悲観的評価に不可分な脳機能の障害であるからで、むしろ自殺の共通の核となるのは社会的つながりの問題の存在とそれに対する本人の評価の深刻さではないかと考えられる。ただし、ここまで説明してきたように、適応障害ではつながりの問題から脳機能の混乱、そして自殺企図へと一方向性のモデルで理解できるが、他の精神疾患では脳機能の混乱からつながりの問題が生じ、それがさらに抑うつを深めて、といった双方向的な悪循環で自殺企図が生じると理解した方がよいかもしれない。図10に各精神疾患が統合モデルにおいてどのような位置づけとなるかを示しておこう。このように考えると九割の自殺行動に精神疾患の診断がつくという見方も理解できると思う。モデルの諸段階に串刺しする形をとれば、適応障害と他の精神疾患により全ての自殺は説明可能となるからである。

つながりと自殺現象

自殺が個人において、他者とのつながりの障害によって生じるとすると、逆につながりの問題は、社会的な自殺現象も説明できるのだろうか。

この問題を説明するために適するのが、**群発自殺**という現象である。群発自殺とは、ある人物の自殺が生じた後に、複数の自殺が生じる現象を指す。この現象は古来より自殺の流行として世界の様々な場所で生じている。古くはドイツの古典であるゲーテの小説「若きウェルテルの悩み」がベストセラーになった後、物語の中で自殺した主人公と同じ服装をし、同じ方法を用いて自殺する若者が続発した。この事例から、群発自殺は海外では「ウェルテル効果」と呼ばれている。我が国では、一九〇三年に当時第一高等学校学生であった藤村操が華厳の滝から投身自殺した後に、二〇〇余名が同じ場所で自殺をはかり、そこが自殺の名所となった。自殺前の書簡からみると本人はうつ病であった可能性が高い、と堀正士[25]は指摘しているが、直前に滝近くの木に刻まれた遺書というべき「巌頭之感」が「知的な自殺の典型」と当時のメディア、知識人の間でもてはやされた。その後も現在に至るまで、歌手や政治家など有名人の自殺に引き続いて群発自殺現象は繰り返し出現している。個人の思想や物語性を契機とするのみならず、二〇〇四年には自殺をテーマとする交流掲示板や情報提供からなるホームページ、いわゆる自殺系サイトで知り合った者の集団練炭自殺が群発したり、二〇〇八年には自殺の方法を詳細に語ったインターネット上の書き込みが発端となった硫化水素自殺など、自殺手段の取得を契機とする群発自殺も

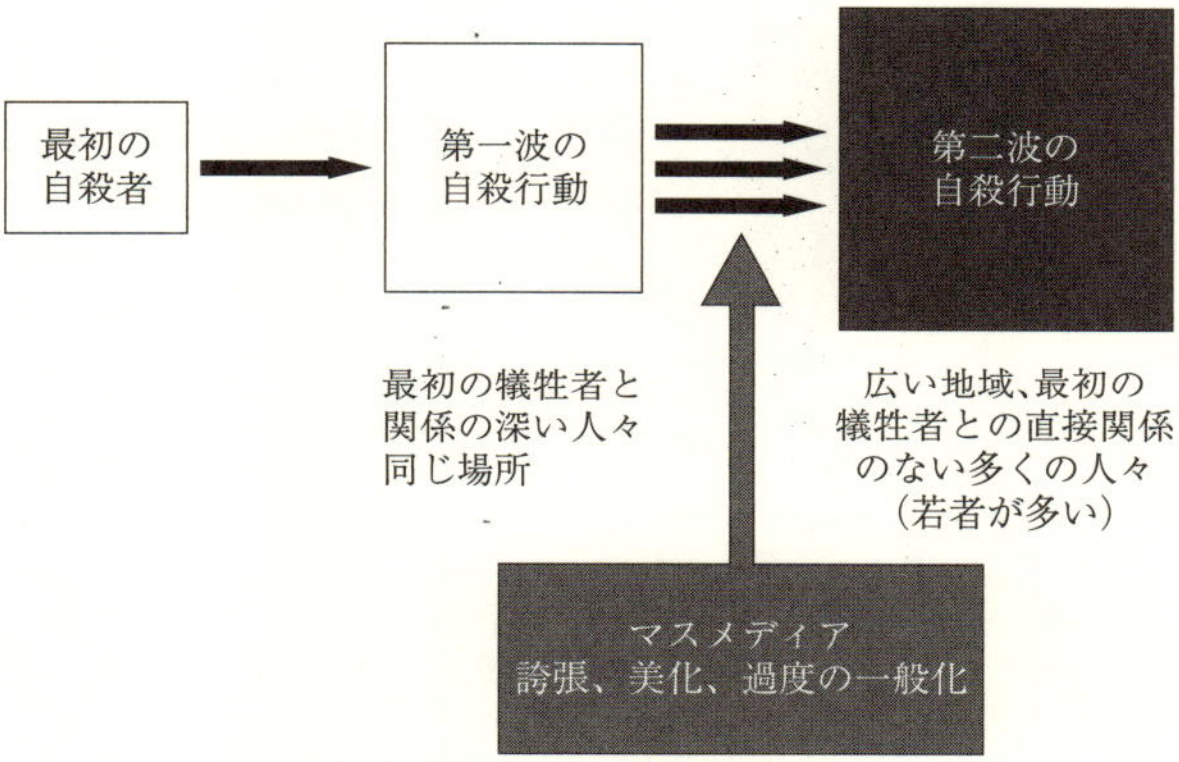

図11　群発自殺のプロセス（高橋，1998）

記憶に新しい。

高橋祥友は、群発自殺のプロセスを図11のように描写している。(26)

まず発端となる個人の自殺が生じると、その事実を知ったり、噂を聞いた友人、同級生、恋人など本人と関係の深い周囲の人物に第一波の後追い自殺行動がおき、次いでメディアによってこれらの自殺が誇張を伴って過剰に報道、流布されると、第一波で自殺行動した人々とは直接関係がないが、同年齢で同種の問題を抱えたより広い地域、多数の人々に第二波の自殺行動が生じる。

この現象は、個人が亡くなった際の周囲への伝え方やメディアの自殺報道のあり方の問題として説明されるが、なぜこのような現象が生じるのかについて、突っ込んだ議論は少ない。そこでこの現象をつながりの病理の観点から説明してみよう。

まず、第一波の、発端者の自殺に続いて発端者と親しい者に起こる群発自殺について考える。先に個人の自殺は、自分が周囲の他者にサポートを提供できていない負債感から生じると述べた。ところが発端者と親しい周囲の他者はそのことに気づいていないので、本人と通常の関わり、ないしつながりを持っていると考えている。そこで本人が自殺という不条理な死を呈したことを知ると、周囲の遺された者たちはまず「なぜ自分は本人の自殺を防げなかったのか」、「なぜ本人の深刻な悩みに気づいてあげられなかったのか」と自分を責める。これはいいかえれば、「なぜ亡くなった個人は自分からつながりを絶ち、なぜ自分はその個人に十分なサポートを提供できなかったのか」、という負債感である。この負債感は、亡くなった個人の持っていた負債感に匹敵する。なぜなら、親しい他者という時点で発端者と他者とのつながりは、他者からみると、もともと五〇対五〇であったからである。しかし個人は既に亡くなってしまったのでこの負債感を取り戻す術はない。こうしてつながりの病理と負債感の烙印は伝染する。亡くなった個人の抱いていたものと同様の強烈な負債感、喪失感を発端者と親しい他者も味わうことになる。ここでもし他者個人も精神的に強くなかったとすると、うまく負債感や喪失感を消化できず、彼もまたゆううつになり、究極的には自殺を行う。これによって群発自殺が生じる。ここで生じているのは、つながりの病理の直接的伝染である。

では第二波はどうだろう。第二波においては、発端者の自殺について、他者は発端者と直接知りあいではないので、その心理過程や情緒を想像することは難しい。しかし発端者が有名人で他者各人に大きな精神的影響力を与えていたり、同じ性別、同じ年代など共感できる特性をもっていたり、また自殺に用いた手段が企図にかかわる苦痛や抵抗感を低めることを推測させるものだった、すなわち身近な発端者がなくなった場合と同程度の情報量を持っていたとすると、自殺の模倣が生じるとされる。しかしこの模倣は、個人を超えてなぜ広がるものなのか。

ここでデュルケーム、ジンメル、ミードに続いて『模倣の法則[27]』を著した社会学者ガブリエル・タル

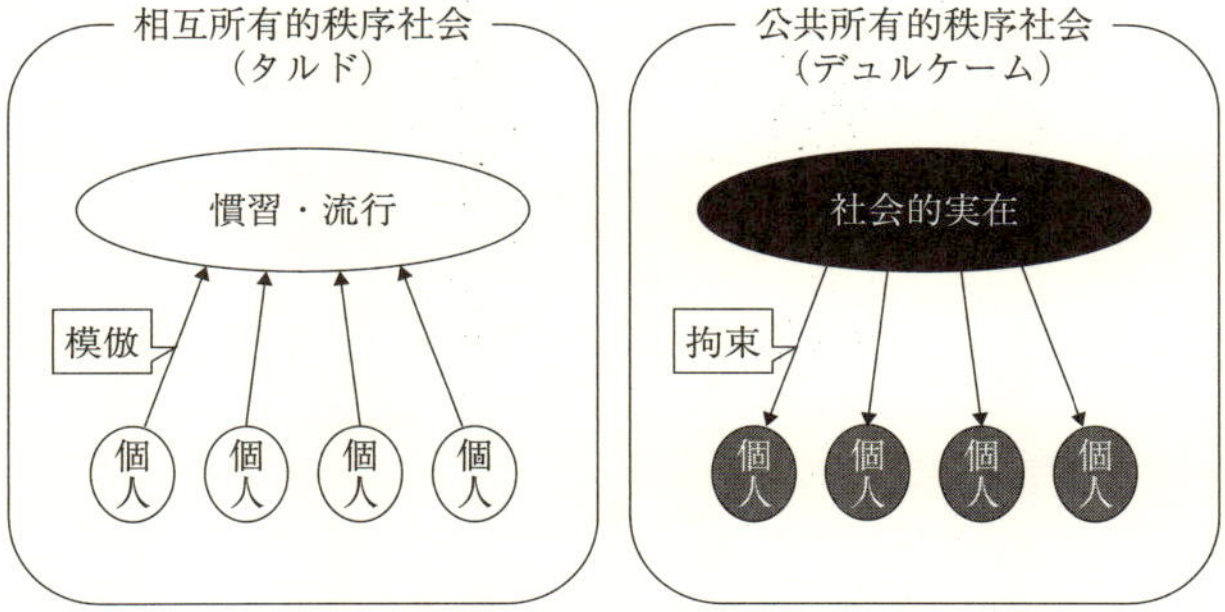

図12　個人主義社会学と社会実在論の模式図

ド（一八四三―一九〇四）の理論を援用しよう。タルドは、「模倣とは個人の精神間で生じる転写である」と定義し、「社会はある人が他人の行為を模倣した結びつきにより生じる」と述べた。これは、個人が模倣により、慣習や流行といった社会を生じるという相互所有的秩序社会を提唱したもので、図12でしめすように、社会的実在が個人を拘束するとしたデュルケームの公共所有的秩序社会の考え方と全く逆である。

タルドの考え方は、むしろ個人の行為のつながりが社会を形成するとしたジンメルの考えに近い。このためデュルケームは、「自殺論」の一節を割いてわざわざタルドの考え方を現実的でないと批判している。興味深いことに、タルドは「模倣」という相互行為の連鎖をミクロからマクロの次元まで拡張し、集団事象のレベルでは、①影響力の強いモデル（例えば王様などの有名人）から提供される行為や手段は、より下位の多くの人々に意識的、無意識的に模倣されやすいこと、②過去の慣習から離れた優れた発明（手段）は、より多くの人に模倣されやすいこと、さらに、③模倣は反復により一旦急激に増加し、やがて他の模倣行為と対立して減少し適応状態（平衡状態）となることを、見出している。この現象は、現在では商品の普及や病気の伝染が広がる際に生じ、社会ネットワークを前提と

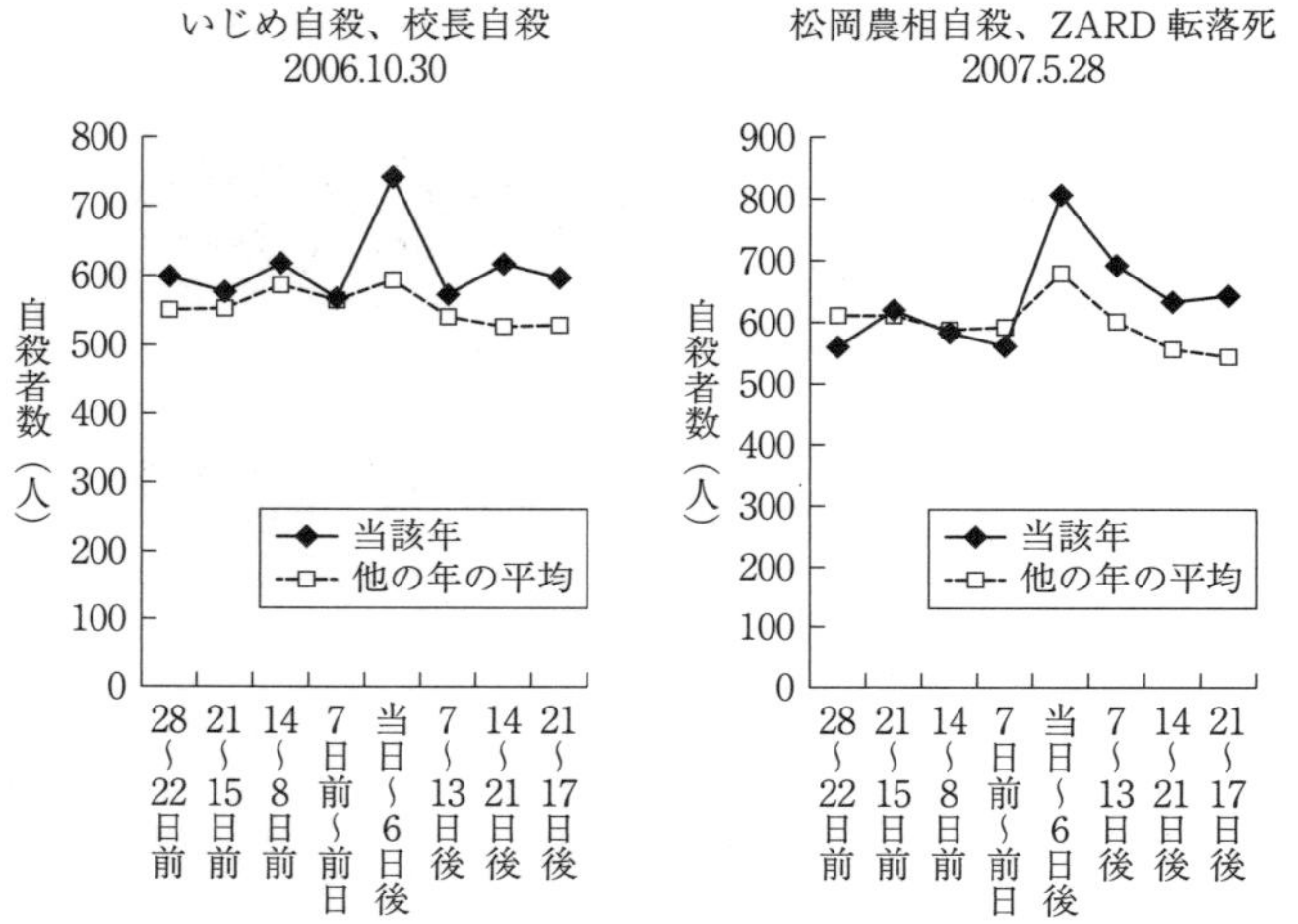

図13　群発自殺と思われる二事例の自殺者数推移（厚生労働省，2010）

することから「社会的伝染（social contagion）」と呼ばれる。群発自殺も海外では、自殺の伝染（suicide contagion）と呼ばれることが多い。

図13に示したのは厚生労働省が解析した有名な事件の当事者やアイドルの自殺と、その前後数週間の国内の自殺者数の推移である[28]。図からは、発端となる有名人の自殺の後、時系列順に、模倣と思われる群発自殺の自殺者数が急激に増え、やがて減少して適応状態となる様子がみてとれる。この図から、模倣の法則が、第二波の自殺現象をよく説明していることに、皆さんはもうお気づきだろう。有名人の自殺や有力な自殺方法の説明がメディアによって詳細に流布されれば、模倣の法則が発動し、群発自殺が生じるのは自明なことであり、これはつながりの病理の間接的伝染である。つまり第二波は、メディアによるつながりの病理で生じる。

ではつながりの病理で、ここ数年の日本の自殺率の変化を説明できるだろうか。

先に、一九九七年から九八年に日本の自殺率が上昇したのは、バブル経済が崩壊し、長い経済不況に陥った時期と重なると述べた。ここから、日本では不況により経済的苦境、すなわち生命維持の危機に立たされる人が増えたので自殺が増加したと換言したくなる。しかし、日本人の生活水準が低下しているとしても、アフリカの発展途上国と同等に悪化したというわけではない。また自殺予防の研究者である河西千秋は、スウェーデンでは、失業率の推移とは関係なく、自殺者数が漸減を続けているという点から、日本では保健・福祉システムが半ば崩壊していてソーシャルサポートが弱いために、経済問題や失業問題が自殺率に直結するのであろうと述べている。[29] これをいいかえれば、社会のつながりが弱くなったことが、日本の自殺問題の大きな要因であるということになる。

世界数一〇カ国の研究グループが、一九八一年以来数年に一度実施している「世界価値観調査[30]」という調査がある。この調査では、世界各国における国民の組織・制度への信頼度の国際比較が行われていて、二〇〇〇年の結果では、日本の国民は新聞・雑誌への信頼度が七〇パーセントと最も高く、国会、宗教団体への信頼度が一〇から二〇パーセントと最も低かった。信頼度が同等に低い国は、他に韓国、ロシアなどであった。ただ、日本は宗教への信頼度が極めて低い点で韓国と異なり、新聞・雑誌、すなわちメディアへの信頼感が強い点でロシアと異なっていた。このうち政治への信頼度が同様に低い韓国、ロシアがいずれも自殺率の高い国であることは興味深い。

先に言及したように、社会と個人という関係性の中で重要なのは、ソーシャルキャピタルという社会への信頼感である。経済問題や失業問題から個人が社会的役割を果たせず負債感を持つとする。職場や地域も彼らを十分にサポートできない。それでも彼らを社会につなぎとめるものは何か？　それは社会への信頼感である。それを提供できるのは本来政治に他ならない。一〇年以上にわたりデフレ経済に政治が有効な対策を打てなかった状況は、個人を社会とのつながりの最後の砦である社会への信頼感から切り離し、絶望させ、社会意識としての自殺指向性を強め、結果的に日本の自殺率の高止まりに寄与したのではなかろうか。では、二〇〇九年から自殺が減少に転じ、今日二万人前後まで低下したのはなぜだろうか？　これについては、様々な意見がある。自殺対策が効果を発揮した、とか自殺多発世代が中高年から老年期にうつったからだ、とか、経済が改善したからだ、などの考え方が示され、定説はない。しかし、これもつながりの問題を適用すると、次のような仮説が考えられる。一つはこの時期、民主党が政権をとり、政治の不安定性が明確になった。続いて二〇一一年三月一一日に東日本大震災が起こり、約二万人の尊い命が奪われた。福島第一原発が水蒸気爆発を起こし、放射能汚染で大量の避難者が生じた。このような国家的悲劇と政治的無策に対して日本人は絆を強めようとし、社会の安定を強めることを望んだのだろう。震災直後には、「もう日本は終わっちゃうんじゃないか」という意見を、患者さんからよく聞いた。一方で意外なことに「今まで死にたいといっていましたが、被災地の悲劇を考えれば自分の症状は大丈夫です」などと気丈に語る患者さんも多かった。ほぼ連日のようにテレビでは助け合い、絆を強めることを直接奨励するコマーシャルが流され、まるで戦争中の大本営発表さながらの異様な状況が続いた。このように顕著な民族の危機に対する防衛反応が、社会の安定を望み、直接ソーシャルキャピタルを強め、自殺率を押し下げた可能性は否定できない。日本の自殺率の推移の理由については、最終章でも、より深く考察したい。

さて、ここまで古典的な社会学と脳科学、精神医学の理論を用いて考察を進めてきた。本章の最後にこれまでの議論をまとめておこう。個人の問題としての自殺と社会問題としての自殺現象は、社会と個人のつながりによって統合的な説明が可能である。個人の自殺は、個人が抱える様々な社会問題が累積し、彼のもつ様々なつながりが障害を受けた結果、個人の脳機能に葛藤が生じ、心理状態が悪化して生じると考えられる。精神疾患は現実的なつながりの問題に加え、脳機能の直接の障害による想像的なつながりの問題によって双方向的に個人の自殺に影響を与えている。また社会問題としての我が国の自殺現象は、社会における全体的な人間同士のつながりが弱まり、メディアを介した社会的葛藤の流布により社会不安が高まることで強まり、災害などを契機に登場した社会的安定への願望とつながりを強化する活動で減少したと推測される。以上から、つながりの問題は自殺を個人的にも社会的にも説明できる中心的課題である。

では、自殺現象の統合的理解が可能になったところで、いよいよ次章からは、現代の自殺予防対策にはどのようなものがあるか、その課題は何か、そしてここまですすめてきたつながりの仮説から、どのように自殺予防対策を向上していけるかを、検討していこう。

(1) ゲオルク・ジンメル（石川晃弘、鈴木晴男訳）『社会的分化論――社会学的・心理学的研究』中央公論新社、二〇一一。
(2) 菅野仁『ジンメル・つながりの哲学』NHKブックス、二〇〇三。
(3) シェルドン・コーエン、リン G・アンダーウッド、ベンジャミン H・ゴットリーブ編著（小杉正太郎、島津美由紀、大塚泰正、鈴木綾子 監訳）『ソーシャルサポートの測定と介入』川島書店、二〇〇五。
(4) ニコラス・A・クリスタキス、ジェイムズ・H・ファウラー著（鬼澤忍訳）『つながり 社会的ネットワークの驚くべき力』講談社、二〇一〇。
(5) 谷口弘一、福岡欣治編『対人関係と適応の心理学』北大路書房、二〇〇六。
(6) ロバート・D・パットナム（柴内康文訳）『孤独なボウリング――米国コミュニティの崩壊と再生』柏

書房、二〇〇六。

（7） Kleiman EM, Liu RT.: Social support as a protective factor in suicide: findings from two nationally representative samples. *J Affect Disord.* 150(2): 540–5, 2013.

（8） Aiba M, Matsui Y, Kikkawa T, et al.: Factors influencing suicidal ideation among Japanese adults: from the national survey by the Cabinet Office. *Psychiatry Clin Neurosci.* 65(5): 468–75, 2011.

（9） Awata S, Seki T, Koizumi Y, et al.: Factors associated with suicidal ideation in an elderly urban Japanese population: a community-based, cross-sectional study. *Psychiatry Clin Neurosci.* 59(3): 327–36, 2005.

（10） Endo G, Tachikawa H, Fukuoka Y, et al.: How perceived social support relates to suicidal ideation: a Japanese social resident survey. *Int J Soc Psychiatry.* 60(3): 290–8, 2014.

（11） 相羽美幸、太刀川弘和、福岡欣治他「簡易ソーシャル・サポート・ネットワーク尺度（BISSEN）の開発」『精神医学』五五（九）、八六三－八七三、二〇一三。

（12） 岡檀『生き心地の良い町　この自殺率の低さには理由（わけ）がある』講談社、二〇一三。

（13） Aiba M, Tachikawa H, Arai T: The relations between social capital and suicidal ideation in Japan. *7th Asia Pacific Regional Conference of the International Association for Suicide Prevention*, Tokyo, May 18-21, 2016 (Proceeding).

（14） 高橋祥友『自殺の危険――臨床的評価と危機介入』金剛出版、一九九二。

（15） アルバート・ラズロ・バラバシ（青木薫訳）『新ネットワーク思考――世界のしくみを読み解く』NHK出版、二〇〇二。

（16） G・H・ミード（稲葉三千男、中野収、滝沢正樹訳）『精神・自我・社会』（現代社会学大系）青木書店、二〇〇五。

(17) 長谷川公一、浜日出夫、藤村正之、町村敬志『社会学』(New Liberal Arts Selection) 有斐閣、二〇〇七。
(18) 浦光博、北村英哉(著、編集)『個人のなかの社会』(展望現代の社会心理学1) 誠信書房、二〇一〇。
(19) 越野英哉、苧阪満里子、苧阪直行「脳内ネットワークの競合と協調——デフォルトモードネットワークとワーキングメモリネットワークの相互作用——」*Japanese Psychological Review*, 56(3), 376-391, 2013.
(20) Du L, Zeng J, Liu H, et al.: Fronto-limbic disconnection in depressed patients with suicidal ideation: A resting-state functional connectivity study. *J Affect Disord.* 215: 213-217, 2017.
(21) Kim K, Kim SW, Myung W, et al.: Reduced orbitofrontal-thalamic functional connectivity related to suicidal ideation in patients with major depressive disorder. *Sci Rep.* 7(1): e15772, 2017.
(22) Myung W, Han CE, Fava M, et al.: Reduced frontal-subcortical white matter connectivity in association with suicidal ideation in major depressive disorder. *Transl Psychiatry,* 6(6): e835, 2016.
(23) Johnston JAY, Wang F, Liu J, et al.: Multimodal neuroimaging of frontolimbic structure and function associated with suicide attempts in adolescents and young adults with bipolar disorder. *Am J Psychiatry,* 174(7): 667-675, 2017.
(24) Joiner TEほか(北村俊則監訳)『自殺の対人関係理論 予防・治療の実践マニュアル』日本評論社、二〇一〇。
(25) 堀正士「藤村操の「哲学的自殺」についての精神病理学的一考察」『早稲田大学大学院教育学研究科紀要』二二、一三九-一四六、二〇一二。
(26) 高橋祥友『群発自殺——流行を防ぎ、模倣を止める』中央公論社、一九九八。
(27) ガブリエル・J・タルド、(池田祥英訳)『模倣の法則』河出書房新社、二〇一六。
(28) 厚生労働省『人口動態統計に基づいた自殺の地域特徴に関する分析』厚生労働省、二〇一〇。

(29) 河西千秋『自殺予防学』新潮選書、二〇〇九。

(30) 東京大学(調査代表:大学院人文社会系研究科教授 池田謙一)『世界価値観調査2010』二〇一〇。

第三章

つながりからみた自殺予防対策

市民憲章協議会のおじさんは、「俺の知り合いで自殺した人やうつ病の人もいる。だから少しでもそういう人に気づいて救えたらいいと思うんだよ」とポツリとつぶやいた。

様々な自殺予防対策

ここまで個人と社会とのつながりから自殺現象を考察し、つながりの障害が自殺を生じさせることを示してきた。そこで本章から、現代の様々な自殺予防対策を紹介したうえで、つながりの障害の観点からその内容を捉えなおしていこう。まずは言葉の定義を行ってみたい。自殺を防ぐことを、自殺予防という。といっても、これは個人の自殺を防ぐ活動から、例えば国全体の自殺率を減らす政策まで幅広く、その種類も様々である。ＷＨＯでは、**自殺予防（Suicide Prevention）**という公衆衛生学の言葉を使うが、「自殺された方の遺族（自死遺族）からすると、予防できたのに、できなかった、という罪責感が強まるのではないか」、という危惧があり、我が国では公的には**自殺対策（Suicide Countermeasure）**という行政的な言葉を使っている。しかし、自殺対策という言葉のみでは、政策的なニュアンスや集団を対象とする活動が重視されるため、本書では予防と対策の両方の言葉を柔軟に用いたい。

さて、自殺予防は、今までは大まかに一次予防（プリベンション）、二次予防（インターベンション）、三次予防（ポストベンション）という疾病予防概念による公衆衛生学の分類か、あるいは医学的対策（医学モデル）、地域対策（地域モデル）、その他の対策といった対策の内容による分類で説明されることが多かった[1]。わかりにくいので図1を参照してほしい。

公衆衛生領域では、病気の予防概念に対応した分類に基づいて対策を行う。例えば、糖尿病の場合、生活習慣改善や糖尿病の知識を啓発するといった、発病させないための活動は、一次予防と呼ぶ。これに対して、糖尿病になった場合それを早期に発見して治療することを二次予防という。三次予防とは、

	コミュニティ（地域）モデル	メディカル（医学）モデル	その他のモデル
一次予防（プリベンション）	啓発キャンペーン ネットワーク構築 地域づくり	自殺予防教育 精神保健教育	物理的対策
二次予防（インターベンション）	ゲートキーパー研修 相談窓口連携活動	うつスクリーニング 医療連携	自殺手段の規制 インターネット対策
三次予防（ポストベンション）	自死遺族の会 グリーフケア	自殺未遂者ケア	メディア報道対策

図1　様々な自殺予防対策の分類

すでに糖尿病の治療を行っているが、再発や悪化を防ぐための取り組みを指す。自殺は病気と呼べるのか、と思われる方もいるだろうが、今までに説明してきたように、自殺には、ストレス→うつ→自殺念慮→自殺企図→自殺、というプロセスがあるため、疾病と同様の予防分類がわかりやすいとされてきた。

この分類に即して自殺予防活動の各段階を説明すると、まず、自殺の**一次予防（プリベンション）**とは、自殺がおきる原因を少しでも減らして、自殺念慮の発生を予防するように努力することである。欧米で盛んな学校現場での自殺予防教育や、地域や職場などで行ううつ病・自殺予防の啓発キャンペーン、関係機関のネットワーク構築、などの活動がプリベンションとしてあげられる。次に**二次予防（インターベンション）**とは、自殺念慮をもっていて自殺企図を考えている人に対して、自殺が起きないように積極的に働きかけて予防を行うこと、あるいは、自殺リスクが高いうつ病などの精神疾患に罹患している人を、適切な対応や援助に結びつけることである。ここ数年地域で養成がさかんな「自殺の危険を示すサインに気づき、適切な対応ができる人」（ゲートキーパー）養成研修や相談窓口の連携、地域におけるうつ病のスクリーニングなどが、二次予防にあたる。最後に**三次予防（ポストベンション）**とは、自殺企図が生じた後の対応のことを指す。具体的には、既遂者に対しては、自死遺族など遺された人達への援助や対応、自殺の適正な報道による連鎖自殺や群発自殺の防止、自殺未遂者に対しては再企図を防ぐケア、などがあげられる。本来予防の概念からすると、未遂後の対応のみ三次予防にあたり、本人がなくなった後の対応を三次予防といえるかは難しい。しかし、自殺の三次予防をさすポストベンションという言葉は著名な自殺学者エドウィン・シュナイドマンの造語[2]で、自殺においてはポストベンションが一次、二次予防と同等に重要かつ特別だという意味で使われている。

一方、活動内容の種類からみた自殺予防対策は、「医学モデル」という、精神医学的見地から自殺の危険性の早期発見や救命救急センターでの未遂者対応などを行う、医療を中心とした個人的対策と、「地域モデル」という、地域における自殺を考える人たちへの相談体制の充実や普及啓発キャンペーンなどの社会的対策、そして、「その他のモデル」の三つに大別される。その他のモデルとは、医学や地域といった枠組みではとらえきれない内容の対策で、国の対策、メディア報道対策、物理的対策などがあげられる。特にメディア報道対策とは、自殺に関連したメディア報道に関して一定のガイドラインを提案して報道が次なる自殺の連鎖（群発自殺）を生まないようにする対策である。また物理的自殺対策とは、たとえばある橋から飛び降り自殺が続くような場合、その橋に飛び降り防止の柵を作る、あるいは銃による自殺が増えている場所で銃を規制するなど、自殺の手段を物理的に制限する対策である。

マン・Jらは、二〇〇五年に多様な自殺対策のどれがより自殺率減少に重要であるかという客観的根拠（エビデンス）を得るべく、従来の自殺対策の研究報告を集めた検討を行った[3]。彼らは、自殺行動に

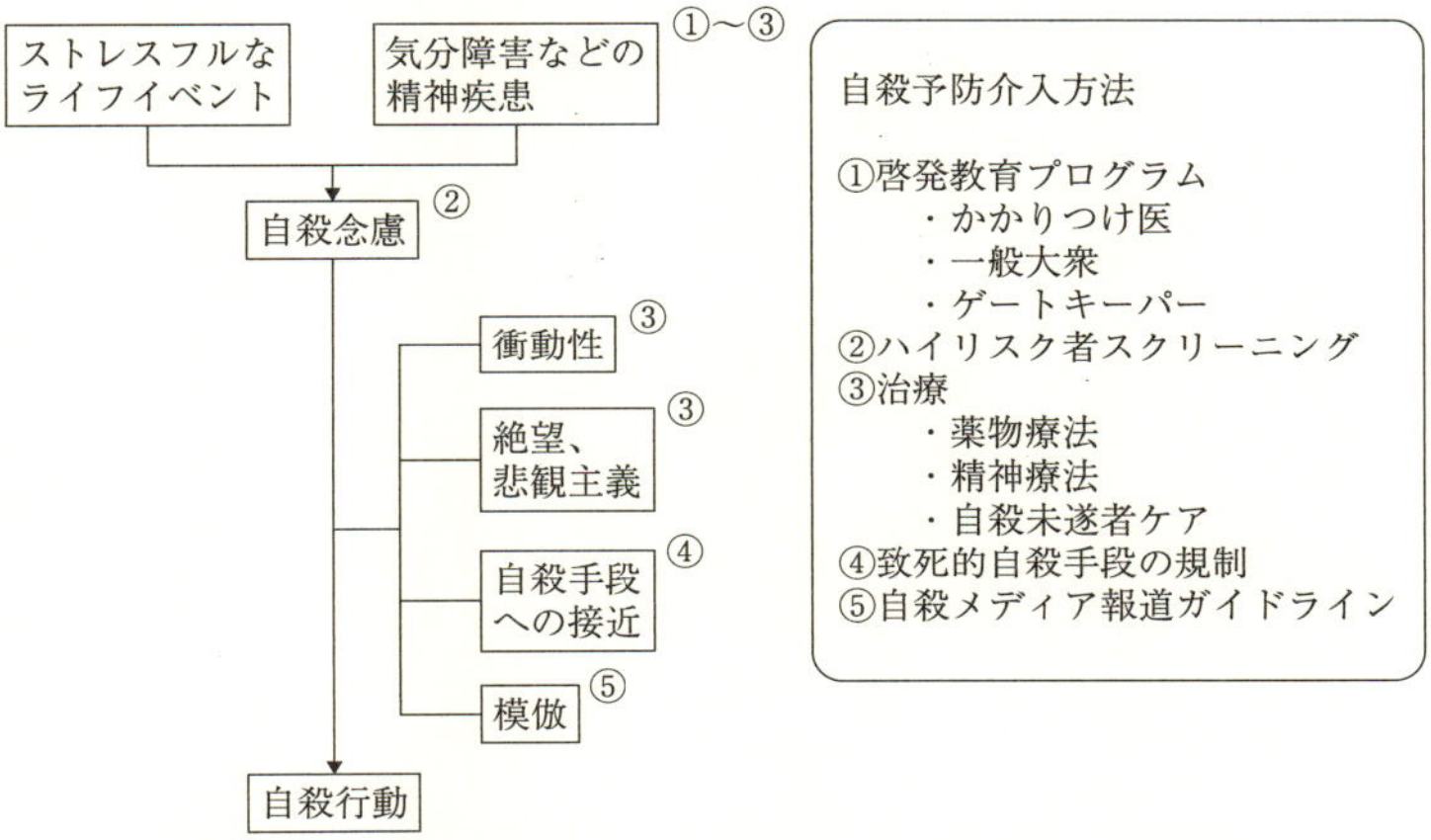

図 2　自殺予防の対象と方法（Mann et al., 2005を改変）

いたるプロセスを、ストレスとなるライフイベント、うつ病他精神疾患の両方が自殺念慮を惹起し、そこに衝動性、絶望感、自殺手段への接近、模倣などの交絡因子が加わって生じると規定した。図2のように、我々のモデルを縦にしたようなモデルである。

そして、精神疾患には①啓発教育プログラム、②ハイリスク者のスクリーニング、③治療（薬物療法、精神療法、自殺企図者のフォローアップケア）、自殺念慮には②スクリーニング、衝動性と絶望感には③治療（薬物療法、精神療法）、自殺手段には④自殺手段を規制する物理的自殺対策、⑤模倣自殺には報道ガイドラインなどのメディア対策がそれぞれの予防対策になると整理した。彼らはこのような観点で過去の論文を調査した結果、自殺率を減少させるエビデンスがあったのは、幅広い関係者へのうつ病の啓発教育、精神科治療、物理的対策であったと報告している。この報告では、個人が自殺に至るプロセスという観点から自殺予防対策を整理し、そのエビデンスも示していて、自殺予防対策の分類をわかりやすく示している。ただしこの分類も、対策の対象が個人の場合と社会の場合が混在している点では、わかりにくさが残る。
ＷＨＯは、二〇一四年に、初めて包括的な自殺予防戦略の発展や強化を世界各国に推奨・支援する報告書「世界自殺レポート」をまとめた(4)。報告書の作成プロセスには、当時の自殺予防総合対策センターなど日本も積極的な関与をしている。この報告書では、図3のように、主要な自殺の危険因子を個人要因、人間関係要因、地域要因、社会的要因というように保健医療システムの段階にわけて分類している。これに合わせて、自殺予防対策は、対象集団を個人への個別的介入、人間関係・地域への選択的介入、社会集団（公衆）への全体的介入に分けて、整理している。

現時点ではこれがもっともよく考えられ、整理された分類であろう。一方でこの分類では、具体的な予防対策の区分とその内容に必ずしも整合性がつかない。例えば精神医学的対策は主に個別的介入ではあるが、それが自殺念慮をもつハイリスク者という風に対象を広げると集団への選択的介入にもなる。また、本書は個人と社会のつながりに大きな関心をもっているので、個人、集団、社会を別々に論じると、自殺予防対策のフォーカスやポイントがやや希薄になる恐れがある。読者諸氏は、これらの対策の多さと幅広さにいささか辟易してしまうかもしれない。これらの対策はどれが重要なのか、一人の自殺を防ぐうえでどのような意味があると理解すればいいのか、対象は個人か集団かといった疑問も生じることだろう。

以降は、もう少しわかりやすく、主に個人を対象とした**医学モデル**、主に地域集団を対象とした**地域モデル**、主に社会全体を対象とした**社会モデル**という、ＷＨＯレポートを踏まえ、かつ内容を重視した分類で以後それぞれの予防対策の詳細を紹介し、各対策において個人と社会とのつながりがどのように反映されているか、今後どのように深めていくべきかを考えていこう。

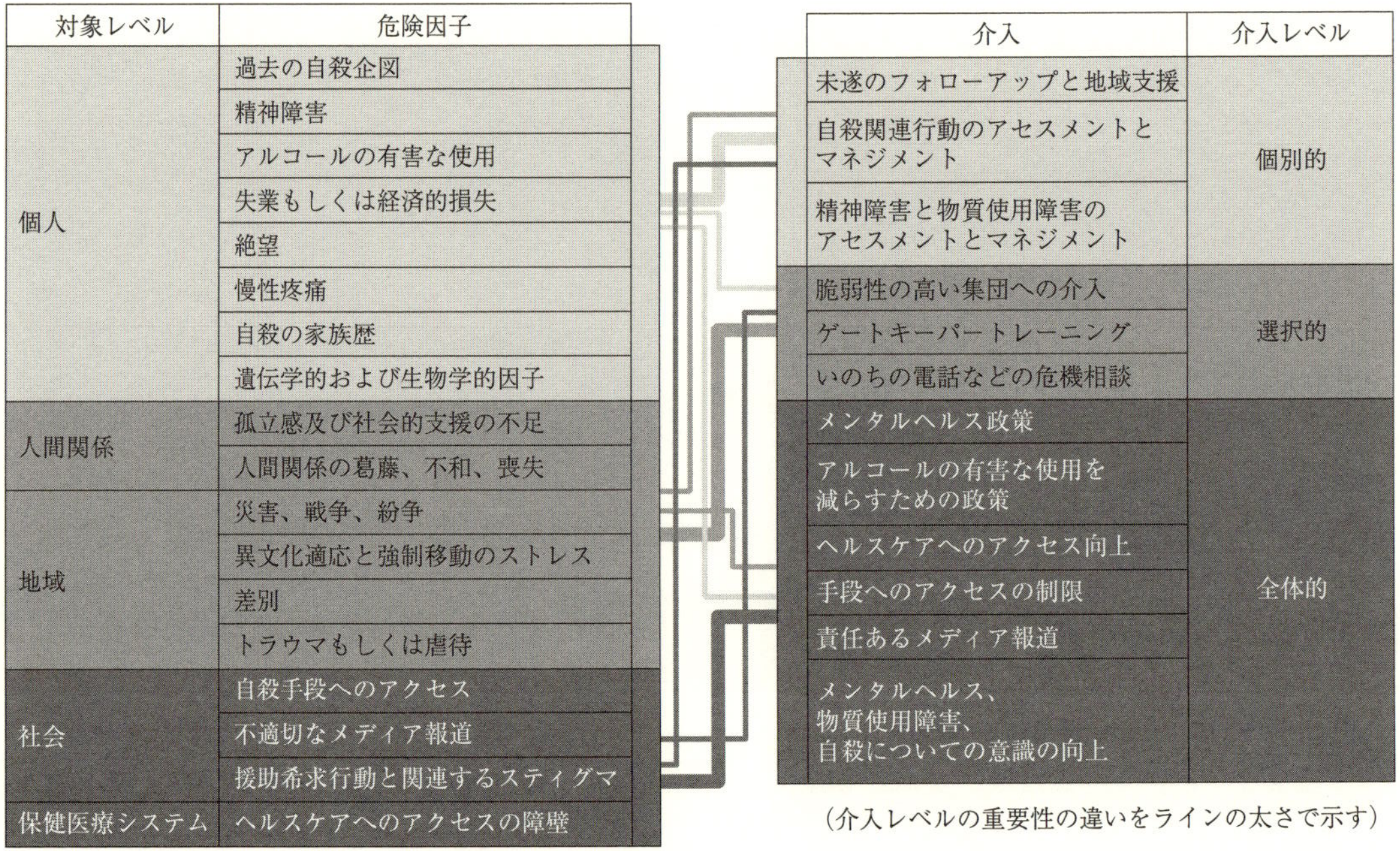

（介入レベルの重要性の違いをラインの太さで示す）

図3　主要な自殺の危険因子と関連する介入（WHO, 2014）

医学モデル（1）——自殺を考える人を対象に

自殺を考える個人のプロセスは心の中に生じ、またその多くが精神疾患と診断しうる状態になっていることから、個人を対象にした自殺予防に主に関わるのは医療、特に精神医療を行う精神科に他ならない。精神医療の対象は精神疾患全体だが、自殺は精神医学の領域では、ある疾患だけに特別に生じるものではないため、精神疾患の症状、あるいは状態像ととらえられることが多い。そこで個人を対象にした自殺予防とは、広くいえば自殺につながる精神疾患の治療に相当する。

ここで、精神科の治療法について少し説明しておこう。精神科の主な治療は、大きく分けて表1の通り、精神療法、薬物療法の二つに分けられる。

表1　自殺予防に関する精神医学的治療法

- 精神療法
  - —支持的精神療法
  - —認知行動療法
  - —弁証法的行動療法
  - —対人関係療法など
- 薬物療法
  - —リチウム
  - —抗うつ薬
  - —抗精神病薬など

精神療法とは、コミュニケーションと心理学的知識を用いた心の病の治療法であり、言葉で患者に心の内面を表出させたり、考え方を変えることで精神症状の改善を図る技術である。類似の言葉にカウンセリングという心理療法家が使う言葉があるが、カウンセリングの対象は一般に健康な人間であり、自己実現が目標という点で異なる。一口に精神療法といっても、その技法は多く、支持的精神療法、認知行動療法、対人関係療法、行動療法、家族療法など様々なものがある。このうち自殺予防に有効と考えられる支持的精神療法、認知行動療法、弁証法的行動療法、対人関係療法、の四つの精神療法について説明しよう。どの治療法も詳細に書けば、それだけで本一冊以上になるものなので、ごく簡単な紹介にとどまることをお許しいただきたい。

支持的精神療法

まず、最も一般的な、どの精神科医も行っている基本的な精神療法は、支持的精神療法とよばれる。これは、症状を抱いて来院した患者に、悩みを言葉で表現するよう促して、その言葉をじっくり聴き（傾聴）、患者の人間性を受け入れ（受容）、患者の立場にたってその思いを感じ（共感）、その考え方を支持したり、助言を行うことにより、患者との間にこころのつながりを作り、患者に自由な感情の表出と新しい感じ方、考え方を育む方法である。ここでもっとも重要なのは心の通い合った良好なつながりを患者との間で作ることであって、このつながりをフランス語のラポール（愛着）と呼ぶ。逆にラポール形成に必要な技術として、傾聴、受容、共感は、精神科医のみならず全ての医師が身につけるべき基本的コミュニケーション技術とされる。支持的精神療法は、こころのつながりを作ることで自殺を抑止する基本的な技術となる。逆に、薬や物理的治療にどれほど効果があっても、ラポールがとれなければ自殺予防にはつながらない。しばしば医者が忙しく患者に十分な精神療法の時間がとれない時に自殺企図が生じることがあり、これはラポールの不足が要因であるとよく先輩医師に指導されることがある。そういう意味で支持的精神療法は、精神疾患のみならず自殺予防全般に基本的に重要な治療である。

ここで私自身の失敗談を紹介したい。ある日一日に五〇人の患者予約が入っている外来で、「死にたい、つらいです」と二番目の患者に相談された。私はいつもより多い患者をみなくてはならないので、その患者さんの話が長いことに焦ってしまい、「わかったわかった。今日は患者さんが多いから、話の続きは次回聞きます」といって話を終わらせようとした。すると、その患者さんは診察室を飛び出して行ってしまった。また戻ってくるだろうとタカをくくって次の患者の診察をしていたところ、病院の警備員から電話がきた。「先生、先生の患者さんが病院の屋上にいて、今から飛び降りる、と叫んでいます！」あわてた私が診察室を飛び出して病院の屋上にいってみると、二番目の患者さんは、屋上のフェンスによじ登ってこちらをにらんでいた。「先生は信用できません！ もういいです。誰にも話を聴いてもらえないなら死にます」という彼女を、なだめて戻るよう説得し、診察室に連れ帰るまでに三時間かかった。ここで、もし私が診察室でもう少しじっくりその患者さんの話をきくか、あるいは十分にラポールがとれていれば、結果的にこのような事態は避けられたかもしれず、支持的精神療法の重要性をあらためて認識させられた。

認知行動療法

続いて、最近普及が進んでいる精神療法として、アメリカの精神科医、アーロン・T・ベックが創始した認知行動療法(5)を説明する。ある状況下に引き起こされる人の気分や行動は、その人の認知、すなわち状況の受け取り方や考え方のクセに支配されることがわかっている。例えば、「どうせ私は女の子にもてない」という認知があれば、彼女が次回のデートを仕事で断った時、「嫌われた。すぐに自分はふられるに違いない」と思ってゆううつになることがある。この場合、「どうせ自分はふられる」、という認知が本当に正しいかどうか患者とともに吟味し、これを修正することで、気分や行動の改善をはかる精神療法を、認知行動療法という。認知行動療法は、自殺を考える人の特徴的な考え方のパターン、すなわち、「この世で自分は一人きりだ」という孤立感や「自分は生きる価値がない」という無価値観の認知などに働きかけてこれを修正することにより、自殺を予防できる可能性がある。トーマス・E・エリスとコリー・F・ニューマンは、自殺の長所と短所をリストにする、自殺衝動を先延ばしにする、周囲でソーシャルサポートを与えてくれる人をリストにする、自分を大切にする方法をみつける、自分が自殺念慮を抱く認知をみつけ、それを修正する練習をする、などの方法で自殺予防に特化した認知療法を提案している。(6)

あるうつ病の患者さんに対し、筆者が毎日のイベントとその時の考え方、その時の気分について日記を書くよう指示したところ、次の診察日に日記を持ってきた。そこには、「朝妻とけんかをした（イベント）」、「今後も妻は私のことを理解しようとしないだろう。ずっとこのような生活が続いていくだろう（思考）」、「こんな人生なら死にたい（希死念慮）」といったエピソードがぎっしりかかれていた。彼は、「自分で日記を書いてみて、あまりにもネガティブな考え方をいつも自分がしていることがわかり、笑ってしまいました」と述べた。すでに彼の認知は修正が始められていた。認知療法は、治療者と患者が同盟を作って、本人の考え方や行動上の問題を積極的に変えていこう、という点で特徴がある。そこで、一度患者が自ら治療参加の態度をとることができれば、有効性も高い。一方で、自殺念慮を抱くほどの患者は、「どうせ何をやっても無駄だ」といった虚無的な認知が強いため、こうした治療には消極的な場合も多く、あまりに重症な人や妄想がある人などでは、適用は難しい。治療導入が上手くいくかどうかが治療成功の鍵となる。

弁証法的行動療法

次に、マーシャ・リネハンによって開発された認知行動療法の一種である弁証法的行動療法(7)を説明する。これは、禅の思想とヘーゲルの弁証法にもとづく境界性パーソナリティ障害の治療に特化し高度に構造化された治療システムである。自殺予防そのものにも有効というエビデンスがある。真理A（テーゼ）と、対立する真理B（アンチテーゼ）の主張は、実際はどちらでもない別な方法（ジンテーゼ）で解決されることが多い。これを弁証法という。例えば、「社会（他者）は変わらないので私は変われない（テーゼ）」に対して、「自分が変われないので世界（他者）なんか変えられない（アンチテーゼ）」があると、このどちらが正しいか考えていく中で、「世界は我々の行為により変えられ、我々自身も変わる（ジンテーゼ）」が生まれる。境界性パーソナリティ障害では自己評価が低く、AかBかの完全主義にとらわれて極端な自分や他者への行動様式がとられるため、本法では、患者の弁証法的行動様式を増加させ、自殺行動、治療妨害行動、生活の質を損なう行動を減少させ、行動スキルと自尊心を高めることを治療の目標とする。本法は、パーソナリティ障害や自殺の治療効果に直接のエビデンスがある有用な治療法だが、毎週一時間の個人精神療法のほか週一回二時間の集団スキル訓練、随時可能な電話相談、週一回三〇分のチーム・ミーティングなどかなり強力な治療体制を前提としていて、治療のエッセンスは拝借できても、現在の我が国の精神医療体制でこのような治療を行うことは困難である。

対人関係療法

最後に、対人関係療法[8]は、G・L・クラーマン、M・M・ワイスマンらによって主にうつ病の治療法として開発されたもので、その後摂食障害や様々な他の精神疾患に対しても、認知行動療法と同様に有効なことがわかっている。本法では、対人関係に関する四つの問題領域、すなわち役割の変化、悲哀、役割上の不和、孤立のうちいずれかを患者の問題として特定し、その領域に焦点をあてて、現実的な修正法を考えて生活で実践していく。「自分の感情に最も大きな影響を与える重要な他者」との「現在の関係」に焦点を当てて行うが、患者が持つ対人コミュニケーションのあり方を検討することによって、対人関係全般の改善も期待される。日本では、認知療法に比してまだ広がりは少ない。

薬物療法

精神療法と同等に精神科治療で中心的な治療法である薬物療法は、人の精神機能に作用する薬物を投与して精神症状を改善する治療法である。この時用いる薬物を広く向精神薬と呼ぶ。向精神薬は、大きくわけて統合失調症の治療薬である抗精神病薬、うつ病の治療薬である抗うつ薬、躁うつ病などに用いる気分安定薬、不安症状に用いる抗不安薬、不眠症状に用いる睡眠薬などに分類され、現在多くの薬剤が開発・使用されている。このうち、直接自殺予防に効果があると報告されている薬は、炭酸リチウムという気分安定薬しかない。しかし、自殺の危険因子となる原因疾患があれば、例えばうつ病や統合失調症がベースにあって自殺を考えているという場合、薬物療法は原因疾患を改善させ、自殺行動に劇的な改善効果を示す。また自殺リスクを高める不安・焦燥感や不眠に対しても薬物療法は有効である。地域対策でも、うつ病の啓発により地域の医師の抗うつ薬使用量が増加し、これに伴って同地域の自殺率が大幅に低下したという報告は多い(9)。

一方でこれらの薬物を自殺目的で過量に服用してしまうと自殺リスクが高まるというジレンマが生じる。これは本人の自殺行動を治療しようとしてかえって問題を悪化させてしまうことから、多くの精神科医を悩ませる大変困った問題である。しかしここで勘違いしないでほしいのは、「自殺を考えて向精神薬を飲んだこと」が「向精神薬を飲んだせいで自殺を考えた」ということでは、全くないという点である。実際に、二〇歳未満の患者に抗うつ薬を与えて自殺リスクが増えるという研究を受けてアメリカの連邦食品局（FDA）が一時自殺を考えている患者への向精神薬の規制を検討したが、その後の研究報告で、自殺企図の出現件数は、抗うつ薬を与える前に最も高かったことが示された[10]。つまり、自殺リスクが高い患者だから抗うつ薬を出したのに、抗うつ薬を出したから自殺企図したと考えられたのである。こうした論点のすり替えや間違いは、しばしばメディアを介して流布される。そして驚くべきことに、活発な精神症状をもち薬で自殺衝動を抑えている患者に、「薬を飲んでいるから具合が悪くなるのです。自然の力でよくなります」といい、服薬の中断を勧める者がいて、その結果患者が自殺企図に至ってしまう場合さえある。確かに自殺を考える患者にいたずらに多くの薬を出すことには、薬への依存性を高め、自殺手段のリスクをあげることから考えれば、慎重でなければならない。しかし、必要な薬を中断すると自殺リスクが急激に高まることは、従来から多くのエビデンスがある、周知の事象である。自殺は周囲の人の集合感情も損なうことはすでに述べたが、だからといってそこから極端な似非科学に偏向することはあってはならないと思う。向精神薬を少量使うことで、「まあ、ちょっと眠いですけれど、眠れるようになって自殺を真剣に考えることはだいぶ減りましたね」と一〇人中八人の患者さんは述べる。重要なことは、薬物療法を単独で万能のように用いるのではなくて、自殺を考える人にじっくり向き合って十分なラポールを作り、適切な精神療法の下で薬を処方することである。ここでも重要なことは、まず患者・医師間のつながりなのである。

さて、ここまで述べた治療法は、先に述べたつながりの障害モデルの中で、つながりの障害、脳機能の混乱、精神症状の改善にいずれも有効なものであり、医学モデルの、「治療」の基本である。一方、つながりの障害、脳機能の混乱、精神症状のうちのどの点を特に改善すべきかで治療法の選択が異なってくる。例えば対人関係の問題よりもうつ症状がメインであれば、薬物療法と認知療法を選択すべきだし、対人関係の問題がメインであれば、対人関係療法を用いた方がいいかもしれない。臨床の現場では、対人関係の問題が主であっても、その点には触れず、症状だけきいて薬物療法のみ行っていて過量服薬されるようなケースもある。大変困難なことであるが、自殺予防の観点から、精神科医は治療技法や目の前の患者の診たての向上に不断の努力を必要とする。

医学モデル（2）——自殺未遂者をつなげる

前項では一般的な精神科の治療法と自殺予防との関連について述べた。では、自殺予防に特別な治療はあるのだろうか。自殺予防において、もっとも医学的な対応が要求される場面とは、実は自殺企図をした後の対応である。企図の結果生命の危険が生じ、命が助かった後にも、そのような行動の基にあるこころの緊急事態に特別に対応しなければならない。そこで多くの自殺関連書では、自殺企図後の対応を、自殺予防に特別な対応として説明している。自殺企図後の治療の流れは図4のように行われる[11]。

まず自殺企図をして未遂に終わった患者は、救急搬送され、救命救急センターで救急医により身体合併症医療が行われる。テレビ番組の『ＥＲ』などで、救命救急センターに自殺未遂をした患者が救急車で運び込まれる場面をみた方も多いだろう。通常この時最初に自殺未遂者に対応するのは救急科の医師である。自殺未遂の結果としての火傷、出血、骨折、意識障害などは緊急の治療を要することは明らかだが、過量服薬、服毒などは、直後は元気でも後から中毒症状が生じて、気が付いた時には手遅れになることもある。自殺企図したことを確認したら、ためらわず救命救急センターに相談すべきだろう。

一方、自殺企図による身体症状は、睡眠薬を飲んで意識を失った、腹部を刺して出血した、飛び降り

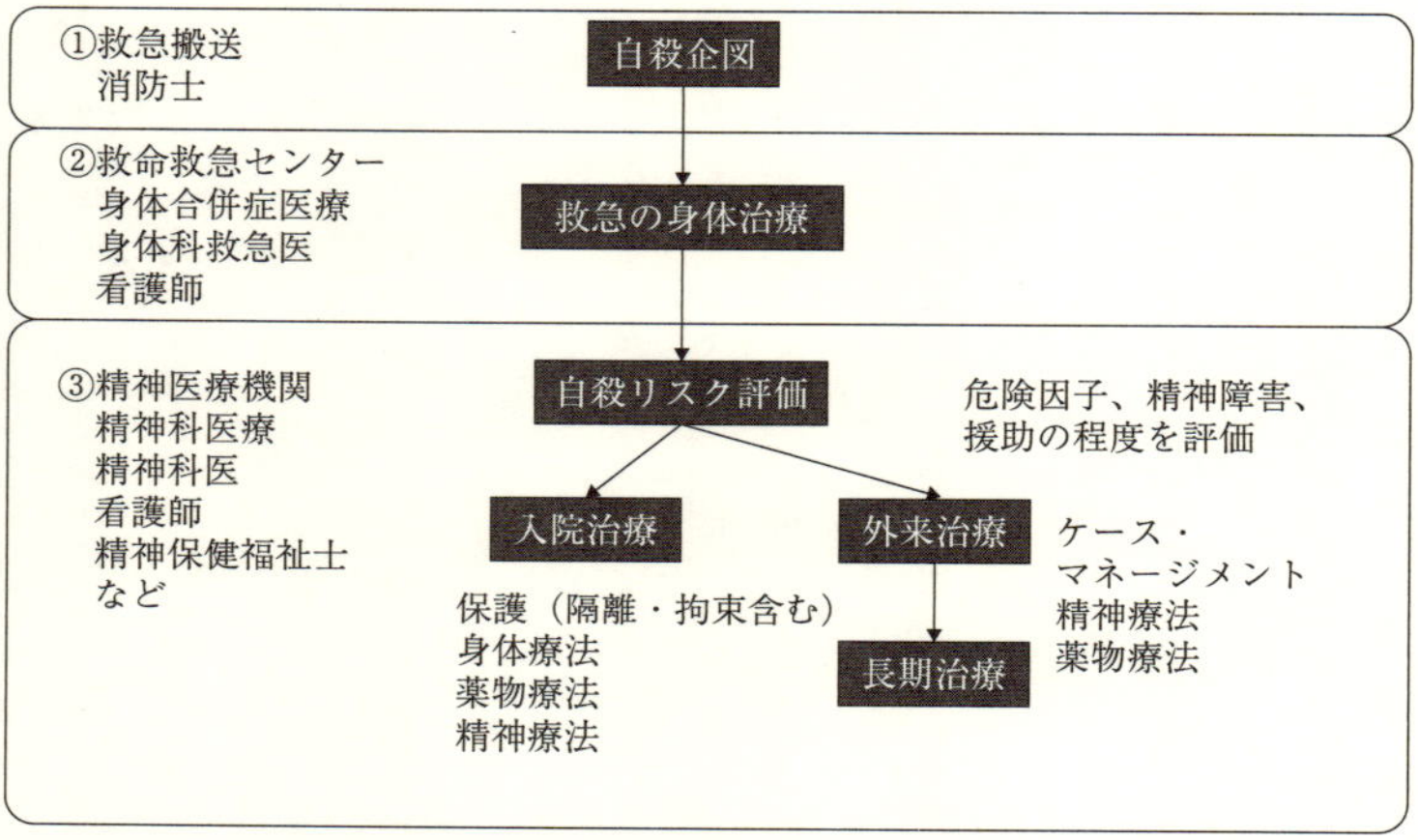

図 4　自殺企図後の医学的治療（高橋，1992を改変）

て骨折した、など自殺企図の結果としての身体合併症であり、本来医学的に治療すべきはその自殺行動の基となる精神的問題である。しかし救急医は、常に一分一秒を争い、助かろうとしても助けられない人がいる中で、自分から命を失おうとしている人を治療することに対して、強いジレンマに陥る。自殺企図は、行動面だけをみると、生命を救う行為とまっこうから反する行為に映るのだ。このため、意識が回復した患者に「なぜ死なせてくれなかったのか」「放っておいて」などといわれると、言葉の背景に患者がひっそりと抱えているこころの問題に共感することが難しくなる。加えて、救急科のある総合病院には、常勤の精神科医がいないところがほとんどで、救急科と精神科の連携が十分にとれていないことも多い。そこで救急医は専門外のこころの問題にも対応しなくてはならない。このため、今までは身体状態が軽快すると、自殺企図をした患者に「なんでこんなことをしたんだ！」「もうするなよ」「命を大切に」といった説諭をもって治療を終了とすることも多かった。ところがこのような対

表2　自殺の危険因子

【表出】絶望感、無力感、自殺（希死）念慮
【出来事】離別・死別・喪失、親族の自殺、経済的破綻、災害・虐待・犯罪などによる外傷体験
【健康面】精神疾患、慢性・進行性の疾患、疼痛、病苦、セルフ・ケアの欠如
【既往】自殺未遂、自傷行為
【環境】自殺手段が身近にある、自殺を促す情報への曝露、孤立、支援者の不在

（河西・大塚, 2015）

応は、患者側からすると、心のつながりを絶たれたように受け止められ、皮肉にも「誰も私のことをわかってくれない」といった自殺の認知をかえって強めることになってしまう。熱血教師が、誰にとってもいい先生ではないように、熱い救急医の思いが伝わらないことも多い。それでも私が知っている救急医は、「何度自殺を試みたとしても、何度でも助けてやりゃあいいじゃねーか」といってくれて、本当に頭が下がる。

からだの緊急治療の後には、現在の自殺リスクを評価することが重要である。このため、本来はここで精神科医のリエゾン（連携）精神医療が必要となる。本人の訴えに真摯に耳を傾けつつ、「今も死にたい気持ちがあるか」、「具体的な自殺手段・計画を持っているか」を尋ねる。「死にたい気持ちが続いている」、「自制できない」、といった場合、自殺リスクは高い。一方、患者が自殺念慮を隠したり、否認したり、うまくいえない場合もある。特に企図の直後には、むしろ企図の行為がカタルシスとなって、明るい表情で「すっきりしました。もう死にたいとかいいません」などと、自殺念慮の消失を宣言する患者も少なくない。しかし実際のところ、自殺企図に至った要因が解決しない限り、すぐに死にたい気持ちが復活する。一度自殺企図した人が適切な対応をされない場合、その四分の一が再企図する、という報告もある。そこで自殺リスクの評価として、本人がもっている危険因子の確認が必要である。主な危険因子は、表2の通り、①本人が表出する絶望感、無力感、自殺念慮、②出来事として喪失体験、経済的破綻、外傷体験、③健康面では精神障害の既往（うつ病、統合失調症、パーソナリティ障害、薬物依存）、慢性・進行性の疾患、病苦など、④既住として過去の自殺未遂・自傷歴、⑤環境として企図手段が身近にある、孤立・サポートが不足している、などがあげられる。[12] 危険因子が多いほど自殺リスクは高い。

自殺リスクを評価した後には、精神科治療を開始する。この際、まず入院治療か、外来治療かの治療環境の選択が迫られる。複数の危険因子をもっていて再び自殺を企図（再企図）するリスクが高い、または背景となる精神疾患が重い場合は、入院を検討する。本人の興奮や再企図の可能性がとても高い場合、安全確保のため、保護室に隔離したり、身体の拘束をせざるを得ない場合もある。外来治療として良いのは、自殺リスク、身体合併症がいずれも低く、入院のメリットよりデメリットが上回る場合である。例えば、入院により家族関係、経済状況、治療関係などがかえって悪化する場合が該当するが、迷った時は、本人の安全確保を優先して入院を選択した方がよい。

精神科の治療の内容は、①自殺念慮自体へのアプローチ、②背景にある精神障害の治療、③心理社会的な問題へのアプローチに大別される。自殺企図は、前章でも説明したように、複数の心理社会的問題を抱え、精神障害を呈し、自殺念慮が強まり、周囲とのつながりが断たれて企図に至るという経過が多い。従って基本的な治療方針は、図5のように、まず「つらかったね」と患者によりそい、患者とラポールを形成して自殺念慮を和らげ、精神障害の治療を行い、その後心理社会的問題に対して具体的なサポートを与えるという経過をさかのぼるような治療の手順がよいだろう。[13]

精神障害の治療には、精神療法と薬物療法を行う。一方心理社会的問題に対しては、ケース・マネジ

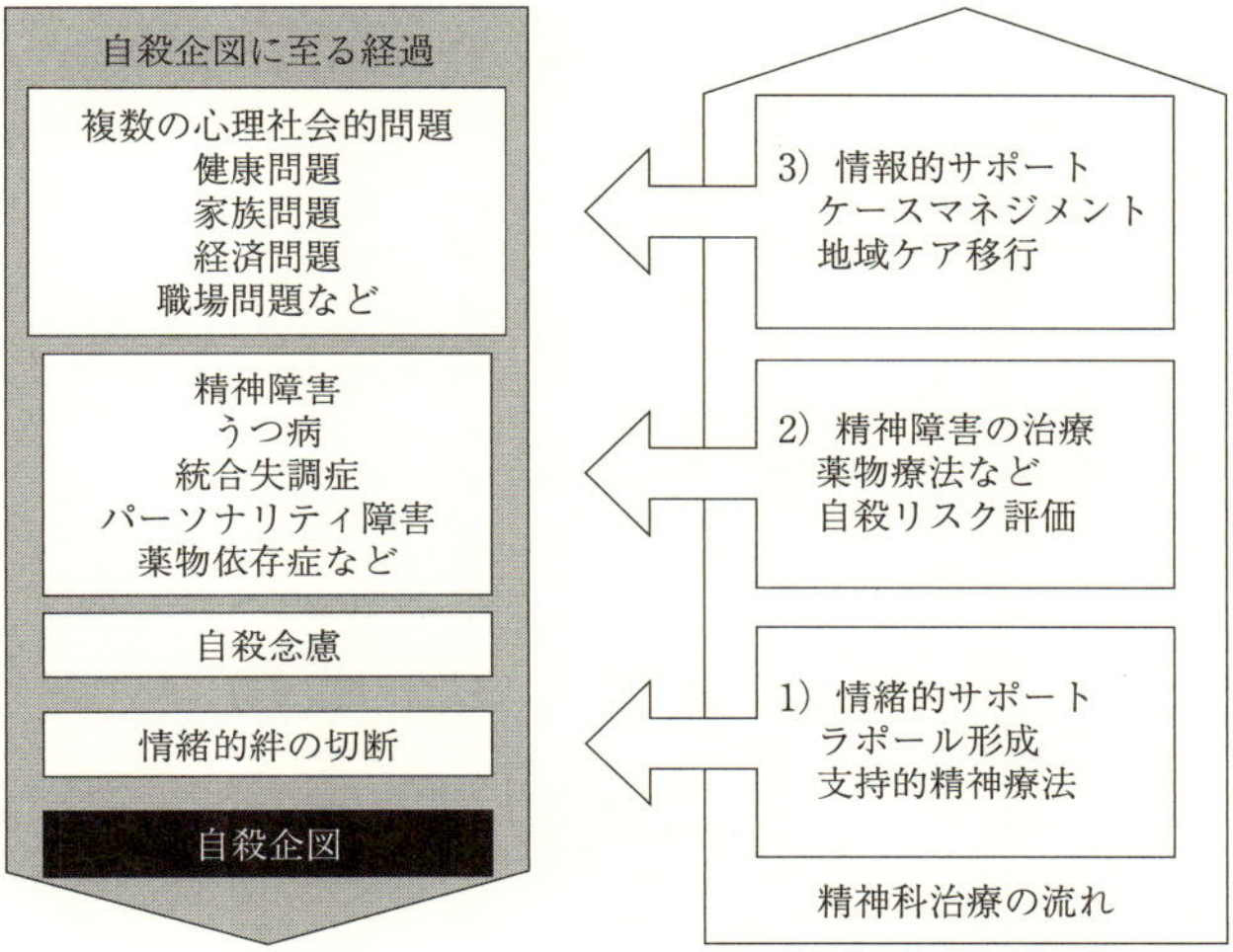

図 5　自殺のプロセスに即した治療の流れ（太刀川，2012）

メントが重要である。これは、情報収集によって明らかとなった経済問題や生活問題、ソーシャルサポートの不足など自殺リスクに関わる個別の問題に対して患者の相談にのり、問題に即した最適な地域の相談窓口や援助機関などの社会資源につなげて、問題解決をはかるサポート手法である。

例をあげよう。Ａさんという四五歳の会社員がいた。彼は会社をリストラでやめさせられ、それを妻に言い出せず、家のローンを返すために借金を重ね、多重債務の状態に陥った。そのことを知った妻に責められ、別居状態となった。そしてうつ病となり、自殺企図をして入院した。このような場合、うつ病を薬物療法で治療したり、自殺企図について精神療法をするだけでは不十分である。自殺企図に加えて、多重債務の返済について消費者センターや法テラスに相談したり、妻との関係について家庭裁判所に相談する、ハローワークにいって次の仕事を探すといった対応も必要となる。このように個人の自殺企図の背景にある複数の心理社会的問題を把握して、しかるべき社会資源につなげるような個別性の高い支援を、**ケース・マネージメント**、また支援を実施する人を**ケース・マネージャー**という。

自殺の最大のリスク因子は過去の自殺企図であり、特に退院後半年間や、治療中断例の再自殺企図のリスクは高まることがわかっている。今までに筆者も、安全確保のために入院させ、入院中はおとなしく過ごし、自殺念慮も否定するために、安定したと思って外泊や、退院を許可したところ、すぐに自殺を再企図した例をまれならず経験している。そこで退院時のリスク評価、退院後の定期的な外来通院、電話連絡、ケース・マネージメントによるフォローアップの支援が望ましい。

このような対応の有効性を示した研究成果が、日本から報告された。二〇〇六年から二〇一一年まで実施された、厚生労働省戦略研究「自殺企図の再発防止に対する複合的ケース・マネージメントの効果：多施設共同による無作為化比較試験（ACTION-J）」である[14]。本研究は、横浜市立大学精神科を事務局として、国内一九医療機関の総勢二五〇名以上の医療・福祉従事者、研究者が参加し、五年間介入を実施した世界最大規模の自殺予防研究となった。筆者の所属する筑波大学も、つくばメディカルセンター病院、国立病院機構水戸医療センターの二病院を拠点に研究に参加した。

対象者は、研究参加医療機関の救命救急センターに搬送された自殺未遂者である。方法は、研究参加者を、図6の通り、ケース・マネージメントをする群と普通の治療群に分けて、ケース・マネージメントをした群には、入院中から退院後一、四、八、一二週とその後六カ月ごとに、①定期的な面接、②精神科受診の確認、③かかりつけ医への診察の調整、④公的社会資源や民間援助組織の紹介と利用の調整などを行った。

五年間で、九一四名の自殺未遂者が研究に参加した。結果は、退院一五カ月後までで、ケース・マネ

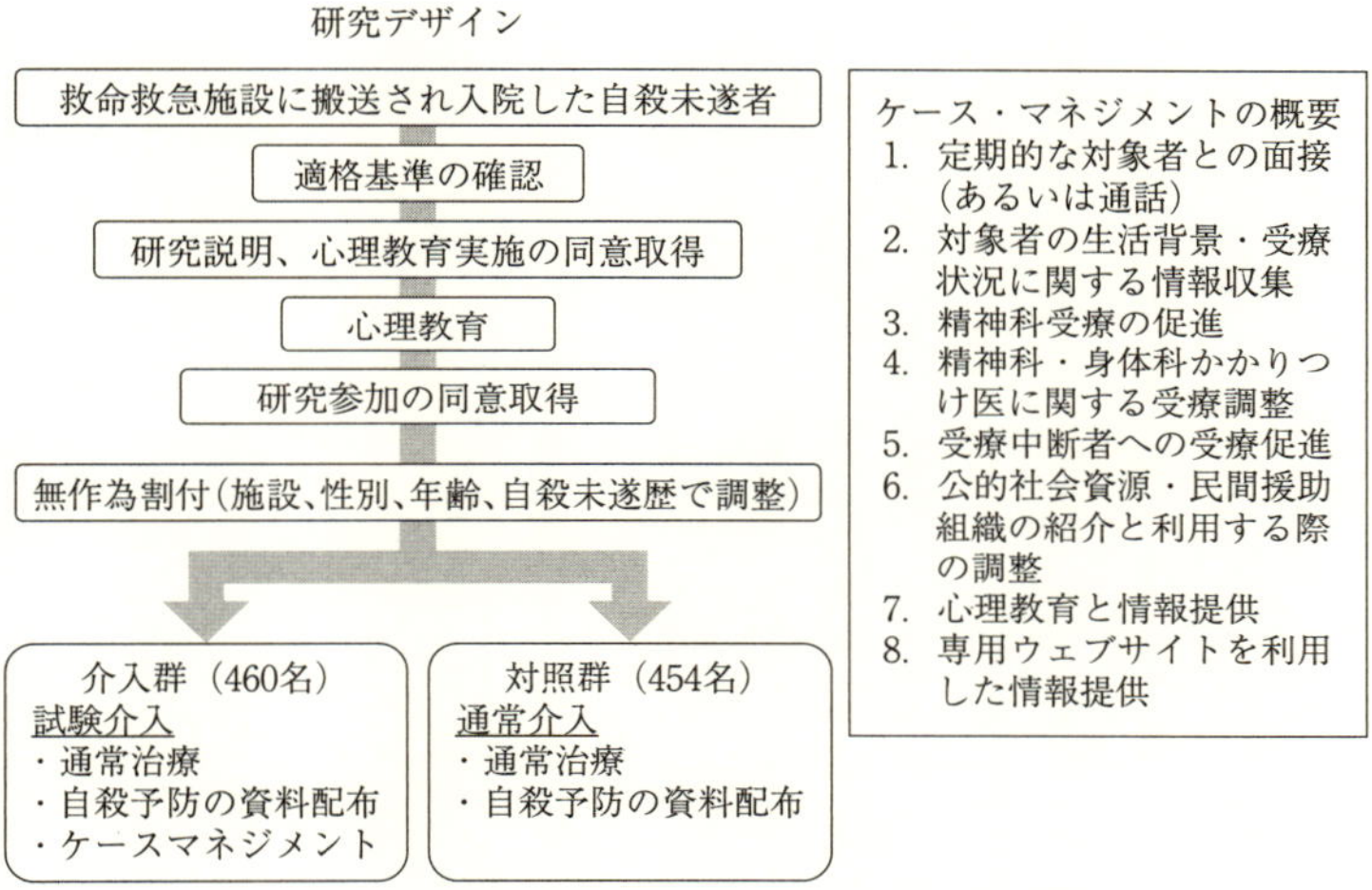

図6　ACTION-J の研究方法（Kawanishi et al., 2014）

ージメント群が通常治療群の再企図率を下回っていた。さらに期間を区切って計算すると、ケース・マネジメント群は、再企図率を退院後一カ月で五分の一に、六カ月後で二分の一に抑えることができていた。

研究成果は二〇一四年に著名な医学誌に掲載された[15]。この成果を受けて、厚生労働省では二〇一六年に自殺未遂者を退院後六カ月間支援する際に算定できる「救急患者精神科継続支援料」を、保険収載した。

その後、臨床救急医学会、日本うつ病学会、厚生労働省などで自殺企図者の救急対応の研修会が実施されるようになった。臨床救急医学会では、自殺企図や精神症状で救急にきた患者への対応研修（PEEC）が行われ、自殺企図患者へのあるべき救急科医師の対応が教育されるようになってきている[16]。ACTION-Jの研究者や研究で育ったケース・マネージャーは、研究後も活動を継続し、ACTION-Jのケース・マネージメント手法のマニュアル（HO

ＰＥ）を作成し[17]、手法に準拠した研修会を開催して、自殺企図に関わる専門職、ケース・マネージャーの育成を進めている。

私たちもACTION-Jの後、単科精神科病院である茨城県立こころの医療センターを拠点に、近くの救急病院である茨城県立中央病院と連携して、自殺未遂者にケース・マネージメントを行う事業を二〇一〇年から現在まで継続している。この八年で二〇〇名以上の自殺未遂患者にケース・マネージメントを行い、実施を拒否した患者に比べて再企図率を低めることができている[18]。家庭状況や職場の問題、重い精神疾患など実に多彩な理由で自殺未遂した人々に、ケース・マネージャーが毎日二人だけで対応している。

しかし彼女たちは、研究事業費のみで雇用されている嘱託職員で、現在の給料では生活に事欠く状況である。救急患者精神科継続支援料は、救命救急センターをもつ総合病院でなければ算定できず、算定料は少ないため、その報酬単独では、ケース・マネージャーを一人雇用するにも不十分である。ケース・マネージメントは、精神保健福祉士や臨床心理士などが所定の研修を受講の上で行うが、研修を受けた自殺対策ケース・マネージャーの数は、一県に一人もいないほど数が少ない。また医療機関でその重要性や認知度が低いために十分な雇用体制が得られていない。このために活動継続が困難となり、やめていく者も多い現状がある。いのちを救うケース・マネージメントの重要性を認識し、ケース・マネージャーを養成するとともに、継続的な活動を維持できる雇用体制の整備が望まれる。「仕事ですから……」といって何時間も電話や面接で「死にたい」という訴えに対応する彼女たちの姿勢には頭が下がる。

地域モデル（1）——主に地域集団に対して

次に紹介する地域モデルは、地域集団を対象に行う予防対策を指す。全ての人間は町にせよ農村にせよ地域で生活している。地域住民は様々につながりを持って（交流して）いる。一方、自殺を考える人は多くの場合、生活上の困難を抱え、孤立していることが多い。そこで地域集団に働きかけて、孤立している自殺リスクが高い人を見出す、彼らを適切な社会資源につなげる、また地域住民のソーシャルネットワークやソーシャルキャピタルを強める、などの活動が地域自殺予防対策である。

地域における自殺対策事業の先駆けとなった研究は、新潟県十日町市（旧松之山町）の研究である。[19]この町ではもともと高齢者の自殺率が高かったが、自殺予防対策として市民への普及および啓発活動、高齢者に対するうつ状態のスクリーニングを行い、さらに精神科医師および一般医師によるフォローアップを約一〇年間行った結果、人口一〇万対で一五〇人以上だった六五歳以上の自殺死亡率を、男女ともおよそ四分の一に減少させることに成功した。また、秋田県由利本荘市（旧由利町）の地域介入事業では、市民に自殺予防の啓発・普及事業を行い、高齢者に対しても集団支援を実施した結果、介入前後の八年間で自殺死亡率が高齢女性で有意に減少した。[20]その他にも地域自殺率の高い、岩手県久慈市、青森県六戸町で地域介入モデル事業が実施され、独自の対策が行われていて、いずれも自殺抑止効果を示した。表3に、地域で実施されてきた自殺予防活動の内容を示す。

さらに、これらの先行研究を踏まえて、二〇〇五年から複数地域で介入が開始された厚生労働省戦略研究「複合的自殺対策プログラムの自殺企図予防効果に関する地域介入研究（NOCOMIT-J）」[21]では、自

表3　地域の自殺対策の内容

• 新潟県 —啓発キャンペーン、うつスクリーニング • 秋田県 —リーフレット全戸配布、ゲートキーパー養成、保健師訪問、民間団体（蜘蛛の糸の倒産者支援、心といのちを考える会の寄り添いサロン活動）支援 • 岩手県 —自殺予防ネットワーク会議、傾聴ボランティア養成講座、相談センター、サロン活動など • 青森県 —うつ病スクリーニング、紙芝居啓発キャンペーン

殺死亡率が比較的高率な農村地域と複数の大都市地域を対象に、地域における ゲートキーパーの養成事業、相談窓口の整備を含めた連携体制の強化、自殺予防に関する普及啓発事業などの複合的な自殺対策プログラムによる三年半の地域介入を実施した結果、対照地区と比べて自殺企図の発生率が、男性で約二三パーセント、六五歳以上の高齢者で約二四パーセント減少した。

これら地域の自殺予防対策の特徴は、自治体の行政が音頭をとり、自殺予防をテーマにしながらも、事業を通して地域住民の健康管理を啓発しつつ、人々の相互扶助や社会資源の連携など地域のネットワークを強化する目的の事業が多いという点、多くは自殺率が高い地域を対象に行われ、主に高齢者の自殺率減少に寄与しているという点である。秋田県において自殺対策を主導した公衆衛生学者の本橋豊は、地域自殺予防活動を効果的に行うには、背景にある地域実態を十分に検討し、いわゆる「地域づくりとしての自殺予防」、すなわち様々な人と人とのつながりの重要性を地域の人々に理解してもらいながら、実践的な自殺予防活動を行うよう推奨している(22)。このことは、今までに検討してきた通り、地域のソーシャルキャピタルやソーシャルネットワークを高めることにより、自殺の抑止を目指すことに他ならない。

我々も、二〇一〇年〜一一年の二年間、茨城県で当時自殺率が相対

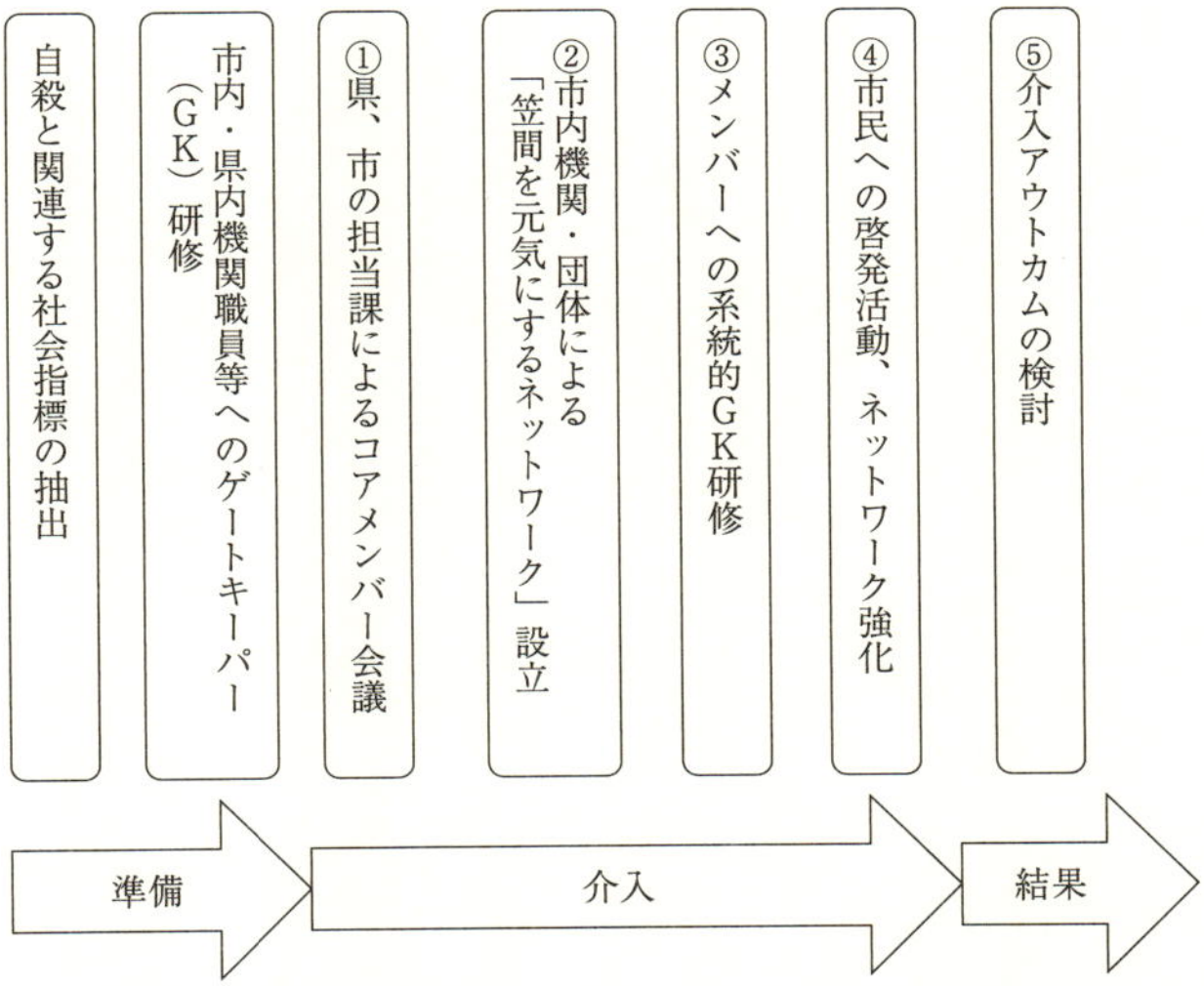

図７　笠間を元気にするネットワークの活動経過（遠藤他，2016）

的に高かった笠間市を舞台に、地域自殺対策基金を用いたモデル事業「笠間を元気にするネットワーク事業」(23)を行った。この事業の特徴は、医療、福祉、行政以外の民間団体・組織も含めて幅広いネットワークを作り、様々な自殺予防の協働活動を行い、地域ネットワークを強化することを活動の中心とした点である。地域内の各種団体・機関に網羅的な参加を促し、彼らを対象に自殺予防研修や協働的な地域自殺対策の意見交換を繰り返し行えば、地域住民のネットワークが強まり、ひいては地域の自殺率低下につながるのではないかと考えた。事業の手順は、図７のように自殺と関連する市の社会指標の抽出や市の職員へのゲートキーパー研修を行う準備段階をへて、二年間で①市、研究者、県障害福祉課、県精神保健福祉センター、保健所からなるコアメンバー会議の構築、②八五の市内団体および機関による、自殺予防活動を実施するための支援ネットワーク「笠間を元気にするネットワーク」の設立、③市民、団体への定期的なゲートキーパー研修、④ネットワークメンバーによるふるさと祭りでの健康教室開催、自殺予防週間の際の駅前チラシ配布、自殺予防啓発ポスター作成・配布などの各種啓発普及活動からなる介入を実施し、⑤最後に介入後アウトカムの検討を行った。

二年間の介入の過程で、ワーキング・グループによる会議を計二〇回行い、ネットワークの集まりは、計一一回行われた。毎回三〇前後の団体（二〇~五〇名）が参加し、自殺予防のネットワーク構築のための意見交換が行われ、市民が見出した自殺事例の相談窓口は市の保健センターが対応すること、自殺予防事業の事務局は市の社会福祉課が主幹になることが決まった。また、いのちの電話や職域メンタルヘルスの外部講師を交えた講演会を計四回、ゲートキーパー研修は二年間で八回、計三〇〇名近くに研修を行った。介入の結果、市の自殺者は介入期間中減少したが、有意な減少とまではいえなかった。一方で、本事業により自殺対策の窓口が市に設立され、事業終了後もメンバーの要望で、引き続きネットワークの活動を継続することとなった。

ここまで書くと立派な事業をしたと聞こえはいいが、事業実施はかなりの労力を要した。まず、県の障害福祉課と市を訪れて事業説明をしたが、「それはうちの管轄とはいえない」とか「そんなことができるとは思えない、余裕がない」などと市内各課の対応は冷めたものだった。様々な提案をしても、ワーキング・グループの会議は当初沈黙が続き、県の担当者が声を荒げる場面もあり、縦割り行政の難しさを思い知った。それでも粘り強く活動を行い、市の民生委員や様々な団体が入るようになって、徐々に活動を進められるようになった。日中の活動であったため、ゲートキーパー研修もほとんどが高齢者の参加で、若い人が参加することはあまりなかった。しかし、図8のように、市商工会のゆるキャラ（笠間稲荷をモチーフにした狐のいな吉）の格好をして朝早くメンバーで駅前キャンペーンをしたり、市

啓発ポスター

ゲートキーパー養成研修会

駅前啓発キャンペーン活動

イベントで健康教室

図 8　ネットワークが行ったさまざまな啓発活動

の祭りに健康教室の企画を出して一緒に活動しているうちに、参加者に笑顔がみられ、一体感が醸し出されることを実感した。すると今度は次第に市の担当者も活動に積極的になっていった。

活動の中で、参加者の言葉にいくつかはっとさせられる場面もあった。ふるさと案内人の会のいつも笑顔のおじさんは、「どんな活動でも、町が元気になってくれればいい、それが俺の生きがいなんだ」と話した。また市民憲章協議会のおじさんは、「俺の知り合いで自殺した人やうつ病の人もいる。だから少しでもそういう人に気づいて救えたらいいと思うんだよ」とポツリとつぶやいた。民生委員のおばさんは、「自殺予防も大事だけど、こうやってみんなで勉強できたり、集まって話したりできる機会があるのがいいわよね」と笑顔で話してくれた。当初活動に消極的だった市の担当者は、「私だって、最初はなんか県に上から目線でいわれるのはいやだから反対してたけど、活動が市民のためになるとわかれば、がんばります。それが行政の仕事だから」と活動が進むにつれて矜持を述べてくれた。筆者自身は、地域の自治会やＰＴＡの活動には、以前から顔を出すのも苦手だったが、活動の終わりには、地域に主体的に関わることで得られた充実感で、最後には事業終了が寂しくなる気持ちにすらなった。

おそらくこれこそが、地域対策の自殺予防効果と思われる。単に各種の社会資源につながることでサポートを受けられることだけでなく、地域のつながりやイベント参加で多くの人とコミュニケーションすることにより、自分の役割に気づき、協働することの喜びや居場所を見出すことが、対人認知を改善させる大きな力となる。そしてこのような力は、上位下達ではなく、対等な立場である種の活動に参加し、一緒に何かをすることによって得られるものなのだろう。

地域モデル（2）――ゲートキーパー研修、地域社会資源

ここで地域モデルの中心的対策として、ゲートキーパー研修の大まかな内容と意義について触れておこう。ゲートキーパーとは、悩んでいる人に気づき、声をかけ、話を聴いて、必要な支援につなげ、見守る人のことをさす[24]。多くの自殺者は、周囲に気づかれず、人知れず悩みを抱え、亡くなることが多い。そこで、本人を知る周囲の人が、本人の悩みや自殺に気づき、精神医療機関をはじめ、悩みの種類に応じて適切な社会資源につなげる必要がある。すなわち、ゲートキーパーは、誰もが習得を必要とする対人支援の技術であり、同時に自殺者個人と社会をつなげるための重要なインターフェイスである。したがってゲートキーパーの養成は、地域自殺対策の要といえよう。

ＷＨＯは、「ゲートキーパー対象の研修プログラムを提供することは、自殺の危険性があるものや未遂者、殺人の被害者等に関わるような最前線の医師や他の専門家（保健医療従事者、一般医、軍隊、メディア、教師など）の知識やスキルのレベルアップに必要不可欠である。これは多くの研究で示されている自殺を減少させるもっとも効果的な取り組みである」と述べている[25]。ゲートキーパー養成研修は、世界各国で、家族、ボランティア、警察、教師等、勤労者、宗教関係者、職域保健従事者、カウンセラー、福祉従事者、一般医師などあらゆる支援者を対象に行われているという。我が国でも、内閣府を中心として、全国でのゲートキーパー養成研修が進められた。大塚は、内閣府の求めに応じてオーストラリアで開発されたMental Health First Aidを翻訳、再構成し、ゲートキーパー養成研修テキスト、ビデオを作成し、これを用いてゲートキーパー研修を行っている[26]。我々も、「笠間を元気にするネットワーク

事業」以降、一〇〇〇〇人以上、様々な地域や対象に対してゲートキーパー研修を行ってきた。ゲートキーパー研修の具体的な内容については、第四章で詳説するが、おおむね、自殺リスクの判断、傾聴、支持、サポートの助言、社会資源につなげる、フォローアップする、などの技術（スキル）を、講義、グループワーク、ロールプレイなどの方法を用いて習得してもらうことが多い。

では、こうして得たスキルで自殺の危険が高い人を見出したとして、精神医療機関以外にどのような社会資源が地域のつなぎ先としてあげられるのだろうか。つなぎ先としての相談窓口は、自殺問題そのものの相談窓口と自殺を考えるに至った本人が抱えている社会的問題の相談窓口の二つに大別される。前者は代表的なものとして「いのちの電話」がある。

いのちの電話[27]は、イギリス国教会牧師のチャド・バラーが創設した自殺予防の電話相談組織サマリタンズ（良き隣人）に端を発し、世界にライフラインなどの名前で急速に広まった。日本では、一九七一年に東京いのちの電話が開設され以後、全国各地に次々にいのちの電話が作られ、七三年には日本いのちの電話連盟が設立された。いのちの電話は、研修を受けたボランティアが二四時間匿名電話で悩みを聞く電話相談機関であり、現在全国に三〇以上のセンターを持つ。設立当初よりこの組織は、自殺予防に主導的な活動をしてきた。二〇〇一年からはフリーダイヤル「自殺予防いのちの電話」を始めている。加えて最近の自殺対策の進展から自治体が運営する相談窓口や、東日本大震災を機に福島県の内科医熊坂義裕医師が始めた「よりそいホットライン[28]」など新たな相談窓口も加わってきている。また各都道府県に一つ置かれている精神保健福祉センターも、現在ゲートキーパー研修などの地域対策を行う自殺対策センターの看板を掲げている。若者のコミュニケーションは最近電話よりもむしろLINEなどのSNSが主であるため、SNS相談などの取り組みも始まっている。

自殺に傾く本人が抱える社会的問題に対しては、問題の種別ごとに様々な相談窓口がある。例えば、子育て、児童虐待、いじめであれば、県が運営する児童相談所、教育委員会が運営する教育相談、警察生活安全課、家庭内暴力・ひきこもりであれば、保健所、婦人相談所、児童相談所、職場問題であれば、労働相談、就業・自立支援センター、ハローワーク、産業医、経済問題であれば、消費生活センター、生活保護相談、福祉事務所、商工会議所、法テラス、アルコール・ギャンブルの依存症であれば、保健所、精神保健福祉センター、介護であれば地域包括支援センター、高齢者相談、地域問題であれば、社会福祉協議会の権利擁護相談、警察安全相談、遺族にあっては自死遺族の会、グリーフケアセンターなど様々な団体、相談窓口がある。これらの窓口は自殺対策として地域別に整理され、自殺総合対策推進センターのホームページからみることができる(29)。

しかし、これらの団体や相談窓口の人々は、自殺予防に特化した相談員を除いて必ずしも全員ゲートキーパーやサポートの十分な支援・対応スキルをもっているとは限らない。年間数万件かかってくる電話に対して相談機関は十分な対応ができる体制にはなっていない。筆者の患者たちは、夜間にいのちの電話にかけてつながった試しがない、と愚痴っている。また相談窓口や個別問題に対応する行政部署のネットワークは、まだまだ十分でない地域が多い。数年前に私が県庁の自殺対策会議に出席した際は、行政内の関係各課、相談窓口関係者が一堂に会していたが、最初の数分間、誰も一言も発せず、話し出したと思っても「自分たちの活動しかわからない。こんな相談機関があったのですね」といってまた沈黙、という状態にうんざりした覚えがある。地域全体の相談支援体制の連携構築は、ゲートキーパー養成に劣らず重要といえよう。それがうまく構築できなければ、「死にたい」という人の訴えに終始耳を傾け、ゲートキーパーがただ死にたい人の掘り起こしに終始するか、あるいは下手をするとゲートキーパー自身のメンタルヘルスが損なわれる恐れもある(30)。

社会モデル（1）――国の自殺予防対策の変遷

個人や地域を超えた一般的な自殺対策、すなわち社会的自殺対策として、まず我が国の自殺対策を紹介しよう。国の自殺対策は何度か大きな変遷を遂げて現在に至っている(31)。

一九九八年の自殺者数急増以前に、日本ではいくつか大きな自殺者増加の時期があった。戦後に自殺者が急増した際、当時の厚生省は、自殺の原因としては「厭世」が最も多く、貧困対策や医療福祉対策が必要、と指摘していた。

一九七六年に未成年の自殺者が増加した際には、当時の総理府が青少年の自殺問題に関する懇話会を設置し、自殺予防週間の設置、いのちの電話などの自殺防止活動の推進、自殺防止センターの設置などを提言した。いのちの電話と自殺予防に関わる行政官、研究者は、現在の自殺予防学会の前身である自殺予防懇話会を作り、国に自殺防止のための施策実現の要望書を提出するなど活発な活動を行ったが、施策化に至らなかった。

一九八五年の自殺者急増期には、厚生省が職場や地域におけるこころの健康づくり推進事業を初めて予算化した。

そして一九九八年以降の年間三万人の自殺者急増に対し、当初は厚生労働省が国の健康戦略に自殺予防を取り入れ、うつ病対策を中心とする施策が検討された。二〇〇二年には有識者懇談会が設置され、うつ病対策に加え、プリベンション、インターベンション、ポストベンションを含む総合的な自殺予防

表4　自殺対策基本法の基本理念

1.	自殺対策は、生きることの包括的な支援として、全ての人がかけがえのない個人として尊重されるとともに、生きる力を基礎として生きがいや希望を持って暮らすことができるよう、その妨げとなる諸要因の解消に資するための支援とそれを支えかつ促進するための環境の整備充実が幅広くかつ適切に図られることを旨として、実施されなければならない。
2.	自殺対策は、自殺が個人的な問題としてのみ捉えられるべきものではなく、その背景に様々な社会的な要因があることを踏まえ、社会的な取組として実施されなければならない。
3.	自殺対策は、自殺が多様かつ複合的な原因及び背景を有するものであることを踏まえ、単に精神保健的観点からのみならず、自殺の実態に即して実施されるようにしなければならない。
4.	自殺対策は、自殺の事前予防、自殺発生の危機への対応及び自殺が発生した後又は自殺が未遂に終わった後の事後対応の各段階に応じた効果的な施策として実施されなければならない。
5.	自殺対策は、保健、医療、福祉、教育、労働その他の関連施策との有機的な連携が図られ、総合的に実施されなければならない。

（厚生労働省，2006）

対策が必要と提言された。この時点では、厚生労働省によるうつ病対策が自殺予防対策の柱であった。

一方、二〇〇〇年頃から自死遺児の取材をしていた元NHKディレクターの清水康之氏らは、あしなが育英会の対象者に自死遺児が多くいることに触発され、二〇〇四年にNPO法人「ライフリンク」を立ち上げ、二〇〇五年五月には一二の自殺予防に関わる民間団体と共同して「自殺総合対策の実現に向けて～国への五つの提言」を公表した。[32] これを受けて同年七月に当時の厚生労働大臣や議員をはじめとする参議院厚生労働委員会が、「自殺に関する総合対策の緊急かつ効果的な推進を求める決議」を行った。さらに二〇〇六年には自殺予防の立法化を請願する一〇万人の署名を提出し、議員立法により、ついに自殺対策基本法が成立した。[33] 概要を表4に示す。

この法律は基本理念としてその初めに、「自殺は個人の問題としてのみとらえられるべきものではなく、その背景に様々な社会的要因があることを踏まえ、社会的な取り組みとしてとらえられるべきである」と謳っている。そして、国および地方公共団体が地域の実態、実情に応じた自殺対策を行う責務を有することが明記された。これらは、先の国への五つの提言をほぼ踏襲する内容となっている。翌二〇〇七年には、基本法に基づく具体的な自殺対策の方針として自殺総合対策大綱[34]が策定された。大綱では、「自殺は追い込まれた末の死」「自殺は防ぐことができる」「自殺を考えている人は悩みながらもサインを発している」といった基本認識の下、①自殺の実態を明らかにする（実態調査）、②国民一人一人の気づきと見守りを促す（自殺予防週間などの啓発普及）、③早期対応の中心的役割を果たす人材を養成する（かかりつけ医研修・ゲートキーパー研修）、④心の健康づくりを進める（メンタルヘルス対策）、⑤適切な精神科医療を受けられるようにする（精神科医療体制充実）、⑥社会的な取組で自殺を防ぐ（メディア対策、失業・債務等の相談窓口整備）、⑦自殺未遂者の再度の自殺企図を防ぐ（救急体制、再企図予防）、⑧遺された人への支援を充実する（自死遺族支援）、⑨民間団体との連携を強化する（関係機関の連携）の九分類三〇項目の重点対策が挙げられた。また国の自殺予防対策に指針を与える研究活動拠点として、自殺予防総合対策センターが国立精神神経医療研究センター内に設置された。

これらの整備によって、国、地方自治体はかつてない規模で自殺対策に取り組むことになった。二〇〇九年のリーマンショック以後、対策の効果もあってか、自殺者数は減少に転じた。施行五年後の二〇一二年には、大綱の改正が行われ、「誰も自殺に追い込まれることのない社会を目指す」というコピーが新たに掲げられた。その後自殺者数は着実に減少したが、二〇一六年には自殺対策基本法の大規模な改正が行われた。この際問題になったのは、全体の自殺者数が減少する中で、若者の自殺が高止まりである点と、地域自殺対策、社会的自殺対策が十分ではない、という先の民間団体や議員連の強い意見で

表 5　改正自殺総合対策大綱の重点施策（厚生労働省，2017）

1. 地域レベルの実践的な取組への支援を強化する	2. 国民一人ひとりの気づきと見守りを促す	3. 自殺総合対策の推進に資する調査研究等を推進する	4. 自殺対策に係る人材の確保、養成及び資質の向上を図る	5. 心の健康を支援する環境の整備と心の健康づくりを推進する	6. 適切な精神保健医療福祉サービスを受けられるようにする
・地域自殺実態プロファイル、地域自殺対策の政策パッケージの作成 ・地域自殺対策計画の策定ガイドラインの作成 ・地域自殺対策推進センターへの支援 ・自殺対策の専任職員の配置・専任部署の設置の促進	・自殺予防週間と自殺対策強化月間の実施 ・児童生徒の自殺対策に資する教育の実施 （SOS の出し方に関する教育の推進） ・自殺や自殺関連事象等に関する正しい知識の普及 ・うつ病等についての普及啓発の推進	・自殺の実態や自殺対策の実施状況等に関する調査研究・検証・成果活用 （革新的自殺研究推進プログラム） ・先進的な取組に関する情報の収集、整理、提供 ・子ども・若者の自殺調査 ・死因究明制度との連動 ・オンサイト施設の形成等により自殺対策の関連情報を安全に集積・整理・分析	・医療等に関する専門家などを養成する大学や専修学校等と連携した自殺対策教育の推進 ・自殺対策の連携調整を担う人材の養成 ・かかりつけ医の資質向上 ・教職員に対する普及啓発 ・地域保健・産業保健スタッフの資質向上 ・ゲートキーパーの養成 ・家族や知人等を含めた支援者への支援	・職場におけるメンタルヘルス対策の推進 ・地域における心の健康づくり推進体制の整備 ・学校における心の健康づくり推進体制の整備 ・大規模災害における被災者の心のケア、生活再建等の推進	・精神科医療、保健、福祉等の連動性の向上、専門職の配置 ・精神保健医療福祉サービスを担う人材の養成等 ・うつ病、統合失調症、アルコール依存症、ギャンブル依存症等のハイリスク者対策
7. 社会全体の自殺リスクを低下させる	**8. 自殺未遂者の再度の自殺企図を防ぐ**	**9. 遺された人への支援を充実する**	**10. 民間団体との連携を強化する**	**11. 子ども・若者の自殺対策を更に推進する**	**12. 勤務問題による自殺対策を更に推進する**
・ICT（インターネットや SNS 等）の活用 ・ひきこもり、児童虐待、性犯罪・性暴力の被害者、性格困窮者、ひとり親家庭、性的マイノリティに対する支援の充実 ・妊産婦への支援の充実 ・相談の多様な手段の確保アウトリーチの強化 ・関係機関等の連携に必要な情報共有の周知 ・自殺対策に資する居場所づくりの推進	・地域の自殺未遂者支援の拠点機能を担う医療機関の整備 ・医療と地域の連携推進による包括的な未遂者支援の強化 ・居場所づくりの運動による支援 ・家族等の身近な支援者に対する支援 ・学校、職場等の事後対応の促進	・遺族の自助グループ等の運営支援 ・学校、職場等での事後対応の促進 ・遺族等の総合的な支援ニーズに対する情報提供の推進等 ・遺族等に対応する公的機関の職員の資質の向上 ・遺児等への支援	・民間団体の人材育成に対する支援 ・地域における連携体制の確立 ・民間団体の相談事業に対する支援 ・民間団体の先駆的・試行的取組や自殺多発地域における取組に対する支援	・いじめを苦にした子どもの自殺の予防 ・学生・生徒への支援充実 ・SOS の出し方に関する教育の推進 ・子どもへの支援の充実 ・若者への支援の充実 ・若者の特性に応じた支援の充実 ・知人等への支援	・長時間労働の是正 ・職場におけるメンタルヘルス対策の推進 ・ハラスメント防止対策

（下線部は改正箇所）

あった。自殺総合対策大綱も、二〇一七年に改正され、現在では表5のように、施策が一二分類五八項目へと倍増した。(35)

このように日本の自殺対策は、精神保健施策と社会的施策、民間団体の活動と行政の対応が呼応して進んできた。特に二〇〇六年以降は、社会的対策が中心的となっている。多くの諸外国の自殺対策が精神保健を中心としている中で、これほど社会的対策を強調したトップダウンの自殺対策は他国に類例がない。

社会モデル(2)——メディアについて

WHOが社会全体への介入(社会モデル)としてあげているのは、メンタルヘルス政策、アルコール政策、ヘルスケアへのアクセス、自殺手段へのアクセス制限(物理的対策)、メンタルヘルスと自殺への意識向上、そして責任あるメディア報道である。このうち本書で重視しているつながりの問題と深く関係するのは、不特定多数の公衆が、好むと好まざるにかかわらず毎日暴露され続けている、あるいは利用し続けているメディアである。様々な政策決定も、あるいは自殺を含むメンタルヘルスの啓発も、そこに大きな役割を果たすのはメディアといって差し支えないだろう。

これまでのメディアと自殺に関する多くの言説は、特にマスメディアが先行する自殺事例を報じて群発自殺を惹起するといった、悪役としてのメディアの影響を強調しており、実際それを確認する多くの事象もみられてきた。(36) メディアの自殺に与える負の影響について初めて論じたのは社会学者のデビッド・P・フィリップスである。彼は、一九四七年から一九六七年までのニューヨークタイムズの一面に掲載された自殺と全米の月間自殺統計を比較し、報道の自殺率の増加への影響を証明し、メディアの影響で群発自殺、模倣自殺が発生、あるいは増加する現象を「ウェルテル効果」と名づけた。これはゲーテの小説「若きウェルテルの悩み」[37]がベストセラーになった後、失恋を機に自殺する若者が多数生じた事件を基に名付けたものである。この現象は世界的にも確認されている。

そこで、WHOはメディアの自殺への負の影響を減じるために、自殺報道に関するガイドラインを呈示している[38]。そこでは、自殺現象をメディアが促進させないために、「してはならないこと」として、①遺体や遺書の写真を掲載する。②自殺方法を詳しく報道する。③単純化した原因を報道する。④自殺を美化したり、センセーショナルに報道する。⑤宗教的・文化的な固定観念を当てはめる。⑥自殺を非難する、ことを挙げている。逆に「ぜひすべきこと」として、①事実を報道する際に、精神保健の専門家と緊密に連絡を取る。②自殺に関して「既遂」という言葉を用いる。「成功」という言葉は用いない。③自殺に関連した事実のみを扱う。一面には掲載しない。④自殺以外の解決法に焦点を当てる。⑤電話相談や他の地域の援助機関に関する情報を提供する。⑥自殺の危険因子や警戒サインに関する情報を伝える、ことを挙げている。

このようなメディア・ガイドラインの成功事例として、ウィーンの地下鉄の対策が有名である[39]。一九八四年に新聞が地下鉄での自殺についてセンセーショナルな記事を掲載した後、地下鉄での自殺者数が急激に増加した。そこでオーストリア自殺予防学会は、メディアに向けて一九八七年に報道ガイドラインを示した。メディアがガイドラインに準じて過剰な自殺報道を改めたところ、同年下半期以降、地下鉄における自殺率は七五パーセント減少したのみならず、ウィーンの全ての自殺が二〇パーセント以上減少した。

一方、報道内容自体が自殺予防効果をもつ場合があることを、オーストリアのトーマス・ニーデルクローテンターラーらが示した。[40] 彼らはオーストリアの四カ月間の四九七件の自殺報道の内容分析、潜在分析を行った。その結果、繰り返しの自殺報道、専門家の意見、疫学的事実は自殺を促進してしまう効果がある一方で、厳しい環境で自殺念慮がある個人が、その危機を乗り越えた報道は、自殺予防の効果があることを見出した。彼らは、積極的報道も内容によっては自殺予防効果を持つ可能性を示し、これを「ウェルテル効果」に対して、「パパゲーノ効果」と名付けている。ちなみにパパゲーノとは、モーツァルトの有名なオペラ「魔笛」[41] の登場人物である。鳥打ちの猟師で、愛する女性パパゲーナを失ったと思い、絶望して自殺を試みようとするが、三人の童子に魔法の鈴を使うよう勧められて鳴らしたところ、パパゲーナが現れる。喜んだパパゲーノは自殺をやめる。

しかしよく考えてみると、このパパゲーノ効果は、映画理論の領域からすれば自明の効果といえる。ハリウッドでは、かつてシナリオ作りの教科書に、ヒットする映画のストーリーは決まっていると説明されていた。[42] そのストーリーとは、①難しい局面を簡単に乗り越えるヒーローが現れる、②そのヒーローの生活と恋人たちなど周囲の人間模様が描かれる、③より巨大な敵やより困難な場面が現れ、ヒーローは負けて落ち込む、④周囲の人物のサポートを得てヒーローが敵をやっつけ危機を乗り越える、⑤皆で無事を喜び幸せになる、というものである。このストーリーは、スターウォーズなどでご承知のように、現代の多くのハリウッド映画でも繰り返し用いられているが、飽きることなく人々の共感を得てヒットする。この形式は、つらい個人がその危機を乗り越えるという点でパパゲーノ効果と変わるところがない。つまりこの手の物語は、普遍的に人を共感させ、元気にする効果がある。自殺をテーマとしながら、感動的な映画として有名な『素晴らしき哉、人生!』（フランク・キャプラ監督）では、主人公が自殺しようとすると天使がやってきて、自分がいなかった場合の家族の様子を見せる。寂しく生きる家族をみて主人公は自らの生きる意味と役割を確認し、自殺企図をせずにクリスマスの我が家に戻り、祝福される。我々は実際のところ、こうしてストレスを乗り越え、生きている。それは個別のテーマではなく、ストーリー形式に左右されるのだ。

以上から、メディアは、興味本位での有名人の自殺報道や自殺の詳細な手段のセンセーショナルな報道を控え、厳しい環境で死にたくなった個人が危機を乗り越えるような報道や物語を積極的に発信していくことで自殺予防に寄与できる可能性がある。

自殺予防対策の目的

ここまで、主に個人的対策からみた医学モデル、主に集団を対象とした地域モデル、主に社会を対象とした社会モデルを概観してきた。これらのモデルは、その内容をみてわかるように、それぞれ、自殺を考えたり、自殺企図をした個人をどのようにつなぎとめるか、あるいはそのような個人をどのように地域につなげるか、また社会が政策やメディアの内容によっていかに相互のつながりを強めるか、という観点でまとめられ、いずれも個人と社会のつながりを強めることを目的にした方法論であることがわかる。しかし意外にもつながりの視点でこれらの対策を総括している考察はあまりみられない。それを個人の側からアプローチするか、社会の側からアプローチするかで対策が異なってくるわけだが、そのどちらが有用かと議論することはあまり意味がないように思われる。医学の側では、実際にハイリスク者に接しているので、ハイリスク者への個人向け対策が自殺率改善に有効だといい、社会活動家は、精神科医につながっても死んでいる人は多い、精神保健対策に偏っても意味がない、と声高に語る。もっともどちらの対策も、要は自殺を減らすという目的が達成できればよいのだ。

次章では、これらの対策の総括を踏まえてどのように個人とつながるか、つなげるかをより明確に整理して、つながりの内容別対策、年齢別対策を提示し、誰もができるつながり方や、万一つながりがきれてしまった時の対応について紹介していこう。

（1）高橋祥友、竹島正編『自殺予防の実際』永井書店、二〇〇九。

（2）エドウィン・S・シュナイドマン（高橋祥友訳）『シュナイドマンの自殺学——自己破壊行動に対する臨床的アプローチ』金剛出版、二〇〇五。

（3）Mann JJ, Apter A, Bertolote J, et al. Suicide Prevention Strategies A Systematic Review. *JAMA*, 294(16): 2064-74, 2005.

（4）WHO: Preventing suicide A global imperative.（自殺予防総合対策センター訳）『世界保健機関：自殺を予防する——世界の優先課題』二〇一四。

（5）Beck AT: The current state of cognitive therapy: A 40-year retrospective. *Arch Gen Psychiatry*, 62(9): 963-9, 2005.

（6）T・E・エリス、C・F・ニューマン（高橋祥友訳）『自殺予防の認知療法——もう一度生きる力を取り戻してみよう』日本評論社、二〇〇五。

（7）マーシャ・M・リネハン（大野裕、阿佐美雅弘訳）『境界性パーソナリティ障害の弁証法的行動療法——DBTによるBPDの治療』誠信書房、二〇〇七。

（8）M・M・ワイスマン、G・L・クラーマン、J・C・マーコウィッツ他（水島広子訳）『対人関係療法総合ガイド』岩崎学術出版社、二〇〇九。
(9) 大山博史編『医療・保健・福祉の連携による高齢者自殺予防マニュアル』診断と治療社、二〇〇三。
(10) SimonGE, Savarino J, Operskalski B, et al.: Suicide Risk During Antidepressant Treatment. *Am J Psychiatry.* 163(1): 41-7, 2006.
(11) 高橋祥友『自殺の危険——臨床的評価と危機介入』金剛出版、一九九二。
(12) 平田豊明、杉山直也編『精神科救急医療ガイドライン２０１５年版』へるす出版、二〇一五。
(13) 太刀川弘和「精神科救急——自殺企図への精神科的対応」『今日の精神疾患治療指針』医学書院、八三五-八三九、二〇一二。
(14) 太刀川弘和「自殺企図の再発防止に関する複合的ケース・マネジメントの効果：多施設共同による無作為化比較研究（ACTION-J）」の展開」『精神科』二五（一）、三四-三八、二〇一四。
(15) Kawanishi C, Aruga T, Ishizuka N, et al.: Assertive case management versus enhanced usual care for people with mental health problems who had attempted suicide and were admitted to hospital emergency departments in Japan（ACTION-J）: a multicentre, randomised controlled trial. *Lancet Psychiatry.* 1(3): 193-201, 2014.
(16) 日本臨床救急医学会「自殺企図者のケアに関する検討委員会」編『救急医療における精神症状評価と初期診療ＰＥＥＣガイドブック——チーム医療の視点からの対応のために』へるす出版、二〇一二。
(17)「精神疾患に起因した自殺の予防法に関する研究」研究班編『ＨＯＰＥガイドブック——救急医療から地域へとつなげる自殺未遂者支援のエッセンス』へるす出版、二〇一八。
(18) 白鳥裕貴、太刀川弘和、山田典子他「縦列型精神科・身体科連携による自殺企図患者の企図後フォローアップ効果に関する研究」『精神神経学雑誌』一一九、二二七-二三七、二〇一七。
(19) 高橋邦明、内藤明彦、森田昌宏他「新潟県東頸城郡松之山町における老人自殺予防活動：老年期うつ病

を中心に」『精神神経学雑誌』一〇〇（七）、四六九-四八五、一九九八。
(20) 本橋豊『自殺が減ったまち――秋田県の挑戦』岩波書店、二〇〇六。
(21) Ono Y., Sakai A., Otsuka K., et al: Effectiveness of a multimodal community intervention program to prevent suicide and suicide attempts: a quasi-experimental study. *PLoS One.* 8(10): e74902, 2013.
(22) 本橋豊『自殺対策ハンドブックQ&A――基本法の解説と効果的な連携の手法』ぎょうせい、二〇〇七。
(23) 遠藤剛、太刀川弘和、相羽美幸他「地域ネットワーク強化を意識した自殺対策研究「笠間を元気にするネットワーク作り」について」『日本社会精神医学雑誌』二五（三）、二二一-二三〇、二〇一六。
(24) 厚生労働省「「ゲートキーパー」とは？」（https://www.mhlw.go.jp/stf/seisakunitsuite/bunya/0000128768.html）
(25) World health organization regional office for the western pacific: *Towards evidence-based suicide prevention programmes.* WHO, 2010.
(26) 内閣府『ゲートキーパー養成研修用テキスト（第3版）』内閣府、二〇一三。
(27) 日本いのちの電話連盟編『自殺予防いのちの電話　理論と実際』ほんの森出版、二〇〇九。
(28) 一般社団法人社会的包摂サポートセンター『よりそいホットライン活動報告書』二〇一七。
(29) 自殺総合対策推進センター「いのち支える相談窓口一覧」（https://jssc.ncnp.go.jp/soudan.php）
(30) 太刀川弘和、遠藤剛、森田展彰「ゲートキーパー活動の効果評価の方法について」『自殺予防と危機介入』三六（二）、四二-四七、二〇一六。
(31) 高橋祥友、竹島正編『自殺予防の実際』永井書店、二〇〇九。
(32) ＮＰＯ法人ライフリンク『自殺総合対策5つの提言』ライフリンク通信創刊拡大号、二〇〇五。
(33) 自殺対策基本法（平成十八年六月二十一日法律第八十五号）、二〇〇六。
(34) 自殺総合対策大綱（平成十九年六月八日閣議決定）、二〇〇七。

（35）自殺総合対策大綱～誰も自殺に追い込まれることのない社会の実現を目指して～（平成二十九年七月二十五日閣議決定）、二〇一七。
（36）Phillips DP.: The influence of suggestion on suicide: substantive and theroretical implications of the Werther effect. *Am Sociol Rev.* 39(3): 340-54, 1974.
（37）ゲーテ（高橋義孝訳）『若きウェルテルの悩み』新潮文庫、一九五一。
（38）河西千秋、平安良雄監訳『自殺予防メディア関係者の手引き：日本語版第2版』(Mental and Behavioural Disorders, Department of Mental Health, World Health Organization: *Preventing suicide: a resource for media professionals.* Geneva 2000).
（39）Sonneck G, Etzersdorfer E, Nagel-Kuess S, et al.: Imitative suicide on the Viennese subway. *Soc Sci Med.* 38(3): 453-7, 1994.
（40）Niederkrotenthaler T, Voracek M, Herberth A, et al.: Role of media reports in completed and prevented suicide: Werther v. Papageno effects. *Br J Psychiatry.* 197(3): 234-43, 2010.
（41）荒井秀直（著、翻訳）『モーツァルト 魔笛（オペラ対訳ライブラリー）』音楽之友社、二〇〇〇。
（42）大木英吉『シナリオハンドブック』ダヴィッド社、一九六一。

第四章
つながりで個人の自殺を防ぐ

奥さんは、彼女の隣に立ち、「私もね、つらいことがあるとここの景色を眺めて、ああまたがんばろう、と思うんです」といった。そして彼女に並んで街並みを少し眺め、「それでは」と軽く会釈して立ち去った。彼女は改めて街並みの景色を見下ろし、確かにすごく綺麗だと思った瞬間、もう自殺することが馬鹿らしくなった。

ゲートキーパーの方法——個人ができる自殺予防の基本

前章では、様々な自殺予防対策をレビューしたが、自殺予防とはさまざまな視点から「死にたい人を社会につなぎとめる活動」である、ということがご理解いただけたと思う。しかし、精神科医やカウンセラーなどの専門家でもない一般の人が、自殺予防なんてできるだろうか、とも感じただろう。そこで、本章では個人ができる自殺予防の基本的な方法である、ゲートキーパーの対応手順から説明しよう。

欧米では、死にたい人に対応する人のことを、「**ゲートキーパー**」と呼ぶ[1]。ゲートキーパーとは、サッカーのゴールポストを守る人ではなく、直訳すれば「門番」である。門番とは、死の入り口の番人として自殺を考える人が死の世界に旅立つことを食い止める役割を指す。多くの人が相談機関につながらず、気づかれずに自殺している。そこで、自殺予防について理解し、身の周りの人が悩みを抱えて、体調が悪い様子に気がついたら、話を聞いて、適切な相談機関につなぐことができる門番が必要なのだ。それは専門家ではなく、死にたい人の周りに居合わせた、あるいは今後居合わせることになる私やあなたである。

厚生労働省では、ゲートキーパーについて、「自殺の危険を示すサインに気づき、適切な対応ができる人」と定義している。そして、ゲートキーパーの啓発ポスターには、ほとんどの場合、「気づく」「話を聴く」「つなげる」という言葉が書かれている[2]。実はこの一つ一つが、ゲートキーパーが行う対応の手順を示している。私の場合、普段の研修会では、もう少し細かく対応の流れを示して説明している。図1のように、「サインに気づく」、「声をかける」、「話をじっくり聴く」、「整理・評価する」、「つなげ

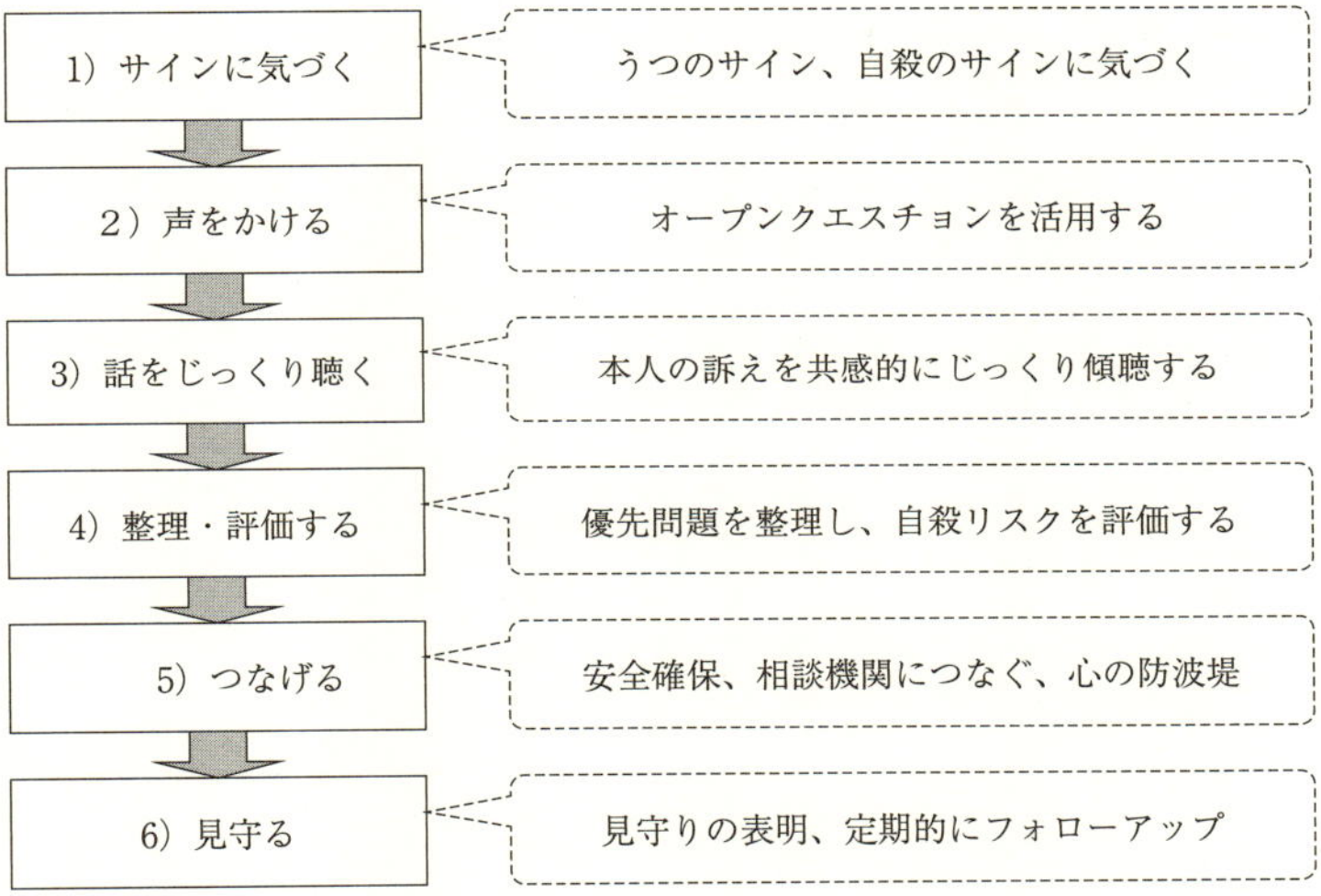

図1　ゲートキーパーの対応手順

る」、「見守る」という手順で対応を行う。この手順に沿って、対応のポイントを細かく説明していこう。

(1) サインに気づく

ゲートキーパーの対応は、まず、身の周りのある人が死にたいかどうか、その警告サイン（症状）に気づくことから始まる。今まで述べてきたように、通常自殺を考える人はその前にゆううつな状態にさいなまれている。その状態は、「うつのサイン」として現れる。

まず、こころのサインとして、「気分が落ち込む、悲しい」「イライラする、おっくう」「集中力がなくなる」「好きなこともやりたくない」「自分を責める」「決断が下せない」「死にたくなる」などが現れる。しかし多くのうつ状態の人は、このようなこころのサインを初めは自覚しないことが多い。むしろうつが始まった時には、先にからだのサインを自覚する。うつ病に多いからだのサインとしては、便秘、下痢、身体のだるさ、疲れやすさ、頭痛、肩こり、胃痛、動悸、息苦しさ、など、原因がはっきりしないさまざまな体調不良として生じる。このような症状を本人が訴えたら、「うつ」ではないかと、気づく必要がある。また、周りの人が生活面で気づく本人の行動のサインには、反応が遅い、表情が暗い、人との交流を避ける、体調が悪いと訴える、飲酒量が増える、遅刻、早退、欠勤が増える、などがある。

これらは全て、自殺念慮に先行する、「うつのサイン」である。しかし、これらのサインを全て覚えるのはなかなか難しい。そこで皆さんは、「眠れない」「食欲がない」「気分が落ち込む」という「うつの三つのサイン」を覚えておいて、そのどれかがあったら、うつ病を疑って、図2を参照し、こころのサイン、からだのサイン、行動のサインを確認すると良いだろう。

このようなサインに周りが気づかないと今度はうつがひどくなる。うつがひどくなると、人は自殺を考える。けれども、何度もいうように、自殺を考える多くの人は、覚悟のうえで自殺を試みることはほとんどない。死にたいけれど生きたいといった矛盾する感情が振り子のように繰り返されている。その迷いが、今度は自殺のサインとなって表れる。自殺のサインとして、表1の項目をあげることができる。とても重要なので心にとどめておいてほしい。

まず、うつの行動のサインがみられる。次に、自殺をほのめかしたり、つらさを訴える。「死にたい人が、死にたい、なんて周りにいうだろうか?」、あるいは、「リストカットや薬を飲むのはつらいことを皆に伝えて関心をひくためで、本当は死ぬ気がないんじゃないだろうか?」、という人もいるかもしれない。かつては精神科医でも、このような考え方が常識の時期もあった。しかし、現在ではこのような行動は自殺の前兆であるとわかっている。「本当はそんなことないのでは?」、と考える側が不安を打

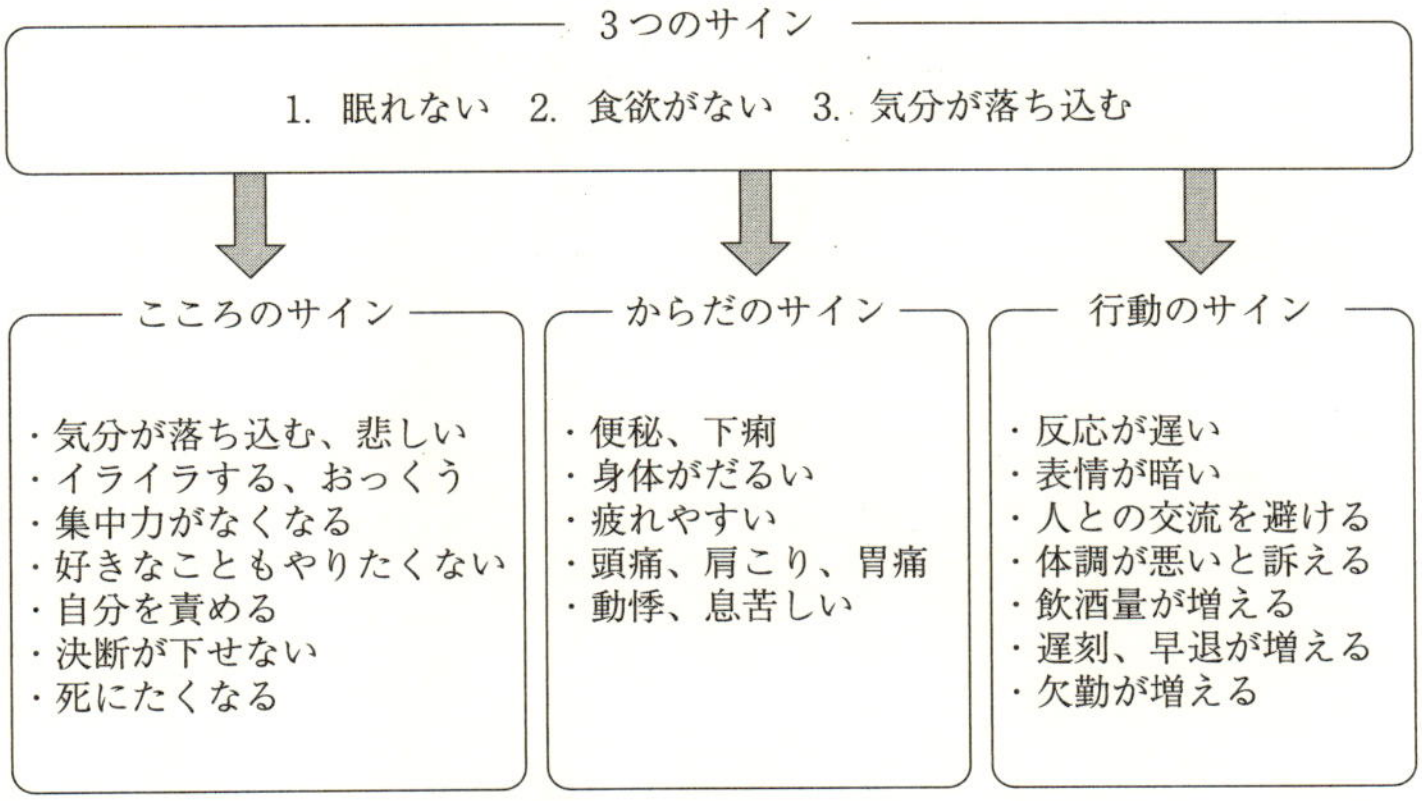
3つのサイン
1. 眠れない　2. 食欲がない　3. 気分が落ち込む
こころのサイン
・気分が落ち込む、悲しい
・イライラする、おっくう
・集中力がなくなる
・好きなこともやりたくない
・自分を責める
・決断が下せない
・死にたくなる
からだのサイン
・便秘、下痢
・身体がだるい
・疲れやすい
・頭痛、肩こり、胃痛
・動悸、息苦しい
行動のサイン
・反応が遅い
・表情が暗い
・人との交流を避ける
・体調が悪いと訴える
・飲酒量が増える
・遅刻、早退が増える
・欠勤が増える

図2　うつのサイン

表1　自殺のサイン

- いつもより疲れている、眠れない様子、食欲がない、いらいらしている、落ち着きがない、仕事の集中力がないなど、生活面での変化が見られる
- 「死にたい」「自分には価値がない」「つらくて仕方がない」など直接自殺をほのめかしたり、つらさを訴える
- リストカット、薬を飲む、など実際に死に至らない程度の死ぬそぶりをする
- 今まで元気のなかったものが急に生活上の積極的な態度をとる
- 身辺の整理をする
- 事故にあいやすくなる
- 酒やクスリなどの量が増える

ち消そうと思ってサインに気づかず、むしろ自殺を見逃してしまうこともある。

　リストカットや過量服薬などの「自傷行為」は、つらい気持ちを忘れるために自分を傷つけるという、生きるための対処手段として行われることが多いが、繰り返していると、より深く傷つける、より多くの薬を飲む、記憶が飛ぶ、などの問題が生じ、結局自殺のリスクを高めてしまうこともわかっている。

　「今まで元気のなかったものが急に生活上の積

極的な態度をとる」ことが、どうして自殺のサインなのかと思うかもしれない。これは精神科の外来ではよく経験される。毎回外来で「ゆううつで死にたい」といっていたのに、ある日「結婚しようかと思う」とか「急に元気になったのでもう大丈夫だと思う」などと患者さんがいうことがある。本当はおかしなことである。うつ病などこころの病気の症状は、風邪がなおったように急によくなることはほとんどない。普通は三寒四温の経過をたどり、徐々に改善していくものである。急によくなったというのは、「このつらい状況から逃れるには死ねばいいんだ」と決意した意味かもしれないのだ。しかし、医者の側は、「よくなった」といわれると安心したくなる。そして「それはよかったね」といって外来を終わらせてしまう。すると、数日後に悲劇的な報告を聞くことになる。つまり、急に元気がなくなる場合と同様に、急に元気になることも自殺のサインであり、要注意である。

「身辺の整理」、には遺言を書くなどのはっきりしたものから、急に昔のアルバムやそれまで大事にしていたものを誰かにあげたり、長く連絡をとっていなかった昔の友人に電話をするといった行為まで、様々なものがある。

酒や薬は、現在のつらさや眠れない状況を改善しようとして飲んでいる場合が多いが、その量が増えていると、自殺を覚悟しており、実行の際の死に対する恐怖をまぎらわせようとしていることもある。

これらのサインを知り、サインに気づくことが、自殺に傾く人に関わるうえで第一歩となる。そしてここまでみてきたように、サインが出ていてもそれに気づくためには、自分たちの意識的な心構えがないと、それを見逃す恐れがある。自殺のサインは死を考えている人と受け止めている人の両者の関係性によって、気づかれたり気づかれなかったりする。

(2) 声をかける

もしサインに気づいたら、次に声をかける。死にたい人にどのように声をかければいいだろうか、と普通は戸惑うことだろう。声をかけるのが難しい人と隣席に居合わせた時、例えば電車に乗っていて、向かいの人と目があい、話をしなければいけない時、皆さんはどうするだろうか。月並みには「今日は寒いですね」とか「電車少し遅れているかもしれませんね」と時候の話や現在共有している状況について話を始めるだろう。しかしこのような声掛けでは「そうですね」と相手に応えられてしまうと、つまり「はい」「いいえ」で答えられるとその後の話が展開させづらくなる。

ここで声をかける目的は、人生に絶望しているかもしれないと気付いた人にその意思や悩みの状況を確認することにある。こうした場合は、回答者が自由に答えることを促すオープンクエスチョン（開放質問）が有効である。例えば、「元気がないように思えるんだけど……何か変わったことがあった？」「何かお困りのようですけど、どうされましたか？」「最近、疲れているみたいだけど、お体の調子はいかがですか？」といった声掛けがいいだろう。このような質問では、本人が「はい、いいえ」で答えるのが難しく、自分から悩みを話しだすように誘導することができる。

(3) 話をじっくり聴く

もし声をかけて、相手が自分の悩みをぽつりぽつりと話し始めたら、相手の話をじっくり聴くことが大変重要である。時折「そうでしたか……それは大変でしたね」とか「そんな風に考えてしまうのですね。それはつらいでしょうね」といった共感的な言葉やねぎらいの言葉をはさみながら、たとえば普段よりも大きく相槌をうって聴く。このような聴きかたを「傾聴」と呼ぶ。「きく」という言葉には漢字で「訊く」「聞く」「聴く」と多くの当て名があるが、このうち「聴」という漢字は、視聴、聴覚というように深く集中して耳を傾ける意味がある。相手から死にたいほどの重いテーマの話を引き出すには、深く集中した聴きかたをする必要がある。このような聴きかたは日常会話では行われないことも多い。傾聴は一つのコミュニケーション技術とされ、「傾聴トレーニング」という学習法や「傾聴ボランティア」という、患者の気持ちを癒す技術をもったボランティア活動もあるくらい重要な技術である。経験をつんだ精神科医は、頷き方も何通りも持っていて、傾聴の技術を習得している。私の先輩精神科医は、その昔「それはおつらいでしょう」という言い方を一〇〇通りは持っている、と私に語ってくれたものである。

じっくり聞いていると、健康で幸せな自分の状況からすれば、相手の考えが受け入れられない気持ちになるかもしれない。しかしそのような場合でも、諭したり、とがめたりせず、「そんな状況では、どうしたらいいかわからなくなりますね」、とか「それでは追いつめられた気持ちになってしまうでしょうね」と、まずは肯定しなければならない。そんな言葉を自殺願望について相手が語っている場面で上手くいえるだろうか、と思うかもしれない。そのような時には、自分がその人の立場になった場合を頭に思い描いてみればよい。自分がその人の性格になったつもりで、その人のような立場になったつもりで聞けば、おのずとその人を肯定するフレーズが出てくることだろう。人間は、一般にそう思われているほど、互いに違いはない。そこで同じような立場になった人には共感的なフレーズが出てくることは自明である。相手の気持ちを思いやって、共感してほしい。

それでも、どうしても「相手の気持ちがわからない」、とか「身勝手だ」、とか「他に方法があるじゃ

表2　相手の話を聴くときのポイント

- 相手の話をじっくりと聴く。
  - —例：そうでしたか……それは大変でしたね。
  - —例：そういう風に考えてしまうのですね。それは辛いでしょうね。
- 相手の考えが受入れられない状況でも、諭したり、とがめたりせず、肯定する。
  - —例：そんな状況では、どうしたらいいかわからなくなりますね。
  - —例：それでは追いつめられた気持ちになってしまうでしょうね。
- 相手の気持ちを思いやり、共感する。
- 相手のペースにあわせる。
- 「沈黙」は静かにまつ。
- キーワードは繰り返す
  - —例：○○することがつらいので、死にたいと思ってしまうのですね。

ないか」、といいたくなるかもしれない。そのように適切な相槌やフレーズが出てこないような場合は、ただ相手と同じ速度で話したり、相槌を打ったりするだけでいい。相手と同じ姿勢をとることも重要である。相手がかすかに右側に傾いて話していれば、自分は左側に傾いて相手と同じ傾き、目線の位置で相槌を打ってもよい。相手がつらい気持ちを話しながら、つらさを実感して、感極まって言葉が出ず、長く沈黙してしまうこともあるかもしれない。そのような場合は自分も沈黙して、静かに待っていてかまわない。相手の話のキーワードを繰り返すのもいいだろう。例えば、「○○の件で、××して、△△もあって苦しくて……」といえば、「そうか、○○の件で苦しいんだね」とそのまま本人の語りよりも少しゆっくりした速度で、おうむ返しのように答えるのも効果的である。ジャズのインプロビゼーションと同じである。これでも相手の気持ちはつながる。

　表2に傾聴技術のポイントを示した。傾聴の目的は、死の悩みを抱えた相手の悩みをじっくり聴くことによって、相手に「ああ、この人は自分の話をよくきいて、わかってくれている」と感じてもらい、「このように自分のことをわかってくれる人がまだ一人でもいるなら、社会に絶望していてももう少し

図 3　鴨居玲《蜘蛛の糸》1978–1979　日動美術財団所蔵

生きていたい」と思ってもらうことにある。すなわち**傾聴とは人生に絶望している人につながってもらうこと**が目的で、芥川龍之介の短編「蜘蛛の糸[3]」のように、彼がつかもうとする一筋の光を与えるものである。画家の鴨居玲が描いた象徴的な「蜘蛛の糸」を図3に示す。仮に相手の悩みの有効な対策がみつからなくても、「聴く」だけで大きな自殺予防効果がある。

（4）整理・評価する

自殺の危機にある人は、多くの悩み（問題）を抱え、自分ではどこから問題に手を付けていいかわからなくなっていることが多い。一般的に人間は三つ以上の問題を抱えると混乱が生じやすい。このような場合、解決に向けてどの問題から手を付けるべきか、優先順位を一緒に考える必要がある。また、本人が長年苦労して解決できない問題を、傍にいる人が一人で解決することは同様に困難である。自殺の危険がある人への支援では、一つの問題を片付ければすむということがほとんどない。うつ病に対しては医療の、生活困窮については経済生活の、複数の支援を組み合わせる複合解決モデルなのである。そこで、複数の支援者や専門の相談機関で支えることが必要である。つまり、本人の持っている課題を整理して必要な支援者や相談機関につなぐことが、傾聴の次に行う重要なステップである。じっくりと本人の話を聴いていると、本人の問題を数えあげ、何が最初にできることか思い描くことが結構できる。メモをとって順番をつけてもよいだろう。それくらい本人でもできるのではと思うかもしれないが、自殺の危機にある人は、第一章で説明した心理的視野狭窄の状態にあって、頭の中は「これもだめだ、これもだめだ、死ぬしかない」という観念に取りつかれているため、処理すべき課題の順番を決められなくなっている。そこで、例えば「仕事ができなくなって、借金のことで困っているんですね」と話を整理すると、それを聞いて「ああ、そうか、自分は仕事ができず、借金の問題で困っていたのか」と、自分の問題を客観視して視野狭窄が広がることも多い。

また、つなげる際にもう一つ重要なポイントとして自殺リスクの評価がある。相談機関につなげる場合、自殺リスクがあるがそれを実行にうつそうとは思っていないことが前提である。もし相手が今すぐ死のうと考えている場合には、当然のことながら、第一に行うことは本人の身の安全を確保することである。このように自殺リスクの程度によって行う対応は異なる。しかし、本人がどの程度死にたいかという自殺の意図をどのように確認すればいいだろうか。もちろん行動の前に自殺行動を知らせるメールや遺書を書いている、死ぬことがはっきりした手段を用いているかまたは死ぬことを予測していた言動がある、あるいは行為とは別に死にたい気持ちを表出している場合は明らかであるが、自分から意図をはっきりと言明しないこともある。そのような場合、本人に直接どの程度死にたいのか尋ねることが有用である。はじめからどれくらい死にたいかいきなり尋ねるのも難しいかもしれない。そこで、自殺の意図は通常段階的に尋ねる。尋ね方としてはまず、「そんなにつらいのであれば、希望もない気持ちでしょうね」と尋ねてみる。本人が頷いたら、「死にたい気持ちにもなりますか？」と続け、それにも頷いたら「具体的に死ぬ手段も考えていますか?」と尋ねる。ここで死ぬ手段も準備していることを言明するようであれば、自殺リスクは大変高い。

(5) つなげる

問題の整理と自殺リスクの評価をしたら、まず、図4に示すように、自殺リスク毎のつなぎ先を検討する。

自殺リスクの評価から、死ぬ手段まで考えているようなら、本人の身体の安全確保が第一なので、本人の家族や関係者、警察に連絡をとり、安全確保のため緊急の対応が必要である。自殺を実行したいと思いながら、死ぬ手段までは考えていないようであれば、精神科医療機関の受診、家族への相談を勧める。死にたい気持ちはあるが実行にうつそうとは思わないと述べた場合、先に話したように悩みの内容に応じて相談援助機関を紹介する。

整理ができた問題リストのうち、優先順位が高い問題から、そのような問題の解決を支援できる相談機関、社会資源を検討する。ふつうその問題ならここに連絡すればよい、と即座にわかるのは相談の専門家ぐらいなので、どのような問題にはどのような相談機関が対応しているか、その連絡先を含めて知る必要がある。警察庁は自殺者の動機として悩みを大きく家族の問題、健康問題、経済生活問題、仕事の問題、教育の問題、男女関係の問題に分けている。しかしこれでは問題に対応する支援機関を想像するには広すぎる。大まかに、自殺危機にある人が抱えやすい主な問題を、①死にたい気持ち、②こころとからだの悩み、③介護・高齢の悩み、④仕事・職場の悩み、⑤いじめ・虐待・DV、⑥借金など経済問題、法律相談とし、それぞれに対応する相談先を表3にリストにしておく。

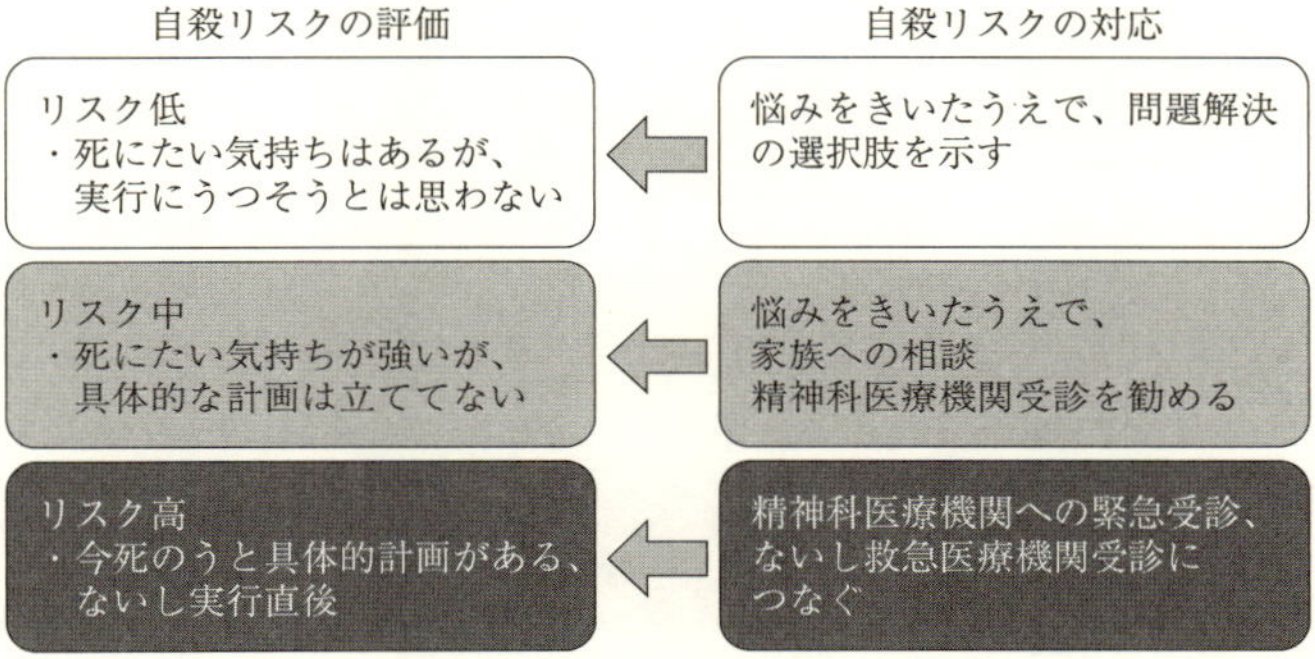

図4　自殺リスクの評価と対応

表3　問題別相談先リスト

相談内容（かかえている主な問題）	相談先（つなげる先）
死にたい気持ち	保健センター・保健所 こころのホットライン いのちの電話
こころとからだの悩み （うつ病などの精神疾患や心身の不調など）	保健センター・保健所 精神科医療機関 難病相談・支援センター
介護、高齢の悩み	包括支援センター 訪問介護ステーション
仕事、職場の悩み	産業保健推進センター 労働相談センター
いじめ、虐待、DV	人権擁護局 児童相談所 婦人相談所 少年サポートセンター
借金など経済問題、法律相談	法テラス（日本司法支援センター） 消費者生活センター 弁護士会、司法書士会

自治体でも同様の取り組みはされており、地域によって異なるため、地域で利用できる社会資源を普段からリストとしてあらかじめもっているといいだろう。こうしたリストを入手したい場合は、各市町村、ないし各都道府県の社会・障害・福祉関係の担当課に聞いてみるかホームページを閲覧すればよい。先述したように自殺総合対策推進センターでは、全国の相談窓口一覧を載せているので参照されたい(4)。

さて、問題を整理して適切な相談機関を決めたら、そこにつなげることになる。しかしその際には、ただ紹介して「いってみてください」といえば、つなげたことになるかというとそうは上手くいかない。相手は、今まで相談機関にいったことがないか、あるいは相談にいっても事務的な対応に幻滅した経験を持つ人が多い。今まで適切に相談できておらず、適切な対処手段がとれず、追い詰められ、そして自殺を考えているのである。そのような人にただ、相談にいってくださいというだけでは不十分である。そこでつなぐ時には、①相談機関を利用した経験の有無を確認する、②利用経験がない場合、相談者の了解をとった上で、相談担当者と連絡調整を行う、③紹介する相談機関でのおおまかな方向性を相談者と確認しておく、④紹介する相談機関で相談した結果について、相談者から事後報告をもらうように依頼しておく、という手順だと細やかでよい。

この時、仮に相談の経験がある、あるいは現在相談している場合でも、上手く相談ができているかを確認した方がよい。精神科に通院していれば安心というわけではない。主治医と十分にラポールが築けていない場合や、主治医が忙しく十分な時間がとれない場合には、死にたい気持ちや悩みの十分な相談はできていない場合も多い。繰り返しになるが、自殺を考えている人は、相談がとても苦手な人が多い。ここで上手くつなげなければ、折角ここまで苦労しても自殺リスクが減じることはない。もし上手く相談ができていない場合は、必要に応じて、本人の了解をとったうえで相談担当者に連絡をとり、本人の問題を伝えた方がよい。また、相談機関にこちらから連絡をとる場合には、可能ならば本人がいる際にその場で連絡をとるなどして、相談機関ではどのような方向性で話を進めるかあらかじめ相談者とおおまかに確認をしておいた方がよりよいだろう。

一方、例えば自殺リスクはあるが、緊急性は高くない、あるいはつなげようと思っても、家族との間に葛藤がありすぐにつなげられない、また本人が相談機関にいくことを拒否する、といったすぐにつなぎとめることが困難なことも少なくない。このような場合、本人の振り子を生の側につなぎとめるために、「心の防波堤」と例えられるような、本人自身が自殺行動にブレーキをかけるためにできることを一緒に考えることも有用である。この場合、宗教など本人のこころの支えとなるもの、家族、親友、ペットなど本人にとって大切な存在、あるいは結婚式や孫の誕生、旅行など、これからの人生での計画や楽しみをみつけることも有用である。世の中には、大事なペットのために生きている人も、好きなテニス選手の試合をみるために生きている人もいる。ささやかな日常の中の楽しみを、たとえそのような計画や存在がすぐにはなかったとしても、一緒に考えていくことでつながりを強めることができる。本人に今後自殺を実行しないよう約束する、「死なない約束」は、ただ約束するだけではあまり有効でないが、次の外来予約や次の楽しみ、予定までの間は死なない、と約束してみるとある程度有効であるとされる。(5)

(6) 見守る

「その後どうなったか教えてくださいね」と伝え、相談した結果について事後報告をもらうように依頼すること、次の相談の約束をして見守っていくことも大事である。もちろん、相談が苦手なことを見越して確認しておく意味もあるが、紹介されて実際には相談にいかなくても、その後も連絡してほしいということで、相手が自分のことを今後も気にかけてくれていると思ってもらうことが大切である。特に、精神科病院に自殺を試みて入院した人は、退院直後の自殺リスクが高いこと、(6)また一度自殺を試みた人ではその一年後までに四〜五人に一人が再び自殺を試みることが知られていることから、(7)定期的にフォローアップの連絡を行い、見守りを続けることが重要である。誰かが自分を見守ってくれていると思うだけで、自殺リスクは下がる。

(7) より具体的に学ぶために

ここまで、個人ができる自殺予防として、ゲートキーパーの役割と方法について説明した。「これくらいなら自分でもできそう」と思った方もいるだろうし、「読んだだけでは自分にはできない」と思った方もいるだろう。具体的な事例をイメージしたい場合、我々が茨城県で作ったゲートキーパー研修用ビデオ「あなたがゲートキーパーになる時」があるのでそちらをご覧いただきたい。(8)インターネットの「いばキラTV」「ユーチューブ」で検索して、視聴可能である。

一番効果的なのは地域の自治体で行っているゲートキーパー研修会に参加して、ロールプレイやグループワークを体験してみることである。今まで筆者は、一〇〇〇名以上の方にゲートキーパー研修会を行ってきたが、それらの研修に参加すると、一般の方であろうと、行政職であろうと医療専門職であろうと、多くの方は自殺予防の自信がつく。筆者の研究グループでは、ゲートキーパーの自信をはかるゲートキーパー自己効力感尺度(9)(GateKeeper Self-Efficacy Scale: GKSES)という自己記入式のアンケート調査票を開発し、研修の前と後でゲートキーパーの自信が有意に高まることを確認している。(10)この尺度は「自殺を行う人の心理が説明できる」「自殺やうつ病のサインについてわかる」といった項目について、「ぜんぜん自信がない」から、「ぜったいの自信がある」までの七点で当てはまる項目に○をつけて平均得点をみる。ゲートキーパー研修の効果を評価するニーズが高いことから、この尺度は全国の様々な研修で用いられるようになっている。

また、本章で説明した方法は、実は自殺予防に限らず、日常生活において、日々の悩みで参っている家族や、親しい友人を援助するためにも有用な方法である。ぜひ覚えてあなたの身の回りの人を対象に実践していただきたい。よく外来でけんかしているご夫婦のやりとりをみていると、妻は悩みを夫に聴いてほしいだけなのに、夫は妻に必死に具体的なアドバイスをしようとして、お互いを思っているのにかみ合わないことが非常に多い。情緒的サポートが必要なのに、道具的サポートを提供しようとしているのだ。じっくり話を聴くだけでも、きっと大事な人とのつながりは強まり、関係は良好となるはずである。

個人の自殺予防の意義とポイント

ゲートキーパーの対応手順について説明してきたが、この手順を模式的に書くと、図5のようになる。まず、ゲートキーパーは自殺を考えている本人に声をかけ、本人とつながる。次にゲートキーパーは、家族、親族など本人とつながりのある者や、医療機関、相談機関などに本人の状態を話してつなげる。するると、本人を心配した家族、親族や医療機関、相談機関が本人とつながる、さらに本人の問題をどうするか検討することで、本人、ゲートキーパー、家族、医療機関、相談機関がつながりあう。この経緯

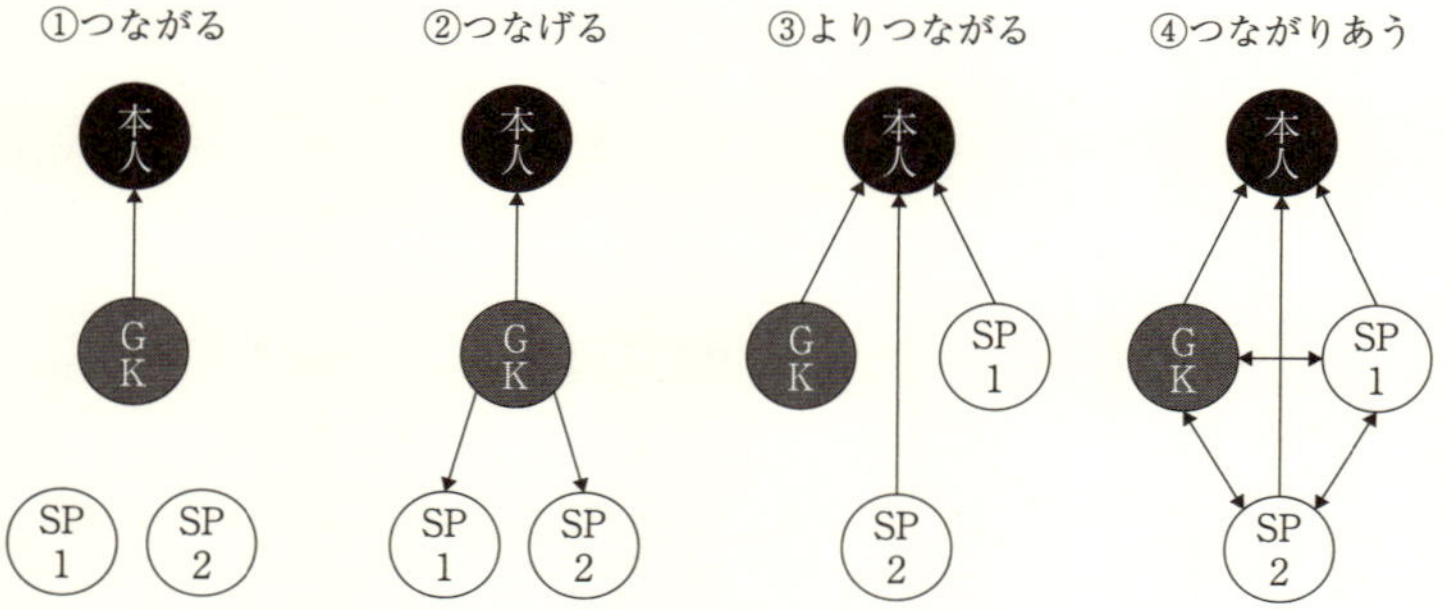

GK：ゲートキーパー
SP1：家族、親族など本人とつながりのあった者
SP2：医療機関、相談機関など本人と新たにつながる者

図5　ネットワーク化の手順

は、社会とのつながりを失って自殺を考える個人を再び社会にネットワーク化することに他ならない。

自殺予防とは、自殺を考える個人のこころを社会に再びつなげることなのである。このようなイメージを積極的にもっていると、ゲートキーパーであろうと、精神科臨床であろうと、行うべきことがクリアになる。そしてやるべきこと、やってはいけないこともみえてくる。ゲートキーパー活動を行ううえでの留意点をいくつかあげてみよう。

よくあるのが、「自殺を考えている人を私一人の力で何とか救いたい」という落とし穴である。自殺したい人を取材していて、自分の正義感が触発され、その人たちと一人でメールのやりとりで励ましを続けて具合が悪くなる記者[11]や、彼女に「誰にもいわないで」といわれ、SNSで「死にたい」とくり返す彼女の言葉に寝ずに返信をし続けて眠れなくなる青年などである。彼らは、図5の第一段階、すなわち一人でつながり続けることから手順を進められないので、支援者としての限界が生じ、自分自身の健康を害してしまう。自殺したい人を救いたいと思い、彼らの電話を受け続ける日本人僧侶のドキュメンタリー映画『いのちの深呼吸』（ラナ・ウィルソン監督）が最近公開されたが、やはり主人公は日夜死にたい人の電話を受け、説得したり、寄り添い続けて身体を壊す。これは人間的に高貴な行為ではあるが、残念ながら、賢明な行為とはいえない。特に「死にたい」と繰り返し訴え続ける人に対してゲートキーパーは、自らの限界に留意し、一人で対応し続けようとせず、自分ができることの限界を考え、いかに複数の社会資源につなげ、チャンネルを増やして支えるかを検討することが望ましい。

むしろやるべきこととして、本人へのつながり方や問題の解決の仕方がわからなくても、本人の問題をできるだけ多くの人たちと共有し、助言をうけること、すなわち図5④の部分集合を作ることが重要である。それは本人の周りをネットワーク化することとなり、本人と自分以外の誰かをつなげる確率を増やすことになる。精神科では、昔から「どう解決したらいいかわからない患者は、カンファレンスにかけて皆で議論すると不思議によくなる」というゲン担ぎがある。これは、問題の解決に最初はつながらなくても、問題を共有することで支援者の精神的負担を減らし、問題を別の角度から対処するための起点を作る可能性を増やすことを意味する。昨今は何かと個人情報やプライバシーが重視されるが、人命がかかる問題については、「仮にAさんという人がいて」と、匿名化したうえで、周囲に積極的に助言を求めると大きな間違いは生じない。

もう一つポイントをあげれば、ここでつながる相手は、誰であってもよく、むしろ本人のこころをいかに精神的につなげるかということが重要ということである。自殺を考えている人は、相談相手もおらず、相談機関にもうまくつながっていない人が多い、とよくいわれるが、順番は逆で、そうであるから自殺を考えているのだ。従って、本人を支持し、傾聴してくれる人であれば、それは近くの定食屋のおばさんであろうが、バーのマスターであろうが、朝いつも挨拶する近所の人であろうが、誰でもいい。本人の悩みにあった適切な相談機関に、というのは順番として後の話で、その前に本人を精神的に支援してくれる人を探して、つなげることが先決だ。いのちの電話が匿名でも効果があるのもこの点にある。

筆者の患者さんで、何度も自殺企図を繰り返してきた女性がいる。どのような薬剤も効果がなく、いくら新しい社会資源につないでもそこで対人関係のトラブルが生じ、様々な本人の問題を解決する見込みはなかなかたたないものの、毎回世間話をしては、「まあ、こうやって話を聴いてもらえば、またもう少しがんばろうという気になります」といって帰る。また、別の患者さんは、ある時自殺を食い止められた話をしてくれた。彼女は、たまたまみつけた高層マンションの踊り場で、そこからみえる景色を眺め、意を決した瞬間に、「やっぱり眺めがいいでしょう」という声を聴いた。驚いて振り向くと、知らない顔の若い奥さんがにこにこしながら近づいてきた。奥さんは、彼女の隣に立ち、「私もね、つらいことがあるとここの景色を眺めて、ああまたがんばろう、と思うんです」といった。そして彼女に並んで街並みを少し眺め、「それでは」と軽く会釈して立ち去った。彼女は改めて街並みの景色を見下ろし、確かにすごく綺麗だと思った瞬間、もう自殺することが馬鹿らしくなったという。こうした一期一会で救われている人は、結構多い。

つながりのタイプ別対応

ここまで一般的な個人の自殺予防の対応を述べた。さて、ここからは応用編で、つながりの障害のタイプや、年齢・性別に応じた対応について考えよう。何らかの理由で社会とのつながりに深刻な障害をきたした個人が行う行為が自殺であり、自殺を考える個人のこころを社会に再びつなげることが自殺予防であるなら、つながりの障害のタイプによって自殺予防の方法は異なるはずである。では、個人のつながりの深刻な障害には、どのような種類があるだろうか。

つながりの種類に加え、その時制、範囲、内容、バランス、本人の認知といったいくつかの軸をあわせて検討すると、大きくつながりの障害とその対応は表4のように類型化できる。

表4　自殺におけるつながりのタイプと対応

- 過去の個人のつながりに現実的問題があった
  虐待、いじめ、家族の不和・自殺など
  ―支持的精神療法、弁証法的行動療法、精神分析
- 現在の個人のつながりに現実的問題がある
  ハラスメント、恋愛問題、無職、依存など
  ―対人関係療法、家族療法、ケース・マネージメント
- 現在の個人のつながりに想像的問題がある
  うつ病、統合失調症、重篤な身体疾患など
  ―薬物療法、支持的精神療法、認知行動療法

（1）過去の個人のつながりに現実的問題があった場合

成長の過程で過去のつながりに問題があった。すなわち、虐待をうけた、いじめを受けた、など社会的葛藤がみられた場合、その葛藤はトラウマとなって本人の人格形成に負の影響をあたえる。また、成長の過程で片親だったり、親が自殺していたり、貧困から学校に通えないなどの不利益をこうむると思われる問題があった場合、社会的統合の不全は本人の社会への信頼感や所属感を損ない、自殺の危険因子となるだろう。この場合、主に行う対策は過去のつながりの問題に傷つき、無意識に得た誤った対処法の学習を修正する支持的精神療法、弁証法的行動療法、精神分析などであろう。

（2）現在の個人のつながりに現実的問題がある場合

現在の自分の対人関係に問題がある。すなわち、家族、親族、友人、職場、学校、近所、あるいはネット上の匿名の関係において、いじめ、ハラスメント、恋愛問題などの社会的葛藤を現実にもっている場合、自殺の危険因子となるだろう。現在のつながりに社会的統合の問題がある場合、失職や無職、近親者のいない単独生活である場合、強い孤立感や自責感を生じる。さらに、その孤立感や自責感を誰かに相談しようにもサポートが受けられなければ、自殺の危険は高まるだろう。他者から一方的に支援を受けていても自分が恩を返せない、ないし自分がサポートを与えていても、他者に認めてもらえない、こうしたサポートのバランスが悪い場合にも、本人の心理的葛藤は強まるだろう。ここでは社会的葛藤や社会的役割の喪失に関する現在の問題が自殺リスクを高めるため、それらを直接に修正することが自殺予防となる。この場合、主に行う対応は、対人関係療法、家族療法やケース・マネージメントであろう。

（3）現在の個人のつながりに想像的問題がある場合

うつ病では「自分が周りに迷惑をかけている」という自責感や他者への負担感を現実以上に感じたり、統合失調症では「周りの人から被害を受けている」という被害妄想を持つ。このように、現実には対人関係に大きな問題がなくても、精神疾患によって認知機能が損なわれていれば、個人は本人の想像的問題として対人関係に苦しみ、自殺リスクは高まる。この場合、主に行う対応は薬物療法や支持的精神療法による思考・感情障害の改善か、認知行動療法による認知の修正であろう。

これらつながりの障害は実際には重複していることが多い。たとえば、家族から虐待を受けて学校にいけず、成人しても仕事につけずに孤立するといった不幸の連鎖から、過去にも現在にもつながりの問題を認めることもまれではない。しかしこのように分類することで、たとえば本人の自殺危機の背後にあるつながりの問題を明確化し、より本質的な自殺予防のアプローチができるのではないだろうか。

年代別・性別の対応

次に、年代によって異なるつながりの問題から対応を考えよう。

児童期・青年期において、私たちは誰かと関係を持たずに自力で生きていくことは困難である。少なくとも脳が単独の生活を可能にするまでに成熟していない。Iが十分に生成していないのだ。したがって他者からの排斥は本人の生存に直結する。この時期に、いじめられた、あるいは親や愛する人に拒絶された、虐待を受けたといった社会的葛藤の問題が生じた場合、それが個人にどれだけの衝撃と絶望を与えるかは容易に想像されることだろう。それは自らの生存の必然性への疑問を繰り返し意識させ、学習されて、自殺を企図するに十分なインパクトを持つ。今までにみた自殺を考えている患者からは、「かつて受けたいじめで人間不信になった」「当時の親の冷たい発言や暴力が、今でも忘れられない」などの発言を多く聴く。つまり、過去のつながりの問題は、それは扁桃体に幻影となって残存し、長く本人の人生をしばっているのである。

したがって、児童・青年期における自殺予防の有効な作戦は、つながり方の教育である。それは、自殺総合対策大綱で推進が謳われている「悩みでつらい時にはどのように人に相談するかを教える」ＳＯ

Sの出し方教育[12]といった部分的なつながり方の教育ではなく、もっと広範な、「人と人はどのようにつながっているのか」、「どのようにつながればうまくいくのか」、「嫌いな人とどのように関係を断つか」「人間関係は新たにつなぎ直せるのか」、「人間関係は自己の存在と関係あるのか」、などを教える包括的な教育が必要である。これらは、かつて遊びの中でロールプレイ（おままごと、戦争ごっこなど）によって培われたが、現在はこのような経験が乏しいために、教育がそれを代行せざるを得ない。

中高年期は、精神的、人格的には安定しているが、倒産や借金、失職など様々な現実的かつ社会的問題が重なり、つながりの障害を生じて、どうにも現実的な対処手段がなくなると自殺が生じる。日本の自殺率が下がっているのは、最近の中高年者の自殺者数の減少によるところが大きい。したがって中高年期に行う自殺予防とは、社会経済の安定、福祉政策の充実と社会の明るい見通しの提示に他ならない。中高年の自殺者がもっとも多かった過去一〇年とは、政治経済的失策の直接的な反映と思われる。

老年期は、健康を失い、日常生活機能を失い、友人を失い、といった現実のつながりの喪失体験の連続である。このため、老年期の自殺企図は、一見覚悟の上といえるような致死的な手段をとることが多い。助かった人からは、「もう人生で行うことは何もない」「みんな死んでしまったから」というような、いいかえれば、つながりの喪失をもはや戻すことは不可能、という強い諦めの気持ちが聞かれることが多い。一方で、地域の同年代の人たちと新たな社会的関係や毎日の安定した居場所を作ることができれば、著しく自殺リスクが軽減する事例もある。したがって、老年期の自殺予防対策とは、現在のつながりと生きがいをどうつくるかが最も重要なポイントとなる。現在の成功している地域自殺対策はほとんど高齢者をターゲットにしている。そしてその内容は居場所や地域のつながり、ソーシャルキャピタルの強化を重視している。

続いて、性別の対応をつながりの性差から考えよう。一般論として、女性は密なソーシャルネットワークを作り、その関係性の中で種を維持している。一方男性は、女性に比べてコミュニケーションが不得手で、社会的役割を持ち、提供サポートを与えることで自己を維持している。よく男性社会といわれるが、役割分業や上下のヒエラルキーをもつ古典的社会構造は男性を維持させるために作られたといってもよい。このように考えると女性において生じるつながりの危機は、つながりに社会的葛藤が生じることであり、一方男性における危機は社会的つながりを喪失することである。したがって精神療法やつながりを作るケース・マネージメントは女性に向いている。対人関係の葛藤を新しいネットワークを作ることによって処理することが可能になるからである。一方男性は、コミュニケーションによってこころの葛藤を解決しようとする精神療法はあまり向いていないかもしれない。彼らにとって決定的なのは、社会的役割であるので、自己の認知の修正か、社会的には雇用や居場所の提供が自殺予防に重要であろう。

このように、つながりの問題を性、年齢、つながりのタイプで見直すと、自殺問題と自殺予防対策は、より明確に説明と対応が可能となることがわかる。

遺された人に生じるこころの問題と対応

ここまで、自殺をいかにつながりで防ぐか考えてきたが、それでも不幸にも親しい人が自殺でなくなってしまう場合がある。この際の対応についても検討しておくべきだろう。

あなたの身の周りで、あるいは親しい人で不幸にも自死で亡くなられた方はいるだろうか。そうした

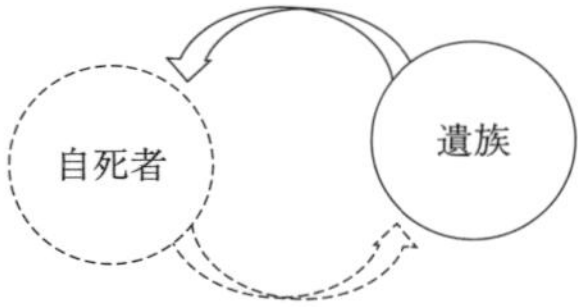

・サポートのバランスが崩れる
・サポートの提供先の消失→もう○○してあげられない
・サポートの受領先の消失→もう○○してもらえない
・行き場のないサポートのジレンマは自殺者に匹敵する

図6　悲嘆（喪失）反応の心理的背景

事態が遺された人に与える衝撃を想像できるだろうか？　その悲しみは、親しい人が病気で亡くなった場合に比べても、より深い。遺された人に生じる悲しみを心理学的には**悲嘆**という。(13)

悲嘆は、故人と遺された人との生前の情緒的な交流が断ち切られることによって生じる。情緒的交流とは、気持ちを理解してあげたり、理解してもらったり、愛情を注いだり、注がれたりするような情緒的サポートの交流を指す。通常この交流は互酬的でバランスがとれている。長く一緒にくらした夫婦では、お互いに何も言葉を交わさなくても、お互いの気持ちがわかり、目を合わせるだけで相手を思いやることができる。ところがある時、図6のように、片方の突然の死によって、自らが相手に与えるサポートの先がなくなり、また相手から返されるサポートも失われる。

つまり、もう愛してあげられず、同時にもう愛してもらえなくなると、個人のサポートバランスが崩れて大きな精神的ストレスとなる。行き場のないサポートのジレンマは自死者が抱えていた悩みに匹敵するほど強い。家族のように強いサポート関係にあるものほどその影響は大きい。そこで多くの場合、遺された者はその死の意味や理由を考えて「○○が理由で亡くなったのだから仕方ない」と自己の苦しみを和らげようとする。これを精神分析的な用語では合理化と呼ぶ。(14)

人類は歴史的に親しい人を失った悲しみ（喪失体験）を和らげるために様々な集団的合理化を図り、それが数千年にわたり人類の文化にまで至っている。紀元前のエジプトのオシリス神に始まり、死後の世界を想定し、様々な葬祭儀式が現在に至るまで執り行われてきている。これらの儀式は、亡くなった人を悼むためだけでなく、実は遺された人の悲しみを和らげるためにある。仏教の葬祭記念日である初七日、四十九日、一周忌などは、遺された人の悲嘆のプロセスに即して作られている。「きっと天国で、幸せでいる。みんなを見守ってくれている」というのも、大切な合理化である。

現代では、それは医学的に理由付けられる。長く患っている病気であれば、亡くなった際に遺された人は「この大変な病気は現代医学では治せなかったから仕方ない」と思う。ところが、自殺はそのような説明で合理化できない。自分から死を選んでいるために、一見医学的に説明しづらい。またほとんどの自殺者は理由を語らず、突然亡くなるため、死者に理由を訊きだすこともできない。唯一わかることは、本人が自ら死を選んだ、ということだけである。このような場合、人は人為的な合理化を求めようとする。「自分のせいだ」あるいは「〇〇のせいだ」と想像する。しかしこの考え方は、自責や怒り、恨みなどの強い負の感情をもたらす。

悲嘆は一定の経過（プロセス）をたどるとされている。エリザベス・キューブラー・ロスは、死にゆく人々にインタビューをして、悲嘆の過程を以下の五段階にまとめている。(15) 第一段階：死の直後にはショック、死を認めたくないという否定の感情、無力感が現れる。第二段階：他の人間に対する怒りや恨み、または自分を責める気持ち（自責感）が生じる。第三段階：死が避けられるなら何でもするという気持ちが生じる。第四段階：やはり死は避けられないのだ、と事実を覚悟し悲しみやゆううつな気分が生じる。第五段階：穏やかに死を受け止められるようになる。これは死にゆく当事者の悲嘆のプロセスであるが、遺された人も概ね同様の段階を経て、個人の死に意味づけをしてそれを受け入れ、自らの生を再び歩み始める。この喪の過程を早めるためには、自らの悲しみを言葉にして、他の人と共有することが最もよい。ところが、故人が自殺で亡くなった場合、家族は「きっとうちの息子が自殺でなくなったなんていったら周りから悪く言われるだろう」「きっとこのつらい気持ちは誰にもわかってもらえないだろう」と思い、偏見を恐れ、なかなか家族の自殺について周囲に話すことはできない[16]。これによって遺された者の悲しみは遷延し、喪の過程は進まない。つまり、自殺によって遺された者に生じる悲しみは、通常の死よりも合理化できず、長い期間続く[17]。さらに、自殺が遺された者にもたらすのは直接的影響だけでなく、その後の間接的影響も大きい。自死遺族の心理の流れを図7に示した。

まず葬儀に人を呼ぶ際は、偏見を恐れて大っぴらに行えない。次に死の事後処理として、例えば賃貸アパートで自殺した場合、部屋を使えなくなったといって大家から部屋の改装も含め、かなりの額の賠償金を請求されることがある。電車に飛び込んだ場合などは、鉄道会社から遺体の処理や運行遅延の賠償金など莫大な額が遺族に請求をされる。司法書士の話ではこの請求で破産する遺族もいるという。また、自殺によって一家の大黒柱を失った場合、経済的困窮に襲われる。家族システムのバランスが崩れ、「誰のせいで死んだのか」といった家族内での言い争いも起こってしまう。さらに、周囲の偏見を恐れ、また故人の思い出に耐えられず、引っ越しをしたり、生活上の変化を余儀なくされる。このような死別に伴う変化や様々な影響が二次的ストレスとなって遺族を苛む。自殺によって遺された者に与えられる強いストレスは、表5のように様々な症状をもたらす[18]。

これらの症状はまとめて**悲嘆反応**と呼ぶ。悲嘆反応は、人によってさまざまな現れ方をし、個人差も大きい。しかしこれを放置すると、遷延して心的外傷後ストレス障害（Post Traumatic Stress Disorder:

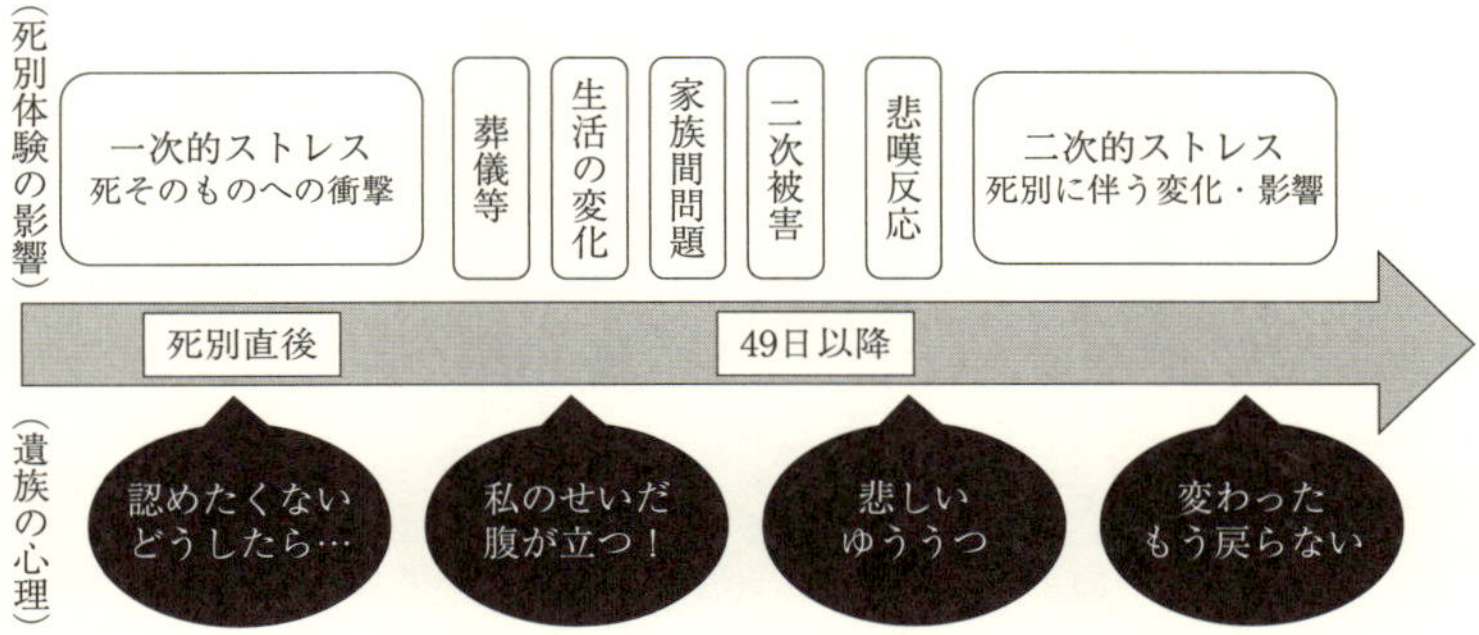

図7　自死遺族の心理の流れ（大塚耕太郎氏作成）

表5　遺された人に生じる可能性のある症状

- 不眠、悪夢
- 故人を繰り返し思い出す
- 自分を責める
- 死にとらわれる
- 自分も自殺を図るのではと思う
- 集中力低下
- 人に会いたくない
- 不安
- 動悸、過呼吸、呼吸困難
- 涙があふれる、感情不安定

→こうした症状が悪化すると、PTSD、うつ病、模倣自殺が生じる。

（高橋，2004を改変）

のぞましい対応	のぞましくない対応
1. 真摯にお悔やみの言葉を述べる 2. 遺族の話に耳を傾け、共感する 3. 遺族の心理について説明し、悲しみも怒りも自責も自然な反応であることを保証する 4. 必要なら今後の相談に乗ることを保証する	1. 大丈夫、がんばろう、と励ます 2. 仕方なかった、などと合理化する 3. 他にも同じような人がいる、などと慰める 4. 本人の死の話題に触れない、聞かないようにする

図 8　自死遺族への対応（平山，2009を改変）

PTSD）、うつ病、あるいは模倣自殺を生じさせてしまう。自殺に続いて現実に生じる悲劇は、呪いでもなんでもなく、故人とのつながりの強さ、ひいては愛情の強さによって誰にでも生じ得る可能性がある。したがって遺された者に生じる反応を悪化させないことは重要な自殺予防である。

自殺が生じてしまった後に、関係者に対応して行う自殺予防活動を**ポストベンション**と呼ぶ。ポストベンションでは、自殺の直後から様々な対応を臨機応変に行わなければならない。まず自殺で亡くなった方の遺族（自死遺族）への適切な対応について、平山正実は図８のように簡潔にまとめている[19]。

対応の上で真摯にお悔やみの言葉を述べるのは関係者として当然であるが、遺族の話を傾聴し、共感することは、ゲートキーパーの項で述べたように悲しみを言語化させ、共有することで遺族のメンタル面の悪化を防ぐ効果がある。また、その心理が自然な反応であることを保証することは、自分だけが悪いといった特有の罪責感や様々な症状に意味を与え、軽減させる効果がある。必要なら今後の相談に乗ると申し出ることも、孤独感をやわらげ、生きる意味を与える効果がある。

逆に「こちらの対応が悪かった」などと謝ると、自殺がその人の対応のせいであるといったような人為的な理由（実際はそうではなかった場合でも）と捉えられ、遺族の激しい怒りの気持ちを強めてしまう。かつて私は患者に自殺されてしまった際に、上司が「悪かった」と先に謝ってしまったことで、後で家族にお悔やみにいった際に激しく怒りをぶつけられた苦い経験がある。上司に悪気はなく慰めの気持ちでいったのだろうが、それが医療ミスではないか、という深い疑念と怒りを生じさせてしまうことになった。

「大丈夫、がんばろう」と励ましたり、「仕方なかった」などと合理化すると「家族の気持ちを理解してもらえていない」という怒りや反発をかえって強めてしまう。「他にも同じような人がいる」と慰めても、故人は遺族にとっては特別な存在であるので無効である。過剰な配慮から、本人の死の話題に触れないようにすると、悲嘆は言語化されず、遷延する。

遺族以外に友人・知人・医療者など本人の複数の関係者に行うポストベンションとしては、グループカウンセリングが有効である。グループカウンセリングの手法については成書に詳しい[20]が、ここでは河西の説明[21]を紹介する。まず、自殺をした個人の関係者を把握する。そして関係者がわかるよう、個別に、あるいは自殺した個人が所属していた場所にポスターをはるなどして、集いの日時・場所を知らせておく。時間に集まった人には、これは故人を悼むとともに、関係者の悲しみを共有し、自殺予防につなげるための集まりである、という集いの意味を説明する。黙禱の後、わかっている事実を確認する。これは、故人の自殺に関する誤った情報が関係者の間で憶測をよび、噂となって特定個人の責任追及や関わった人々の関係を悪化させないためである。続いて、参加者一人一人が感じていること、考えたことを話す。話している際に一切の批判は禁止し、参加者のプライバシーや自律性を尊重する。話したくない人は話さなくてよい。これは集団のカタルシスを起こすデブリーフィングと呼ばれる手法である。次に先述した悲嘆反応とこころの過程を説明する。悲しみや怒り、自責は自然な反応であることを強調する。

また、今後精神的に具合が悪くなった場合の個人のケアを行えることを申し出て、その際の連絡方法を周知する。最後に、集いの後、「個別に相談したい人はしばらくこの場にいるので声をかけてくださいい」と話し、集いを終える。集いを終えた後三〇分ほどその場に残る。この話し合いの中で、一切語らない人や強い動揺がみられるような人は悲嘆反応が強い、自殺やメンタルヘルス不調のハイリスク者である。そのような人には個別に声をかけて、定期的なフォローアップの面接を行う。

医療関係者の場合、グループカウンセリングから一、二週間たって、関係者の気持ちが少し落ち着いたら、病棟カンファレンスなども実施してほしい。自殺を防ぐために何ができたか検討して、それを病院の前向きな自殺予防活動に展開していけたらよい。

自殺が遺された者にもたらす強い影響は、遺族にとどまらず、故人をめぐる幅広い人たちにも影響を及ぼす。故人の知人・友人、故人がかかっていた病院の医師、入院をみていた看護師、相談にのっていたカウンセラー、果ては本人の遺体を運んだ事務員、警察署員にいたるまで、故人と生前に関係があった人、また自殺前後に関わった全ての人に重い影のような影響を与える。皆「なぜ死んだのか」「なぜ防げなかったのか」という永遠の問いかけを胸に抱きながらその後を生きていく。個別にその問いに向き合いながら。全ての自殺予防活動は、ある個人の自殺を悼み、そこからどのように自殺を予防していったらいいかという、遺された者たちの強い思いと決意から始まっている。

（1） WHO: Preventing suicide A global imperative.（自殺予防総合対策センター訳『世界保健機関：自殺を予防する――世界の優先課題』）、二〇一四。
（2） 内閣府『ゲートキーパー養成研修用テキスト（第3版）』内閣府、二〇一三。

（3）芥川龍之介『蜘蛛の糸・杜子春』新潮文庫、一九六八。
（4）自殺総合対策推進センター「いのち支える相談窓口一覧」(https://jssc.ncnp.go.jp/soudan.php)
（5）ジョン・Aチャイルズ、カーク・D・ストローサル（高橋祥友訳）『自殺予防臨床マニュアル』星和書店、二〇〇八。
（6）Appleby L, Shaw J, Amos T et al.: Suicide within 12 months of contact with mental health services: national clinical survey. *BMJ*. 318(7193): 1235-9, 1999.
（7）Miller IW, Camargo CA Jr, Arias SA, et al.: Suicide Prevention in an Emergency Department Population: The ED-SAFE Study. *JAMA Psychiatry*. 74(6): 563-570, 2017.
（8）茨城県障害福祉課・筑波大学精神医学グループ：茨城県ゲートキーパー養成研修用映像『あなたがゲートキーパーになる時』IBAKIRA TV、二〇一三。
（9）森田展彰、太刀川弘和、遠藤剛他「自殺予防におけるゲートキーパー自己効力感尺度（Gatekeeper self-efficacy scale, GKSES）の開発」『臨床精神医学』四四（二）、二八七－二九九、二〇一五。
（10）太刀川弘和、遠藤剛、森田展彰「ゲートキーパー活動の効果評価の方法について」『自殺予防と危機介入』三六（二）、四一－四七、二〇一六。
（11）ロブ@大月『自殺するな！生きろ！——実録・「死にたい」メールそのまま』（心をケアするＢＯＯＫＳ）彩流社、二〇〇六。
（12）東京都教育委員会『ＳＯＳの出し方に関する教育を推進するための指導資料』二〇一八。
（13）水澤都加佐、スコット ジョンソン著『悲しみにおしつぶされないために——対人援助職のグリーフケア入門』大月書店、二〇一〇。
（14）ベンジャミン・Ｊ・サドック（井上令一監修、四宮滋子、田宮聡訳）『カプラン臨床精神医学テキスト DSM-5 診断基準の臨床への展開 第3版』メディカルサイエンスインターナショナル、二〇一六。

(15) エリザベス キューブラー・ロス（鈴木晶訳）『死ぬ瞬間――死とその過程について』中公文庫、二〇〇一。
(16) 自死遺児編集委員会あしなが育英会編『自殺って言えなかった』サンマーク出版、二〇〇二。
(17) 全国自死遺族連絡会編『会いたい――自死で逝った愛しいあなたへ』明石書店、二〇一二。
(18) 高橋祥友編『自殺のポストベンション――遺された人々への心のケア』医学書院、二〇〇四。
(19) 平山正実『自死遺族を支える』エム・シー・ミューズ、二〇〇九。
(20) アン・スモーリン、ジョン・ガイナン著（高橋祥友訳）『自殺で遺された人たちのサポートガイド――苦しみを分かち合う癒やしの方法』明石書店、二〇〇七。
(21) 河西千秋『自殺予防学』新潮選書、二〇〇九。

第五章 若者の自殺予防の現在

「先生、俺この前後輩の学生一人救いましたよ。死にたいっていっているいると聞いて、やばいと思ってそいつの部屋に突入しました。学生の頃みた先生のビデオを思い出して、対応しましたよ」

若者の自殺の現状と背景

ここからは、現在自殺予防の分野でトピックとなっている問題を、つながりの観点からとりあげよう。まず、若者の自殺の現況と考えられる対策について検討する。

将来ある若者の自殺は、人間が経験する最大の悲劇の一つである。「若いのになぜ自殺をしたのか？」という問いが常に遺された社会で問い続けられる。メディアでも若者の自殺問題は大きく報じられる。アイドルの岡田有希子が亡くなった時には、写真週刊誌がショッキングにそれを報道し、ファンを含む同世代の若者が多数群発自殺をした。(1) いじめ自殺の問題は現在まで何度も社会問題として取り上げられており、(2) 最近ではツイッターに死にたいと書き込んだ若者を狙った連続殺人事件(3)など、若者の自殺行動は常に社会に大きな影響を与えている。そこで、二〇一七年に改正された自殺総合対策大綱においても、若者の自殺対策は優先課題とされている。

ここ数年の自殺対策の効果や社会情勢の変化に伴い、日本の全人口における自殺率は大きく減少して現在二万一〇〇〇人程度まで減少している。しかし、他の年代ではかなりの勢いで自殺率が下がってきているのに比べて、二〇代の自殺率は減ってはいるものの、まだ一九九七年の水準より高い。すなわち他の年代に比べて自殺率の減少が少ない。また、図1に示した先進七カ国における若者の死因別死亡率(4)を見ると分かるように、日本の若者だけが自殺による死亡率が事故死の死亡率の倍以上である。自殺率自体、一〇万人あたり二〇人とかなり他の国より高い。

つまり日本の若者の自殺は国際的に特異である。加えて第一章表1で提示したように、世代別の死因

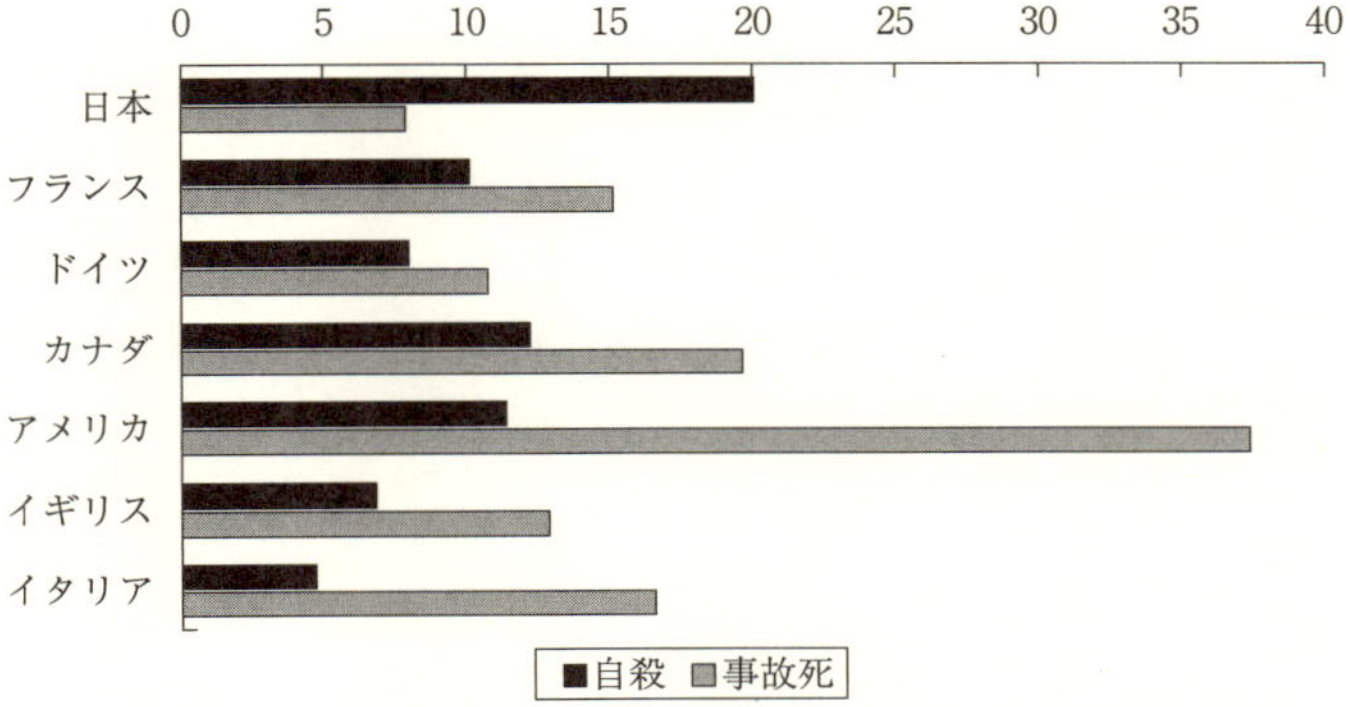

図1　先進7か国における若者（15-34歳）の死亡率（10万人対）（内閣府, 2014）

の上位三位を見ると、一〇代から三〇代まで死因の第一位は自殺である。以上から、若者の自殺は深刻で他世代に比して重点的な対策を検討する必要があることは疑いない。

二〇一五年の「若年者の自殺対策のあり方に関する報告書」[5]では、児童青年期の自殺の背景を自殺行動成長モデルという形で図2のように示している。

児童期において虐待、家族の不和、養育者の精神障害、自殺未遂、衝動的暴力の下で育った子供においては、絶望感や衝動性の強い性格傾向が育ち、思春期以降にうつ状態や衝動行為、暴力を経て死にたい気持ちが強まってくる。そこで、親友を失うとか、親や友人と関係を損ねる、両親の離婚による親権の法的問題などのストレス要因があると、自殺未遂が生じる。家族のつながり、学校のつながり、宗教や文化的な信仰があれば、これらのつながりが自殺行動の保護因子になる。一方、他の人の自殺行動を目撃した経験や、薬物依存は、自殺行動の危険因子となる。もし、自殺手段が確保できれば自殺に至ってしまう。

このようなモデルを考えると、若者の自殺リスクには、準備段階としての家族背景や幼少時の周囲の環境学習が影響し、周囲とのつながりやストレスによって自殺リスクが変わることがわ

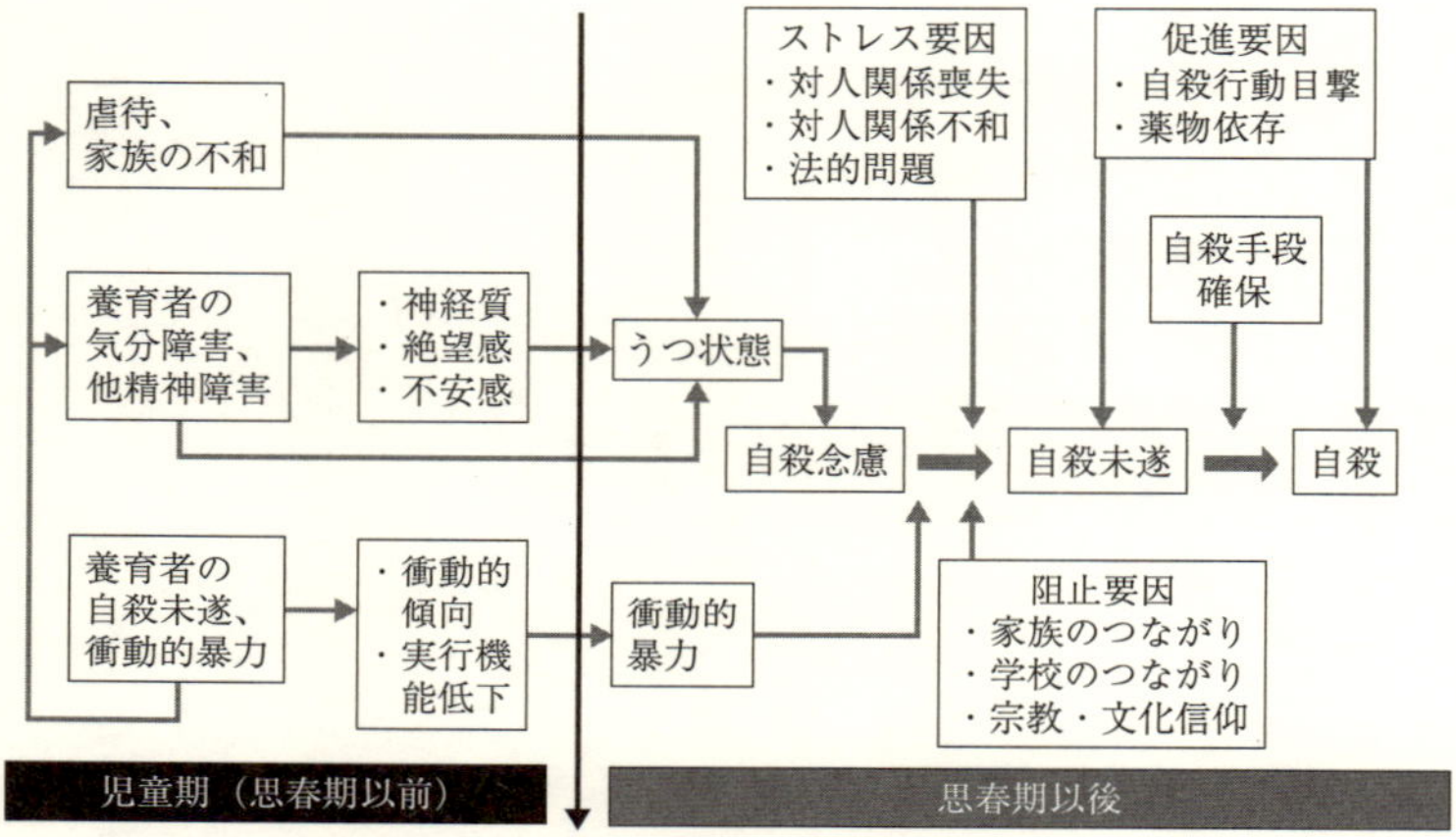

図2　児童青年期の自殺行動成長モデル（自殺予防総合対策センター，2015）

表1　精神疾患の好発（顕在化）時期

■自閉症スペクトラム障害	3歳～20代
■注意欠陥/多動障害（ADHD）	7歳～20代
■統合失調症	10代後半～30代前半
■双極性障害	20代前半～30代後半
■摂食障害	10代後半～20代前半
■不安障害	10代後半～30代前半
■うつ病	20代前半～50代前半

かる。

加えて、児童青年期は、様々な精神疾患の好発時期である。表1をみてほしい。

自閉症スペクトラム障害や注意欠陥多動性障害（ADHD）などの発達障害は、児童期から認められるが、症状や問題がはっきりするのは青年期であることが多い。また統合失調症や躁うつ病は一〇～三〇代が好発年代であるし、摂食障害は一〇～二〇代、不安障害は一〇～三〇代に発症することが多い。うつ病は二〇代と五〇代と発症時期に幅があるが、平均して二〇代の発症が多い。このように精神疾患が児童青年期に発症するということは、その時期に精神疾患による自殺リスクも高まることを理解しておく必要がある。

では若者の自殺の危険因子にはどういうものがあるだろうか？　性別では自殺企図の七、八割を女性が占める。また八割以上に精神疾患の診断がつき、自殺リスクは精神疾患のない若者の九倍に高まる。過去に自殺を企図した若者の自殺リスクは、そうでない人の一〇倍から六〇倍に達する。家族背景として、家族に自殺者がいる、家族関係の不和がある、虐待歴がある場合、リスクが高まる。またネガティブなライフイベントとして、学校に不適応である、いじめにあった、失恋や友達を失うなどのつながりの喪失もリスクを高める。加えてメディア、特にインターネットの自殺情報は若者に強い影響を与え、自殺手段を模倣しやすい。一方、家族の仲がよい、学校での対人関係が良好である、など家族や友人、学校でのつながりの強さは、自殺リスクを低める保護因子となる。

ところで、大学生では他の若者と比べて自殺は少ないだろうか？　国立大学保健管理施設協議会メンタルヘルス委員会の調査によれば[6]、大学生の自殺率は同世代の二〇歳代の自殺率よりも当初は低かった。しかし、最近になり、その差が徐々に少なくなってきている。特に大学院生ののびは大きい。全体として学部生が一〇万人あたり約一六人で大学院生が一八人と、二〇代の二三人に近づいている。つまり、大学生の自殺は他の若者と同じ動向になってきている。「大学生」はその昔、比較的自由で楽しいイメージのステレオタイプで語られることが多かった。しかし大学生の時期は、必ずしも楽しいことばかりではない。むしろかなり厳しい時期ですらある。彼らがこの期間に行うべきことを仮に大学生の宿命（さだめ）としよう。彼らの宿命は、まず、自分のアイデンティティを確立しなければならない。過去を振り返って現在の自分を分析し、将来の自分を予想しなくてはいけない。さらに、社会に出る中途半端な準備期間（モラトリアム）を生きなければならない。就職などの経済的・社会的自立の決定をしな

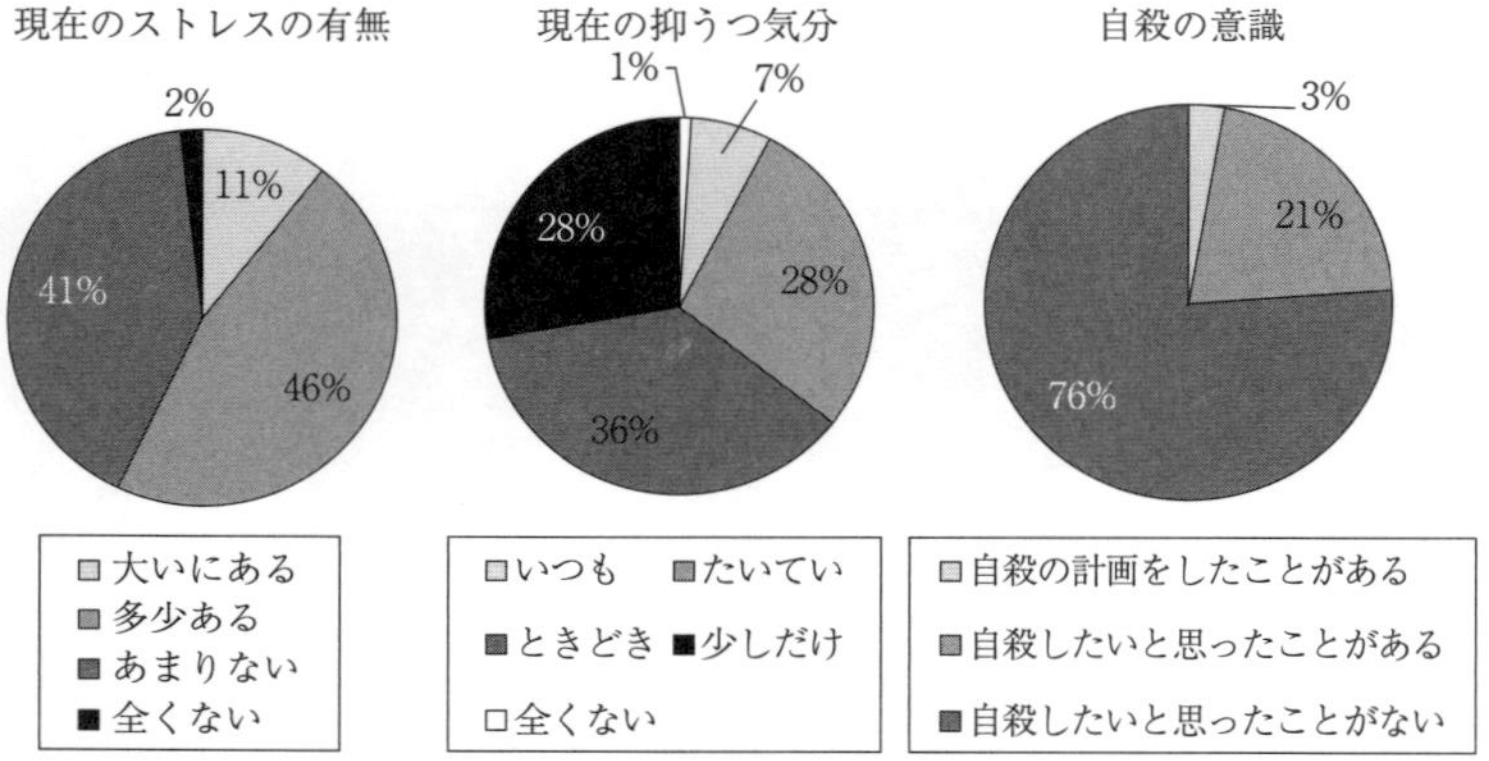

図3　大学生のストレス・抑うつ・自殺の意識

ければならない。日本は未だに大学卒業後一斉就職という特異な風習をもっていて、学生のうちに就職が決定しないと社会的に不利な状況に置かれやすい。生活面では、高校までの規制された生活から規制のない生活に野放しとなる。親元を離れて一人暮らしすることが多いため、家事は全て自分で行わなければならない。このように考えると大学生は、一人で自己に向き合って悩むことは避けられない時期である。図3に筆者らが筑波大学において実施した大学生のメンタルヘルスの調査結果を示す。

これをみると、回答者の約六割は何らかのストレスがあり、抑うつ気分を持つ学生は「ときどき」から「いつも」をあわせて約七割に上った。また「自殺したいと思ったことがある」学生は四分の一、一〇〇人に三人は「自殺の計画をしたことがある」と答えていた。これは他の世代や集団調査に比べても高い数値である。健康診断の時にアンケートをしてうつが疑われるものを早期に発見するうつ病スクリーニングを行うと、毎年数百名のうつ病予備軍が見出される。つまり、大学生のメンタルヘルスは弱く、自殺リスクは高い。

なぜ若者の自殺リスクが高いのか、二章で説明した自殺の対人関係理論[7]、すなわち自己負担感の知覚、自己所属感の減弱、自殺の潜在能力があれば、自殺が生じる、という仮説で考えてみよう。対人ストレスやうつから、「自分が周りに迷惑をかけていてつらい」と訴えてくる学生は大変多い。「自分はどこにも所属していない」という訴えは、「自分には居場所がない」といういい方で、不登校や休学中の学生によくみられる。すでにここで自殺に至る対人関係問題の二つの基準が満たされているので、死にたい気持ちが高まるのは自然なこととなる。加えて若者は身体能力が高い。自殺行動は、大変なエネルギーと身体能力と致死的な手段がないとできない。特に学生はインターネットを含め情報収集能力が高い。ネットに溢れる自殺の手段の情報は容易かつ具体的に入手することができる。このため、若者は、自殺を考えてから実行するまでの時間が大変短い。

以上から、若者については、「若いのになぜ自殺をするのか」と考えるより、「若いから自殺のリスクが高い」と考えた方が正しいのである。

筆者らは、以前大学生がどのような背景で既遂に至ったかを調べる実態調査を行った[8]。調査の結果、既遂者は、二対一で男性が多く、学年は四年次、又は大学院一、二年の修士課程の時期が多かった。この時期は、卒業論文と就職活動が同時にある学生にとってつらい時である。所属学部に偏りはなかった。実家は九割が大学所在県外であり、親元の目の届かない遠距離にいた。動機は修学・進路の問題が大きいが、全体の五割に精神障害の診断がついた。また、四割に休学歴があり、孤立していた。つまり、学生では図4のように、修学・進路の悩みや精神障害の発症から、不登校や休学が生じ、親元から離れてつながりのない孤立の中でうつ状態を悪化させ、自殺行動に至る経路が実態と思われる。

- 男女比２：１で男性が多い。
- 学年は４年次、大学院は１，２年が多い。
- 所属学類に偏りはない。
- 実家は９割が県外。
- 動機は修学・進路が多い。
- ５割に精神障害の診断。
- ４割に休学歴があり、孤立している。

図４　大学生の既遂者の実態（太刀川他，2011）

若者の自殺予防についてできること

ここまでの検討から、若者の自殺予防のためには、表２のような対策がまとめられる。

第一に、今までに説明したつながりの問題から、若者につながり方やメンタルヘルスの問題を前もって教育し、自殺予防の意識を育むことが大事であろう。第二に、相互のつながりを強めるために普段から仲間（ピア）同士でサポートしあう活動やそれを可能とする居場所やイベントを増やしておく必要がある。第三に、自殺企図までのスピードが速く遂行能力が高いことから、自殺リスクのある若者を早期に察知して適切な相談連携を行うことが重要である。このためには、健康診断の際に自殺リスクの高い者を見出すスクリーニングや、ゲートキーパー活動、相談機関の拡充などが重要であろう。また若者が不幸にも自殺に至った際には、群発自殺を起こさないために周囲へのケアやリスクマネジメントを行うポストベンション活動も必要である。それ以外に、若者が自殺を行えない方法の対策を検討することもあげておきたい。例えば飛び降りしないように屋上に登れないようにする物理的対策や、自殺の方法を学習するインターネット上の対策である。

表2　若者の自殺予防対策

1.	若者にいのちの大切さやメンタルヘルスの問題を教育し、自殺予防の意識を育むこと（自殺予防、メンタルヘルスの教育と啓発）
2.	若者が交流できる居場所やイベントを増やすこと（サークル活動、ピアサポート活動など）
3.	自殺リスクのある若者を察知し、適切な相談・連携を行うこと（スクリーニング、ゲートキーパー活動、相談機関拡充）
4.	若者が不幸にも自殺に至った際の周囲へのケア、リスクマネジメントを行うこと（ポストベンション、リスクマネジメント）
5.	若者が自殺を行えない対策を検討すること（物理的自殺対策、インターネット対策など）

大学では近年、これらの自殺予防対策を具体化させている。一次予防としては、自殺予防教育、ピアサポート教育、ピアサポート団体の運営、ゲートキーパーの研修、学生向けの啓発キャンペーン、教職員向けのゲートキーパー研修などがある。二次予防としては、うつ尺度などを用いた学生健診の際のスクリーニング調査、大学の保健室である保健管理センターや学生相談室などの学生支援機関による相談活動・治療の強化、ハイリスクな学生に対する認知行動療法などがある。三次予防としては、不幸にも学生が亡くなった後、家族、友人にサポートや相談を行うポストベンション活動が挙げられる。

このうち、いくつかの対策についてもう少し詳しく触れよう。

対策1：自殺予防教育

若者の自殺予防の難しさの一つに、相談相手が友人・先輩であるものがほとんどで、医療機関や相談機関につながりにくいという点がある。そこで、友人に自殺念慮があった際の対応について学生に教えるゲートキーパー教育や、メンタルヘルスや自らの悩みを相談する方法、すなわちつながり方について学ぶ自殺予防教育は、重要と思われる。自殺総合対策大綱では、二〇一七年の改正後、中学生、高校生に「SOSの出し方教育の推進」、との文面が入っているが、具体的な内容については各地域・学校に任されている。[9] ただし、自殺予防教育については、文部科学省が二〇一四年に、『子供に伝えたい自殺予防』[10] という教育指針、マニュアルを作り、中学・高校生に自殺予防教育をするよう奨励している。しかし実際にはまだ数パーセントの実施率であるという。この指針のポイントは、自殺予防教育の内容自体もさることながら、教育実施の前提としてリスクのある人達にも対応できるように、まず学校の中で自殺予防教育に関する合意を形成し、次に保護者との合意、関係機関との協議を形成した上でプログラムを行うということである。自殺予防教育の必要性については、家族や関係者でも「将来ある若者に自殺のような暗いイメージを教えるべきではない」という意見の齟齬や誤解もあるため、教育の趣旨をよく協議しておく必要がある。その上で教育プログラムの例についていくつか紹介していこう。

中学生については、公立小中学校の教諭であった阪中順子らが作成した包括的な自殺予防プログラム「いのちの授業」[11] が有名である。表3にプログラムの概要を紹介する。

最初に基盤学習として自分の生と死についての学習を一年次に行い、二年生になったら自殺予防に関する学習を始める。自殺予防の学習は、「大切な命を守るために」という内容で、自殺の実態と予防の手立てを解説していくが、理解しやすいように「命のQ&A」といったクイズ形式の講義や、友達に死にたいと打ち明けられた際のロールプレイなどを取り入れ、わかりやすく学べるように工夫されている。

高校生について有効な教育プログラムは、日本ではあまり報告されていない。海外では、スウェーデンのカロリンスカ大学ダヌタ・ワッサーマン博士らが開発した若者のメンタルヘルス啓発プログラム（Youth Awareness and Mental health program: YAM）[12] がある。こちらは、講義やロールプレイ、ブックレット、討論からなる三週間の参加型の教育プログラムで、教室に貼るポスター、生徒に配るブック

表 3　包括的中学生向け自殺予防プログラム「いのちの授業」（阪中，2015）

		テーマ	対象	実施担当者
ステップ 1	基盤学習	「生と死」		
	1 時間目	自分の誕生		担任
	2〜3 時間目	生命の誕生		助産師
	4 時間目	死から生		心理士
	5 時間目	死		担任
	6 時間目	「大切ないのちを守るために」		心理士
ステップ 2	7 時間目	苦しみの中でもいのちを支える柱		
	8 時間目	自殺の実態といのちを支える力		心理士
	9 時間目	自殺予防のための手立て		心理士
ステップ 3	10 時間目	「今を生きる」		
	まとめの学習	3 つの柱、いのちのダイアモンドランキング		担任
	自殺予防の学習	自死遺族の女子大生の話		自死遺族

（8 時間目）
1. いのちのQ&A
2. 自殺の実態・原因
3. 中学生のストレス
4. いのちを支える3つの柱

（9 時間目）
1. 中学生の希死念慮
2. 友達に「死にたい」と打ち明けられたら（ロールプレイ）
3. よい聞き手となるには
4. 身近で支えてくれるところ
5. 振り返り

表 4　高校生のメンタルヘルス啓発プログラム（Youth Awareness and Mental health program: YAM）の内容

	テーマ
講義	メンタルヘルスの気づき
講義	セルフヘルプの方法
講義	ストレスと危機
講義	うつと死にたい気持ち
講義	困っている友達を助ける
講義	アドバイスを得る：誰につながるか
ロールプレイ 1	選ぶことに気づこう：ジレンマと葛藤の解決
ロールプレイ 2	自分の気持ち、ストレス、危機に気づこう
ロールプレイ 3	うつ病と死にたい気持ちについて

（Wassermann et al., 2015）

レットまで決まっている包括的で厳格な内容となっている。表4にプログラムの内容を示した。

YAMは、全ヨーロッパの高校生を対象にした試験において、半年後に自殺ハイリスク者のスクリーニングや教師を対象とするゲートキーパー教育に比べて、生徒の自殺念慮・自殺行動の数を半分に減らす効果があったという。

大学生になると有効性が証明された教育プログラムはほとんどない。しかし、その必要性は明らかである。ここ数年筆者らは、筑波大学や早稲田大学の講義で大学生を対象にゲートキーパー研修を実践してきた。内容は前章で説明した通りだが、映像教材には、ストーリー仕立ての『あなたがゲートキーパーになる時』の大学生編を用いた。[13] 物語は、就職がうまくいかず、指導教員には卒論を急かされ、彼女には振られた少しナルシスティックな大学生が、うつから自殺を考えるようになり、実行寸前で友人たちに助けられるというあらすじである。しかし、在学生約二万人に対して一回の講義で最大二〇〇人程度の学生にゲートキーパー教育をしても、砂漠に水を撒くようなものである。どの程度の効果があるか疑問だと思っていたが、先日ある研修医が、筆者に次の話をしてくれた。「先生、俺この前後輩の学生一人救いましたよ。死にたいっていっていると聞いて、やばいと思ってそいつの部屋に突入しました。まだ生きていたからほっとして、話を聴いて、ラーメン喰いにつれてって、聞いたら、『もう退学になりそうだから死ぬしかない』、ていうんで、ラーメン喰いながら、『そっかー、つらいな』と聞いて、そいつの好きな雀荘に連れて行った。それから毎回ラーメン喰わして雀荘に連れて行って、『ほけかん（保健管理センター）もいきなよ』っていって、そしたら元気になりました。学生の頃み た先生のビデオを思い出して、対応しましたよ」。筆者は講義で人の命が救えることを初めて実感してとてもうれしくなった。そこで二〇一七年からは、講義だけでなく、自殺予防の危機介入、メンタルヘルスの知識などのポイントをロールプレイも用いてより具体的に教育する自殺予防教育プログラム、CAMPUSを開発し、医学生を対象に実施を始めた[14]。学生にアンケートをとると、毎年「自殺予防の方法を具体的に学びたい」という希望が大変多い。彼らにとって自殺予防は他人事ではなく、切実な問題である。大学生の自殺予防教育は、今後有効性が検証されたプログラムを開発し、複数の大学で実施すべきだろう。

対策2：ピアサポート活動と居場所づくり

若者は本来、様々に新たなつながりを増やし、自らの将来を作り上げていく世代である。一九世紀から二〇世紀の偉大な哲学者や芸術家は、若い頃にみんなとりあえずウィーンにいってサロンに新たなつながりを求めた。しかし、日本のように同じ年齢で同じことをして横並びに生きることが常識とされる社会では、一度所属集団からはずれると、再び集団に戻ることは困難となり、それが本人の自己評価を低め、対人不安を強め、ひきこもりや抑うつを生じさせる。休学や留年生に自殺が多いという事実は、社会的排除の恐れがある若者に、安心したつながりをもてる活動や場所を作る必要性を示している。学校生活における教育外活動は、従来サークル活動、課外活動が担っていたが、これら既存の枠組みは、健康な若者を前提としているために、自己評価の低い者や社会交流自体に不安を持つ者が継続的に所属することは困難である。一方最近は、「若者の居場所づくり」[15]というテーマでコミュニティカフェやボランティア、NPO活動などの新たな活動が模索されている。これらの活動はコミュニティに積極的に関わる若者の活動から、ひきこもりや精神疾患の若者にきてもらう社会福祉法人のデイケア、シェアハウスまで幅が広い。

後者の大学生への取り組みとしては、和歌山大学の保健管理センターが続けているひきこもり学生へのデイケア支援が有名である。[16] 筑波大学では、教員が一緒に支援する大学生の企画型活動「つくばアクションプロジェクト（T-ACT）」が展開されている。[17] 例えば「合唱隊を作ろう」と誰かが呼び掛け、ネットで参加者を募り、それを教員がサポートする、といった期間限定型の活動である。また、筆者の所属する精神科では、休学・留年生を対象に、「学生リスタートプロジェクト」を二〇一二年度より開始した。[18] これは運動や仲間作りをはじめとした斬新なプログラムを彼らに提供することで、健康感を取り戻し、新たな社会生活のスタートを切ることを目指した活動である。これまで、①望ましい休学生活や事務手続きを示したパンフレットの作成、②大学関連施設での合宿・運動プログラム、③ピアサポートグループ「なごみの居場所作成委員会」活動、などを行ってきた。活動に参加して、休学・留年で自己評価が低くなっていた学生が活動を通じて生き生きと語らう様子にこちらも感動し、サポートしたくなる。たとえ退学しても、活動をしていく中で人生を見直し、大学近くに居酒屋を開いた猛者もいる。一方でこれらの活動の問題は、今日の流動的かつ受動的な若者の人間関係の中では、活動が一過性で長続きしない点にある。ひきこもりの研究[19]で著名な精神科医の斎藤環は、ある講演の中で、「ひきこもりのデイケアを作ると、そこで元気になる一部のものはデイケアを卒業し、その場所にも安住できないものは来なくなるので、結局誰もいなくなるんですよね」と述べていたが、我々の活動でも全く同様の事態が生じた。自殺予防の観点で考えた時、この種の活動はつながるテーマではなくつながる空間の提供にとどめ、あまり個に頼り過ぎず、参加者は出入り自由でも経済的に持続可能なものでなければならない。活動の枠組みについて現実的な検討が必要だろう。

対策3：自殺ハイリスク学生への対応

既に自殺を考えているような学生にはどのように接したらよいだろうか？　ここまでのつながりの理論に沿えば、自殺リスクが高い若者の対応に関する臨床的なポイントは、とにかくそのつながりを重視して、まず「君のことを心配している」と繰り返し訴えて、何とか本人とつながりを維持すること、それから本人がつながりを持てるキーパーソンを増やすことである。どのような若者でも非常に意外な人がキーパーソンである場合がある。例えば、「自分には誰一人助けてくれる人はいません」といいきる学生でも、彼が毎日食事にいく食堂のおばさんが、「今日は元気そうね」と声をかけてくれて、その人が彼の命をつなぐキーパーソンである、というような場合もある。意外なところでつながる人がいることを信じ、複数のつながりを作っていくことが大事である。前章で説明したように、つながりは一本だと切れやすいが、数本つながり、それが相互につながれば途端に切れにくくなり、格段に自殺防止効果が高まる。たとえば本人に、「家族はどうしているの」「教員はどう思っている」「友達や恋人はいるの」と尋ね、家族、友人、同級生、バイト仲間、サークルの先輩、彼氏彼女の複数のつながりを意識させてみるとよい。また、学校では教員、学生支援事務、学生相談、保健管理センターなど、本人が所属する教育組織はむろんのこと、複数の相談機関で連携して見守ることが望ましく、普段から学内の支援機関や支援者をリスト化し、相互に連絡できる顔のみえる体制づくりが望ましい。筑波大学で学生相談をしている心理学者の杉江征は、日本学生相談学会で学生の自殺防止のためのガイドライン[20]を作成していて、「つながる」「つなげる」「つながりあう」を学生の自殺防止のキーワードにしているが、本項の対応に合致している。

また若者は、インターネットなどの情報源から自殺手段に容易にアクセスできることから、意識的に自殺リスクを評価する必要がある。本人が、「大丈夫です」と言っても、「でも死にたい気持ちはどれくらいあるの」と尋ねると「あ、そうですね、今部屋の中に混ぜると死ぬ液体を準備しています」という学生もいる。また精神障害が隠れていることも非常に多いので、精神科医によって可能なら的確な診断をしてもらった方がよい。統合失調症、発達障害、双極Ⅱ型障害などの存在は、専門的なトレーニングを受けていても、しばしば見逃される。そして、「本人のがんばりが足りない」と、心理的要因を過度に強調され、教育カウンセリングなどを受け、かえって症状が悪化することも少なくない。特に双極Ⅱ型障害は、軽い躁状態と重いうつ状態を繰り返す精神疾患で、周りだけでなく本人すら軽い躁状態が、「元気な本来の状態」と思っている。このような疾患では、うつ状態だけみてうつ病とされ、抗うつ薬を処方・服用すると、かえって自殺のリスクが高まる可能性がある。

さらに若者では、自殺を考えてから自殺企図に至るまでのスピードが早いため、危険と思った時には直接本人に会いにいくアウトリーチもためらってはならない。以前対応した学生は、ある日電話で「今までありがとうございました」と何時になく重い調子でいってきた。筆者は自殺リスクが高いと考え、「何かつらいことがあるのかい?」と尋ねながら、電話を切らないようにしつつ、身振り手振りで受付から学生担当事務員を緊急で呼び出して車を回してもらい、自宅を調べて車に乗りこんだ。移動中も電話を切らないように、「死にたい気持ちがあるとすると、今準備しているの?」と尋ね、「……はい、準備しています」という時にアパートについた。階段を駆け上がり、「今部屋の前にいるので開けて!」と叫んで部屋に突入すると、天井に縄をかけている本人を発見し、危機一髪で保護した。なお、リスクが高い場合には、一人で見守っていても、走って逃げて自殺に至るケースもあるので、複数の人で本人

表5　若者の自殺リスク対応のポイント

- つながりを重視する
  - —支持的に徹してつなげる
  - —キーパーソンを尋ねておく
  - —複数のつながりを作る（家族、教員、友達、恋人）
- 自殺リスクを評価する
  - —十分な傾聴のうえ、対応を教示
  - —リスクをこまめに評価する（自分からは普通いわない）
- 精神障害の的確な診断をする
  - —統合失調症、発達障害、双極Ⅱ型障害の存在に注意
- 時期とスピードを重視する
  - —環境調整だけでもよくなる
  - —アウトリーチをためらわない（複数の人、窓口につなげる）
  - —安全確保を惜しまない
  - —復学時、休み明け、卒業学年などがリスク

を保護することが望ましい。家族が遠方の場合、家族が来るまで誰かが本人についていた方がよい。

　また、学生の自殺リスクは、時期によって高まる。休学する時よりも復学した時の方がリスクは高い。一部の大学教員は、「じっくり休養して復学するのだから、よくなったはず」という考えから、復学後本人に放任の姿勢をとることが多い。しかし、例えばうつ病で復職する人にリワーク（復職）プログラムがあるのは、休職時より復職時にストレスがかかり、うつ病の再発リスクが高まるからである。事は復学についても同様である。もう治っただろうと思って復学の時のケアが休学前より弱くなることが、本学で実施した教職員の調査からわかっているが、実際には復学時にこそ丁寧なケアが必要である。月曜日に自殺が多い、あるいは夏休み明けに自殺が多い[21]、という問題も同様の理由であろう。特に大学生では卒業学年のリスクが高い。卒業式で自分だけ就職・卒業できないで友人たちと比較した時の孤立感を考えれば、なぜ卒業時に自殺リスクが高まるか想像できるだろう。

　このように自殺リスクが高い学生への対応は、小中高大

を問わず、入学時、卒業時、夏休み明け、休学開始時、留年時、復学時など修学生活の節目のタイミングで自殺リスクを評価し、早い対応を惜しまないことが重要である。表5に若者の自殺リスク対応のポイントをあげたので参照しておいてほしい。

若者の自殺予防に関するさまざまな課題

課題1：若者の社会意識の変化

ここまで若者の自殺予防対策を紹介してきたが、若者の自殺予防には課題も多い。まず全般的な課題として、若者の自殺は社会情勢の影響を大いに受けやすい。例えば、経済状態が悪いと就職困難となり、自殺リスクはあがる。全共闘の時代、大学封鎖と関係して大量の若者が自殺しているのはご存じだろうか？　当時の流行歌、井上陽水の『傘がない』は、出だしから「都会では自殺する若者が増えている」という歌詞で始まる。メディアによって社会の暗さやいじめ自殺などの虚無主義的な報道や、あるいは新奇な自殺の方法が報道されるとすぐに若者の模倣自殺や群発自殺が増える。これらは社会情勢に敏感な若者特有の被暗示性、いわば暗示にかかりやすい心性も影響しているだろう。

現代の社会情勢と若者気質はどのように自殺に影響しているだろうか。私が精神科医になって一〇年ほどした頃、レイプがトラウマとなってリストカットをする女子高生の漫画『ライフ』[22]が流行った。それを若い女性患者がリストカッターの愛読書として紹介してくれた時、なぜわざわざ患者の症状を悪化させる漫画を描くのか、と作家を恨んだものだ。しかし現在では、若者がみるアニメや漫画、ゲームの世界でリストカットや自殺や他殺はもはや日常的なテーマである。

社会学者の土井隆義[23]は、現代の若者が、社会的格差から自分の将来に展望を抱けず「努力しても報われない」と思う一方で、現状には満足して幸福感が高いことを指摘している。この背景には、インターネットの普及による人間関係の流動化があるという。すでに決められたつながりやその関係の深さで葛藤する必要がないことから、日々の生活満足度は以前よりあがっている。しかし同時に、表面的なつながりを維持することにエネルギーを使い、些細な対人関係の問題から人生をあきらめる新しい宿命感がある。その虚無的な感性は、あきらめた老人のような宿命的自殺を増やすだろう、というのである。

確かに死にたい若者の中には「もう十分生きたから死んでもいい」とか、「社会を変えたいとか全然思わないし」とか、「幸せな人生でした」などという、社会や自己に対する宿命感や虚無感を訴える者も非常に多い。また死にたいわけではなくても、「ネット上の友人、オンラインゲームの仲間はたくさんいるけど、リアルな友達はいない」という学生は珍しくない。彼らは自分のアイデンティティについて「悩む」ことを「病む」という。SNSでは、うまくいっている自分を演じるアカウントと暗い悩みを吐露するアカウント（病みアカ）を使い分け、悩む自分を知られることを避けようとする。このような若者の社会意識は、「つながりを失うことへの不安」と言い換えられ、全共闘時代に社会的階級矛盾に絶望して自殺を企図した時代の若者の社会意識とは明らかに異なる。むしろ自己同一性が低下し慢性的な虚無感がある境界性パーソナリティ障害の「見捨てられ不安」症状に近いものであって、生き心地のよいように社会を変えれば簡単に改善するというものではない。一方この意識は、内面的でありながら個別対応の枠を超えて文化というべきものであり、その修正は難しい。

課題2：援助を求めない若者と大人

つながりの側面におけるもう一つの大きな課題として、多くの若者は自分の抱えている悩みを他者に相談し、援助を求めること（援助希求）ができない、という問題があげられる。悩みを抱えて誰にも話していないハイリスクの学生はとても多く、自殺の計画を立てていながら、その願望を家族に知られることを極度に恐れ、「死にたいけど、それを先生が家族にいうくらいなら死ぬ」と論理が破綻した訴えをする学生も多い。この場合、周囲に本人の自殺リスクがわからず、危機介入のためにやむなく本人の家族に連絡しても、オレオレ詐欺ではないかと信じてもらえないことさえある。自殺リスクがそれほど高くなくても、「親に迷惑をかけたくない」とか「友達に弱いところは見せられない」とか「友達とはいつも仲良くして元気でいなきゃいけない」ということを本気で思っている学生は大変多い。このような援助希求の困難さの背景には、どうやってSOSのサインを出したらいいのかわからないこともあろうが、むしろ「親しい者に自分の悩みを知られれば、今まで自分が対人関係で保ってきた面子が潰れる。それは死に値する恥ずかしいことである」という考え方がある。自分の悩みをいうことはつながりを失うことと同義と考えているのだ。

一方大人の側にも課題はある。学生の親の中には、「大学を出るのだから必ず立派な会社に入って稼ぎもすごいはずだ」という子供の未来への過剰な期待を、子供が就職に困っていても捨てられない人がいる。今日有名大学を出ても、就職に有利とは決して言えない。ある時自殺未遂した学生の親を呼んで実家で静養するよう話したところ、「大学に入ったからには、死んでもいいから卒業させてほしい」と頼まれて驚愕した。この言葉は、親が守るべきものが子供の命よりも対外的面子や親の理想であることを示唆している。またこの背景には、親そのものよりも、「卒業して就職するのが当たり前」「みんなと仲良くするのが当たり前」といった亡霊のような日本社会のステレオタイプがある。このような社会から離れたい若者であれば、自殺念慮を吐露して親の保護下に戻ることは、死ぬよりつらいと思うのかもしれない。

ところでこのような若者と周囲の大人の考え方は、興味深いことに、どうやら日本、ないし東アジア特有のものであるらしい。数年前にWHOの会議で大学生の自殺予防について講演をした際に、ヨーロッパや南アジアの人から質問がきた。「なぜ日本では大学生の自殺が問題なのだろうか？　大学生とは若者のことなのか？」その後話してわかったのは、ヨーロッパでは、大学はいつでも出たり入ったりできるそうで、単位は一生かけてとればいい。従って大学生とは特定の年齢をさすものではないのである。また、南アジアの研究者は、「つらくなった若者はなぜ相談をしないのかわからない」「つらければ大学をやめて別の道をいけばいいと先生たちは教えないのか」といわれた。一方、大学生の自殺予防に共感したのは中国、韓国、アメリカの三カ国だけであった。つまり、これらの国では、大学生が一定の年齢層を指すのである。ただし、アメリカの研究者も、なぜ日本の学生は援助希求をしないのか、わからない様子であった。このように社会的面子にこだわり、一斉に行動することを良とする日本の文化と価値観の特異性が、若者の自殺の要因の一つといえないだろうか。この点については第八章でも議論する。

課題3：いじめ自殺の調査問題

若者の自殺が万が一生じてしまったらどうしたらいいだろうか？　ポストベンションの基本対応は前章で述べたとおりであるが、特に児童生徒が自殺した場合、いじめ自殺であるかないかがここ数年にわたり問題になっている。文部科学省が作成した『子供の自殺が起きたときの調査の指針』[24]は、学校でもし仮に生徒の自殺が起こった場合、その原因が何によるものか調べるよう示した指針であり、これに基づいて自殺事案を学校が調査することを定めている。本指針は、二〇一一年に策定されたが、二〇一三年に「いじめ防止対策推進法」[25]の成立を受けて調査措置が法律上義務付けられることとなり、二〇一四年に改正された。その内容は、子供の自殺が起きたときには二日以内に基礎調査を実施する、自殺または自殺が疑われる死亡事案については事案発生後にすみやかに着手するというものである。それは全校生徒を対象とする基本となる調査であり、当該事案の公表非公表にかかわらず学校がその時点で持っている情報、及び基本調査の期間中に得られた情報を迅速に整理するものである。基礎調査を設置者（多くは校長）、あるいは教育委員会が行った結果、自殺事案に学校生活に関係する要素が背景に少しでも疑われた、あるいは遺族に要望があった場合、その他必要な場合には、重大事態に当たるとして詳細調査を実施することとされている。基本調査と詳細調査の内容については、表6に示した。

この指針が作られた後に問題になったのは、二〇一五年一一月に茨城県取手市の中学校三年生が自殺した問題である。新聞記事[26]によれば、「当時の教育委員会が自殺直後に会合を開き、生徒や保護者会に対しては自殺したとは伝えずに説明する方針を決めていたことがわかった。その後両親は詳しい調査を求めたものの、全校生徒会のアンケートでもいじめや自殺の事実は伏せられたままだった。さらに市教育委員会は両親が自宅でいじめをうかがわせる内容の日記を見つけ、学校に調査するよう求めたが、重大事態に当たらないと議決し詳細調査を行わずに自殺を公表した。この経緯について遺族が反発し、メディアにも話をして問題になった。市の教育委員会の部長は、『ご遺族の意向を確認して受験を控えた生徒等への配慮した上での決定であり、隠蔽する意図を全くなかった』と説明した。これに対して父親

表6　子供の自殺が起きたときの二つの調査

基本調査（全件対象の学内調査）	詳細調査（外部専門家を含む調査）
―遺族との関わり・関係機関との協力等 ―指導記録等の確認 ―全教職員からの聴き取り ―亡くなった子供と関係の深かった子供への聴き取り調査 ―情報の整理・報告→学校の設置者 ―いじめが背景に存在→重大事態→文部科学大臣、または地方公共団体の長、または都道府県知事に報告	―基本調査報告を受け設置者が判断 ―調査組織を設置 ―子供・保護者への調査の協力依頼 ―アンケート調査、聴き取り調査（子供） ―遺族からの聴き取り、遺書などの確認 ―事実確認 ―自殺に至る過程や心理の検証（分析評価） ―再発防止・自殺予防のための改善策 ―調査報告書の作成

（文部科学省，2014）

は、当初不慮の事故ということにしてもらえないかという話が学校からあって了承した、としながらその後の調査も全て不慮の事故として扱われたため、本当はいじめ自殺したことを隠蔽したのだろうと語った」という経緯である。

私はここでいじめ自殺の有無や当事者の責任を問題にするつもりは全くない。むしろここで問題としたいのは、最初の段階でそれを公表するかどうかということは両親と話し合いを持っていたが、「重大事態に当たらない」として、詳細調査を行わないと結論したという点である。背景調査の指針では、「遺族の要望がある場合は調査を実施する」ということになっているが、遺族の立場、心情からして重大事態にあたらない自殺などあまりない。また遺族の心理的プロセスで先述したように、遺された遺族は、当初非常に混乱して自殺の問題を認めたくないが、その後だんだんにその理由、何が問題なのかと強く考えるようになる。そして自らを責めるか責任の所在を求めて怒りを持つようになると考えられる。そのような遺族の心の動きに対して十分に寄り添わないで、法律的に事案がどうであるかということを厳密に考えると、結果的に遺族との考え方のズレを生じて社会的な問題になってしまうのではなかろうか。何が正解かということは難しいが、遺族の気持ち、遺された人の気持ちの変化を理解しながら対応していくことが重要で、これは実際のところ、背景調査の指針、その法律的な善悪の解釈とは直接関係がない。大事な人を失った人の気持ちをどう理解し、どう寄り添うかにつきる。

課題4：インターネットと若者の自殺

かつて『完全自殺マニュアル』[27]という、自殺の手段を詳細に説明する本が売れた際に、患者がそれを試みる事案が増えた。「いざとなったら死んでしまうこともできるのだから、気楽に生きていこう、という趣旨で同書を書いた」、と筆者の鶴見済は述べているが、そのような哲学で乗り切れる思考を持っていれば、同書を読もうとは思わない。詳細な自殺手段の記載が若者の自殺リスクを高めることは、明らかである。現在ではそのような本を読まなくても、自殺の手段に関する情報には容易にアクセスできる。それを可能としているのはインターネットの普及である。インターネット上には、以前よりは減ったとはいえ、自殺の手段について、あるいは心中の相手を紹介するような自殺に関連するウェブサイト（サイト）が数多く存在する。今皆さんがもしインターネットで「自殺の方法」とか、「〇〇で自殺するにはどうしたらいいか」、などと検索すると、準備段階から事細かに具体的な方法を書いてあるようなサイトが容易に閲覧できる。

硫化水素自殺や練炭・ガス自殺が流行した際に、インターネット上での自殺予告や自殺の募集や自殺ほう助に関わる有害情報をもたらすサイトに関してガイドラインができ[28][29]、規制がかかるようになった。しかし、そのような規制をかけていても、自殺の方法を具体的に記載しているサイトが普通に見られることは大変な問題だと思う。以前筆者は、学生が真似したというサイトに自殺の詳細な方法が記載されていたのを確認して、サイバー警察の相談窓口に連絡をとった。しかしサイバー警察の返事によると、サーバーが海外にあるサイトは、国内法で規制できないそうだ。基本的に自殺関連サイトは、警察の規制を逃れるために、海外サーバーで管理されていることが多く、日本国の刑法では裁けないという限界があるのだ。インターネットの発展によって、自殺予告や自殺の方法に関する情報を完全に規制することは困難となっている。

一方、ツイッターやLINEなどSNSでの自殺関連情報も、二〇一七年に生じた座間の連続殺人事件によって大きな社会問題となった。これは、ツイッターに「死にたい」と書き込んだ自殺念慮を持つ人に、犯人が「一緒に死のう」などと呼び掛けて接触し、自宅に連れ込んで計九人を殺害した恐るべき事件である。これに対し、政府はSNS上の「死にたい」というつぶやきに対して適切な相談につなげる仕組みの開発を促し、全国SNSカウンセリング協議会なる組織が立ち上がり[30]、二〇一八年三月には厚生労働省が数団体を指定してSNS相談を開始した[31]。これらの団体からは、死にたい人をできるだけ相談につなげるようにがんばりたい、といった話も出ている。

しかし筆者らが「死にたい」とつぶやくツイッターを収集する自動プログラムを作成して調査したところ、収集開始後二週間に「死にたい」とつぶやいたツイッターの投稿が、公開されているだけで約二〇万件あることがわかった[32]。二週間で二〇万件ということは、単純に計算して一週間で一〇万件、一年間で約五〇〇万件の「死にたい」と言っている人たちに対応できるのか、と疑問を呈さざるを得ない。

内容を感情分析してみると、多くは、「驚いた」「つらい」「やってられない」という些細なつぶやきが多く、どうやら西洋の「オーマイゴッド！」に該当する感情が日本では「死にたい」という言葉にな

表7　自殺に傾く若者への対応に関する提言

・座間市の事件を機に社会問題となっている自殺に傾く若者への対応について、本学会は、 1）自殺願望の心理的背景の正しい理解 2）インターネット上の自殺関連情報の適正化 3）若者の自殺に関連する慎重な報道 4）インターネットを含むハイリスク者への包括的な自殺予防対策の推進 を政府、行政機関、報道機関の皆様に提言いたします。

（日本自殺予防学会，2017）

っていることが分かった。しかしこのうち、仕事の悩みやいじめ、健康状態の悪さ、貧困などの問題から、「自殺したい」と具体的につぶやいている公開ツイッターは、一週間に一〇〇〇件あった。つまり一週間に数千人の人は、実際に自殺を考えてインターネットでつぶやいている可能性があるのだ。また、先述したSNS相談の結果によると、やりとりは相談者一人について平均一時間かかることがわかったという[33]。これはいのちの電話の平均電話対応時間より長い。つまり、ネット上の自殺ハイリスク者にどのように対応するかということは難しい問題で、その全員にカウンセリングするということは不可能ということである。

また、座間の事件においては、「死にたい人がどうして助かってよかったというのか不思議だ」などと辛らつで自殺現象の意味を理解していない意見がテレビのコメンテーターからも出ており、ずいぶん辟易させられた。若者たちがわざわざツイッターでそういう気持ちを吐露するのは、ここまで読んできた皆さんならおわかりのように、生と死の間を揺れ動きながら、対面せずに「つらい気持ちをわかってもらいたい」、「同じ気持ちをもつ仲間で慰めあいたい」、あるいは「どこかで生きるためのつながりが欲しい」と考えていることが理由である。その思いを逆手にとられ、卑劣な犯罪者にピア（仲間）のふりをして近づかれ、殺される悲劇が生じたと考えられる。

筆者らは、このような事件の経緯と周囲の無理解に深刻な憂慮をし、二〇一七年一二月に日本自殺予防学会として表7の提言を出した[34]。

内容は、自殺に傾く若者への対応について、若者の自殺願望の心理的背景を正しく理解すること、インターネット上の自殺関連情報の適正化を図ること、慎重な報道を行うこと、ならびにインターネットで見出される自殺ハイリスク者に対しては、ネット上だけでなく包括的な自殺予防対策を推進することを提言したものである。今後インターネットで具体的にどのような自殺予防の手法が可能であるか、検討していくことは急務である。

課題5：教育機関の課題

最後に、若者を支援する教育機関の課題をあげよう。教育観として、「学生とは自由で明るく健全なものだ」と考えている先生が、現在でも教育系や体育系の先生に多い。今でも若者の自殺予防や自殺予防教育の必要性について話すと「自殺の話なんて生徒にしたら自殺が増えるんじゃないですか。健全な育成につながると思いますか」と真面目に聞いてくる高校の先生がいる。現代社会において自殺について全く知らずに過ごしている高校生が果たしていると本当に思っているのだろうか。それほど古風な価値観で生徒に接しているのかと驚くが、教育現場の価値観を変えていくのは容易ではない。

加えて昨今中学・高校の教諭や大学教員は非常に多忙であり、個別の学生を支援する時間は、事務作業や研究業績作成によってほぼ失われている。むしろ教員には、最近うつが増えており、学生のことを心配して相談にきた先生の方が心配であることも多い。相談支援スタッフの方はどうかといえば、ここ数年国立大学の大学生の自殺既遂例で保健管理センターが何らかの形で支援に関わっていた大学院生は一人もいなかったと報告されている。[35] これは、保健管理センターが怠慢で自殺リスクの高い学生に対応できなかったというより、マンパワーの問題である。現実には全国の保健管理センターで精神科医がいるところは大変少なく、心理カウンセラーのみの大学の方がむしろ多い。数千人規模の学生がいる大学でも保健管理センターで心理・精神的問題に対応できるスタッフは数人しかいないのである。この状況でどうやって死にたい学生を見出し、対策を講じることができようか。

若者の自殺予防に向けて

以上をまとめると、若者の自殺は昔から大きな社会問題であり、その背景には精神疾患の発症や若者特有の心理的ストレスと援助希求の困難さ、日本の社会的常識の影響が関わっている。彼らの自殺予防を行うには、個別にはつながりを重視したスピーディでタイミングをわきまえたリスク対応、自殺予防教育や、互いにサポートしあえる居場所が必要と考える。加えて、不幸にもなくなった際には、法的な問題の追求よりも遺族や関係者の心理を理解し、寄り添う対応を周知して悲劇の拡大を防ぐことが重要である。最後に、若者をめぐる近年の社会的状況を理解し、サポートする教育者側の意識改革や、絶対的に不足している専門家や支援者を増やす体制づくり、インターネットで若者をつなげる手法の開発が必要である。

ここまで読んできて、若者の自殺予防の困難さと課題の多さに辟易する読者もおられることだろう。そこで本章の終わりに、自殺予防の好事例も紹介しておきたい。

就職も卒業も見通しが立たず、飛び降りようとして死ねず、泣きながら相談にきた男子学生がいた。

筆者は話をただ聴いているだけであったが、数回面談するうちに、本人の精神状態が徐々に回復してきたことから、本来彼は、安心できるつながりがないことだけが問題だと気づいた。そこで彼の思考の健康な側面を面談で強調し、面談の終わりには様々なイベントに出かけていって、そこで人間観察するように毎回勧めた。するとある時本人は、とまどったような笑顔で、「全員ぬいぐるみを着て、名前も顔もわからない状態でお話をする「獣化イベント」にいってみたんです。そしたら、そこでうさぎの着ぐるみの女の子と知り合いました」と話した。お互い着ぐるみで誰だかわからず参加するイベントにも驚いたが、その後何度か着ぐるみの状態で話すうち、気心がしれた彼女と付き合うこととなり、彼の精神状態は急速に改善し、就職も決め、卒業もしてしまった。

いささか極端な例かもしれないが、他にも「なぜ生きねばならないのか」と何度も尋ね、これまでの人生を呪い、自殺企図を繰り返し、絶望的な状況であったとしても、面談をしているうちに自分なりのつながりを作り、あるいは自分なりに考え方を修正し、急速に改善して診察終了となる若者は一定数いる。一度つながりを失えば急激に自殺リスクが高まるが、逆に一度新しいつながりを作ることができれば、急速に抑うつが軽快することもまた若者の特徴である。どのような若者でもつながりを求めており、そこに未来がある。それが若者の強みである。そして、ダスティン・ホフマン扮する大学生が結婚式場から新婦をさらう映画『卒業』(マイク・ニコルズ監督)のように、彼らが苦難の末に人生を獲得する様子をかいま見ることができるのが、若者の自殺予防のやりがいである。

(1) 高橋祥友『自殺の危険——臨床的評価と危機介入』金剛出版、一九九二。
(2) 北澤毅『「いじめ自殺」の社会学——「いじめ問題」を脱構築する』世界思想社、二〇一五。

（3）尾木直樹、岩波明、石川結貴『悲劇は防げなかったのか　子どもに「死にたい」と言われたら【文春e-Books】』文藝春秋、二〇一七。
（4）内閣府編『自殺対策白書〈平成26年版〉』二〇一四。
（5）若年者の自殺対策のあり方に関するワーキンググループ『若年者の自殺対策のあり方に関する報告書』（独）国立精神・神経医療研究センター精神保健研究所　自殺予防総合対策センター、二〇一五。
（6）内田千代子「21年間の調査からみた大学生の自殺の特徴と危険因子」『精神神経学雑誌』一一二、五四三‐五六〇、二〇一〇。
（7）Joiner TE ほか（北村俊則監訳）『自殺の対人関係理論　予防・治療の実践マニュアル』日本評論社、二〇一〇。
（8）太刀川弘和、堀孝文、石井映美他「筑波大学学生の自殺既遂例の特徴――1974‐2001年度報告と比較して――」『CAMPUS HEALTH』四八、一三九‐一四四、二〇一一。
（9）自殺総合対策大綱～誰も自殺に追い込まれることのない社会の実現を目指して～（平成二十九年七月二十五日閣議決定）、二〇一七。
（10）児童生徒の自殺予防に関する調査研究協力者会議『子供に伝えたい自殺予防　学校における自殺予防教育導入の手引』文部科学省、二〇一四。
（11）阪中順子『学校現場から発信する子どもの自殺予防ガイドブック　いのちの危機と向き合って』金剛出版、二〇一五。
（12）Wasserman D, Hoven CW, Wasserman C, et al.: School-based suicide prevention programmes: the SEYLE cluster-randomised controlled trial. *Lancet* 18; 385(9977): 1536–44. 2015.
（13）茨城県障害福祉課・筑波大学精神医学グループ（茨城県ゲートキーパー養成研修用映像）『あなたがゲートキーパーになる時』IBAKIRA TV、二〇一三。

(14) 高橋あすみ、太刀川弘和、菅原大地他「大学生向け自殺予防教育プログラム CAMPUS——医学生に対する2つの演習の比較検討——」『CAMPUS HEALTH』五五（一）、一七五-一七五、二〇一八。

(15) 柄本三代子、小村由香、加藤篤志他『〈つながる／つながらない〉の社会学——個人化する時代のコミュニティのかたち』弘文堂、二〇一四。

(16) 宮西照夫『ひきこもりと大学生——和歌山大学ひきこもり回復支援プログラムの実践』学苑社、二〇一一。

(17) つくばアクションプロジェクト（T-ACT）：(http://www.t-act.tsukuba.ac.jp/)

(18) 石川正憲、太刀川弘和、石井映美他「筑波大学保健管理センターにおける留年、休学対策　学生リスタートプロジェクトについて」『精神医学』五六、四二三-四二八、二〇一四。

(19) 斎藤環『ひきこもりはなぜ「治る」のか？——精神分析的アプローチ』中央法規、二〇一二。

(20) 日本学生相談学会編：学生の自殺防止のためのガイドライン、二〇一四。

(21) 内閣府『自殺対策白書』二〇一五。

(22) すえのぶけいこ『ライフ』（別冊フレンド）講談社、二〇〇四。

(23) 土井隆義「生活満足度と逸脱行動〜少年犯罪と自殺の推移から考える」『現代の社会病理』三〇、一一-一七、二〇一五。

(24) 児童生徒の自殺予防に関する調査研究協力者会議『子供の自殺が起きたときの背景調査の指針』文部科学省、二〇一四。

(25) いじめ防止対策推進法（平成二十五年法律第七十一号）、二〇一三。

(26) 「取手中3自殺　両親が記者会見「いじめ該当なし」に不信」『茨城新聞』二〇一七年五月二九日付。

(27) 鶴見済『完全自殺マニュアル』太田出版、一九九三。

(28) 電気通信事業者協会、テレコムサービス協会、日本インターネットプロバイダー協会他『インターネット上の自殺予告事案への対応に関するガイドライン』二〇〇五。
(29) 電気通信事業者協会、テレコムサービス協会、日本インターネットプロバイダー協会他『インターネット上の違法な情報への対応に関するガイドライン』二〇〇六。
(30) 「トランスコスモスとＬＩＮＥ、「全国ＳＮＳカウンセリング協議会」を設立」『日本経済新聞』二〇一七年一二月六日付。
(31) 「厚労省　自殺対策強化　3月にＳＮＳ相談窓口」『毎日新聞』二〇一八年二月二七日付。
(32) 岡本雄太、太刀川弘和、池田雄太郎他「「死にたい」ツイートの内容分析」『第41回日本自殺予防学会総会プログラム集』二〇一七。
(33) 杉原保史、宮田智基『ＳＮＳカウンセリング入門――ＬＩＮＥによるいじめ・自殺予防相談の実際』北大路書房、二〇一八。
(34) 日本自殺予防学会常務理事会「自殺に傾く若者への対応に関する提言」二〇一七。
(35) 丸谷俊之、安宅勝弘、齋藤憲司他「全国国立大学大学院学生の休学・退学・留年・死亡の状況について・平成25年度調査から」『CAMPUS HEALTH』五三、一六三‐一六八、二〇一五。

第六章 災害における自殺予防

「帰っても生活できない」という避難者と、「なぜ帰ってこない」という故郷に残る人の間に気持ちのずれが生じ、誰も悪くないのに結果的に家族と親族の絆を崩壊させてしまったことを、ある避難者は悲しげに語ってくれた。

災害がもたらすこころの変化

二〇一一年三月一一日に発生した東日本大震災では、岩手県、宮城県、福島県を中心に、地震、津波とそれに続発した原発事故の影響で、死者一万五八九六人、重軽傷者は六一五七人、行方不明者二五三七人という未曽有の人的被害が生じた[1]。この大惨事では、親しい人を失った人、故郷を失った人、健康被害を受けた人が一気かつ大量に生じた。そこで、ここまで話してきたつながりと自殺の関係から、当然自殺を考える人の急増が予想される。しかし今までの調査研究では、災害後の自殺は増えるという報告と減るという報告があって、結果は一致していない[2]。そもそも、災害後の精神状態と自殺の関係について語っている成書は少ない。そこで、本章では、災害後に生じるこころの問題を説明したうえで、自殺予防の観点からできることを示していこう。まず、図1に災害後の被災者集団におけるこころの動きについてよく引用される図を示す[3]。

この模式図は、横軸が時間経過で、縦軸が気分の状態をさしており、上にいくほど積極的・発揚的、すなわちハイで、下に行くほど消極的・抑うつ的、すなわちローになる。曲線が時間経過に沿ったこころの動きである。大きな災害が起きると、当初は茫然自失となって落ち込みや不安が一時的に強まる。その後、「皆で助けあってこの集団の危機を乗り越えるべくがんばろう」という気持ちとなり、活動的で、ハイな状態となる。この時期は「ハネムーン期」と呼ばれる。ハネムーン期の間には、皆のつながりが強まり、一生懸命に復旧活動を行う。ハネムーン期が過ぎると、今度は徐々に今までの緊張や過労が心身の不調につながり、現状に幻滅してゆううつな気持ちが生じる「幻滅期」となる。その後「復興

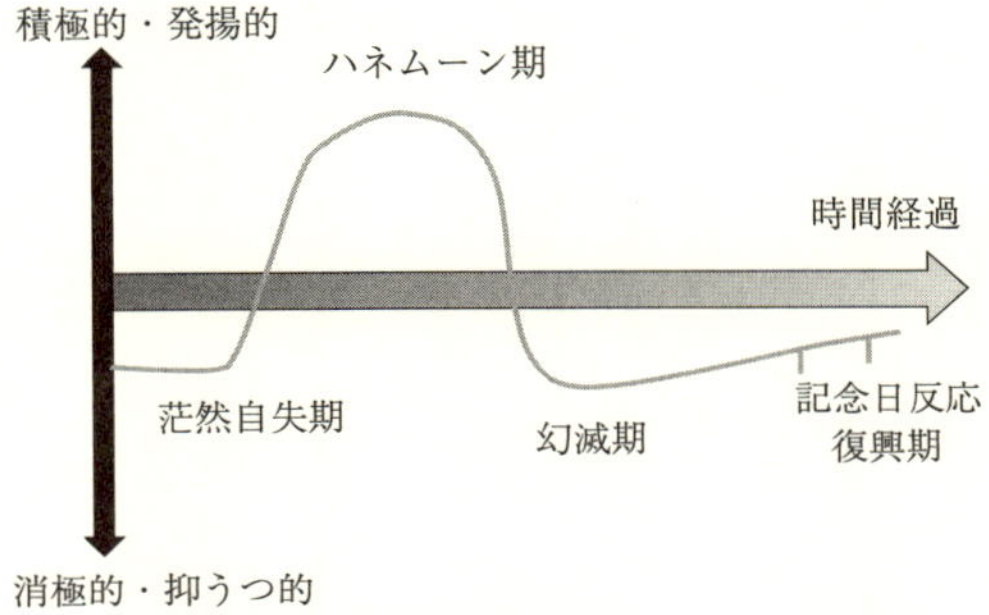

図1　災害後の被災者集団のこころの動き（金，2006）

表1　被災者にみられる心理の特徴

急性期	中長期
・恐怖・衝動的行動・虚脱状態 「こわい」「どうしたらいいのか」 ・相互扶助・至福感・多幸症 「みんなでがんばろう」 ・下方比較 「もっとひどい被害の家もある」 ・不安に基づく症状 「また震災が起こるのでは」 ・睡眠障害 ・過食・拒食 ・そう状態	・不安による身体症状の継続 「震災がまた来るのではないか」 ・被害感・被遺棄感・怒り 「なぜ自分の被害は放っておかれるのか」 「なぜ市はもっとうまく災害を防げなかったのか」 ・うつ・自責・喪失感 「なぜきちんと対応できなかった」 「何もかも失った、もうだめだ」 ・生き残り罪悪感 「なぜ自分の家は問題ないのか」

期」に入り、時間経過とともに徐々に本来の心の状態を取り戻していく。これが、災害後の被災者集団全員に生じるとされるこころの状態の時間変化である。

次に個々の被災者の心理をもう少し詳しく検討しよう。表1をみてほしい。

まず、急性期には、「こわい」「どうしたらいいのかわからない」という恐怖、衝動的行動、虚脱状態がおこる。一方で、危機を集団で乗り越えるための、強い助け合いの感情や強い一体感、幸福感が生じる。東日本大震災後に繰り返しメディアで流れた、「がんばろう、日本」「絆で乗り越えよう」といった被災地の団結を鼓舞するキャッチコピーが生じるのもこの時期である。この時期には、自分が被害を受けていても、「もっとひどい家もあるから文句はいえない」というように、自分を、自分よりも被害がひどい人、自分よりも障害がひどい人と比較して無理や我慢をする。これは、心理学者のレオン・フェスティンガーが、「下方比較」と呼ぶ心理状態である[4]。一方避難所環境では、プライバシーのない緊張感が続くために眠れない。食事も、「助けよう、頑張ろう」という思いが強ければ過食気味になり、あるいはそれが自宅と比べて劣悪な環境では、食欲不振、または拒食の状態になる。「自分はどんどん頑張れる」「眠らなくても大丈夫」という軽躁状態に陥ることもある。これらの急性期の心理は、集団に生じた災害という異常事態がもたらす正常な心理反応である。災害や戦争のように社会的に異常な集団環境に置かれると、人間はこのような心理的反応を起こしやすい。

災害が起こってから一カ月がたち、中長期になると、被災者の心理は次のように変わる。小さな地震でもその時の恐怖が蘇り、「また津波が来るんじゃないか」、などと心配する。これを予期不安という。さらに、不安に伴う自律神経の興奮から、体が震える、汗をかきやすい、パニックになる、などの身体症状が続くこともある。さらに、復興の格差に伴って新たなストレス反応として怒りや抑うつが生じる。

例えば、ある家は補償金がすごく出たのに、隣の家は全然補償金が出ないというように、補償や所得の格差が生じてくると、今度は「なぜ自分の被害だけは放っておかれるのか」と思う「上方比較」が生じる。そして、自分だけが見捨てられたような気持ちになり、周りへの怒りが生じる。その被害感や怒りを行政にぶつけることもある。「なぜ自分の町はもっとうまく対応できなかったのか」、といって自治体批判が盛んになる。逆に怒りを自分にむけて「なぜもっと自分がうまく対応できなかったのか」、「何もかも失ってしまったから自分はもうダメだ」と思い、抑うつ気分、自責感・喪失感が生じることもある。「なぜ自分だけが助かってしまったのか」、「なぜ自分の家は問題ないのか」、「家が壊れず家族も無事でごめんなさい」、と極端で不条理な生き残りへの罪悪感が生じる場合すらある。つまり、中長期には、復興の程度の違い、置かれている環境の違いが生じ、被災者のこころに大きな影響を与えることになる。

復興期においては、災害による二次的なストレスも生じる。それは災害に伴って職を失う、あるいは家族が離れ離れになるといった生活パターンの激変による。職を失って経済的な苦境に陥ることもあるし、災害で大きな被害を受けた地域が、地域におけるつながり、コミュニティを失い、社会的なサポートが得られなくなる。また、災害で親しい人を失った人や大きな被害を受けた被災者の中には、毎年災害が起こった日になると、当時の状況やなくなった人を思い出し、精神状態が悪化するという「記念日反応」が生じる人もいる。

災害後のハイリスク者とこころの病気

被災者の精神的回復には個人差がある。阪神淡路大震災で心のケアを行った精神科医の中井久夫は、

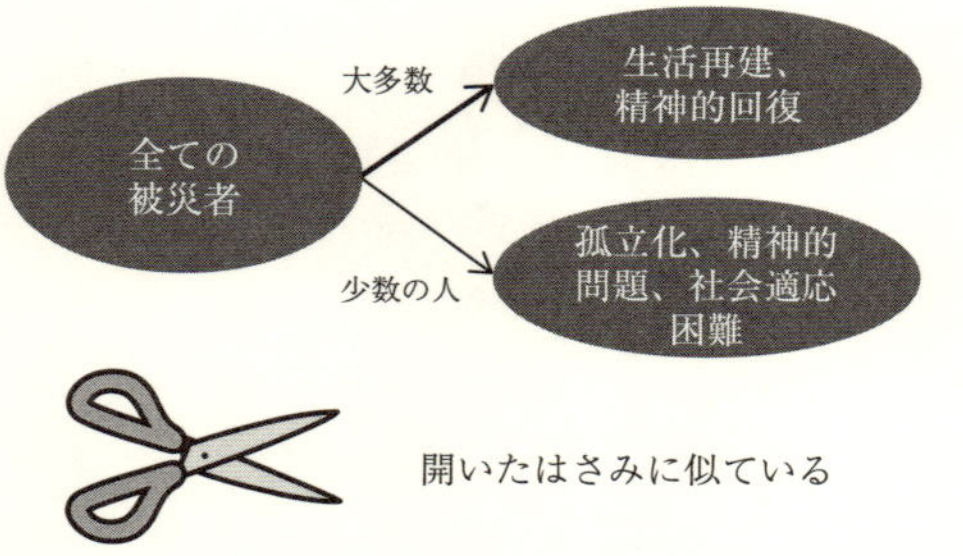

図 2　被災者の回復の２極分化（はさみ状格差）（中井，1997）

経済学の用語を援用してこの回復の違いを、「はさみ状格差」と呼んだ(5)。災害から時間が経つと、ほとんどの被災者は生活が再建して精神的にも回復していく一方で、少数の人は孤立し、精神的な問題を抱え続け、時間が立つほどより社会適応が困難となる。このような被災者の精神的問題の時間経過は、はさみを開いた状態に似ている。図2をみてほしい。

はさみの上の刃が回復する大多数の人たちを表し、下の刃が少数の取り残された人を示す。彼らは、災害後の生活困難による二次的ストレス、孤立、上方比較から、時がたつにつれ、精神状態が悪化する。

精神状態が悪化しやすい少数の人とは、生命の危険が高かった人、大事な親しい人をなくした人、経済的な損失が大きかった人、女性、子供、高齢者、外国人、精神障害者、身体障害者などの社会的弱者に他ならない。他に、自衛隊員、消防隊員、医療者、被災自治体職員などの支援者・救援者たちも、実際は心に被災の影響が強いハイリスク者である(6)。救援者は、災害の現場に行って色々なストレスのかかる救援活動をしなければならず、職業意識として、被災者に不安や疲労を見せてはならない。救援の際には、余震や被害に不安を持ちながら活動を展開する。被災自治体職員であれば、自分自身も被災している場合が多く、自分の家族は大丈夫だろうかという不安と戦いながら、支援活動をする。また多くの場合、連続勤務と過重労働により疲労が蓄積しやすい。支援活動が不慣れであっても勤務を続けなければならない。市民の怒りがぶつけられて困惑・疲弊し、うつ状態を呈する自治体職員もいる。

このような災害状況下のストレスと精神状態の悪化は、心の病気をもたらすことがある。災害により、生命の危険に瀕するような体験、すなわちトラウマ体験をした場合、その後自律神経が興奮して、常に緊張し、その恐ろしい体験を思い出す。家族や友人を失うと悲嘆反応から抑うつ気分を呈する。さらに災害による二次的な生活の変化によって不安、焦燥感、体の不調が生じる。これらは正常な反応であるが、時間が経過しても対処行動がうまくいかないと、様々な精神障害に発展する。

災害後に生じる代表的な精神障害は、心的外傷後ストレス障害(PTSD)、大うつ病性障害、不安障害、心身症、アルコール依存症などである。もともと統合失調症や認知症などの精神障害がある人も、災害による直接の身体被害や、災害後の避難所生活などの環境変化によって、症状が悪化することもある。そしてここまで説明した災害ストレスと精神的問題から、反応性に自殺を試みる人もいる。つまり、災害ストレスや精神障害は、自殺予防の観点からも対処が必要である。このうち、特に心的外傷後ストレス障害について説明しておきたい。表2にDSM-5の診断基準[7]を示した。

PTSDは、災害や犯罪被害など命にかかわるようなトラウマ体験後に、一カ月以上次のような症状が続く。一つ目は、災害の時の辛い場面があたかも目の前にありありと頭に浮かぶ(フラッシュバック)、あるいはそういう辛い場面の悪夢を見るという再体験。二つ目は、強い不安や興奮で夜眠れなくなる覚醒度亢進。三つ目は、自分を責めたり、何もやる気がしなくなる否定的な認知や気分。四つ目は災害に関連する場所や活動、人のことを思い出したくない、話したくないという回避症状である。これら四つ

表2　心的外傷後ストレス障害（PTSD）

災害のあと１ヵ月以上、以下の症状が続き、生活上の障害を生んでいる。
①再体験（フラッシュバック）
「震災の時の場面が頭に浮かぶ、悪夢をみる」
②強い不安・覚醒亢進
「興奮や不安で夜全く眠れない」
③否定的な認知・気分
「自分のせいだ」
「何もやる気がしない」「物忘れが激しい」
④災害を思い出す刺激の回避
「震災のことは話したくない。思い出したくない」

（American Psychiatric Association, 2014）

の症状が続くために、生活上の障害が生じる。特に三つ目の否定的な認知や気分は、自殺念慮につながりやすく、うつ病の症状とも類似しているため、しばしばうつ病として治療されている場合がある。

私が以前うつ病の診断でみていた女性は、数年にわたり自殺念慮を訴えていた。ある時その理由としてレイプされた経験が頭から離れないことを告白した。「私が悪いんです。私が危ないお店にいってしまったから。だからそのことは誰にもいえませんでした」と述べた。そこでその問題は本人が決して悪くないことを繰り返し保証し、心の動きを傾聴しているうち、否定的な認知が徐々に改善し、自殺念慮は消失した。

東日本大震災後のこころの問題

では、東日本大震災後には、具体的にどのようなこころの問題が生じているだろうか。

筆者らは、東日本大震災が生じて一カ月ほどたった時に「こころのケアチーム」として福島県相馬市に支援にいった[8]。この時、避難所では、両親を車に乗せて逃げる際に車ごと津波に飲まれ、自分だけ助かったうつ状態の人、友人が見つからず、茫然と解離状態で過ごしている人、慣れない避難所生活で泣き叫び、感情不安定になっている子供、など多くの精神的問題を抱えた被災者に出会った。

このうち、自分の家は無事だったが、周囲の家が津波で全壊したというある男性の話を聴いた。町内会の役員であった男性は、被災直後から家の周りの行方不明者を捜索し、多くの遺体をみつけた。その中に友人の遺体をみつけた時から、毎日昼も夜も横にご遺体がいて、自分をみつめている感じがありありと目に浮かび、眠れなくなったという。「震災のことはもう考えたくない。自分の責任も大きい」とぼうっとした表情で話し、明らかにPTSDの症状を呈していた。いかにあの大災害が人々のこころに与えた問題が深刻であったか、この一例をとってもおわかりいただけよう。

このような状況では、当然自殺の問題も生じる。平成二七年度版自殺対策白書[9]によれば、震災が生じた二〇一一年に、東日本大震災に関連することが明確な震災関連自殺者数は全国で五五名に上った。その後減少傾向にあるものの、図3の通り、毎年二〇名ほどが、東日本大震災のストレスにより、自殺で亡くなっている。

特に福島県は、原発事故のために故郷に戻れず、いまでも避難生活を送っている人も多いためか、岩手、宮城を含む被災三県の中でも自殺者の数がもっとも多い。震災後に、「原発さえなければ」とメッセージを残して自殺した酪農家の事件報道[10]は、あまりにも悲劇的であった。一方、自殺率の観点からみると、震災後被災県を含む自殺率は低くなった、という報告もみられる[11]。そこで、図4に厚生労働省の地域自殺統計[12]をもとに作成した被災三県の震災後の自殺率の推移を示した。

この図をみると、震災が生じた二〇一一（平成二三）年以降、全国でも、各被災県でも年間自殺率が著しく減少していることがわかる。しかしよくみると、全国ではきれいに毎年自殺率が低下している一

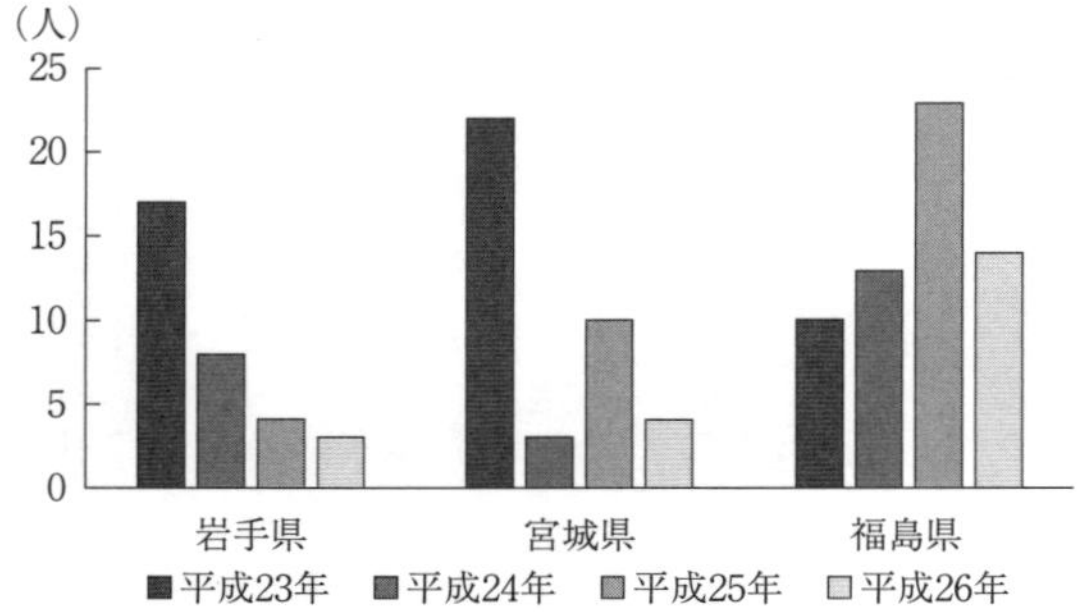

図3　被災３県の震災関連自殺者数推移（内閣府，2015）

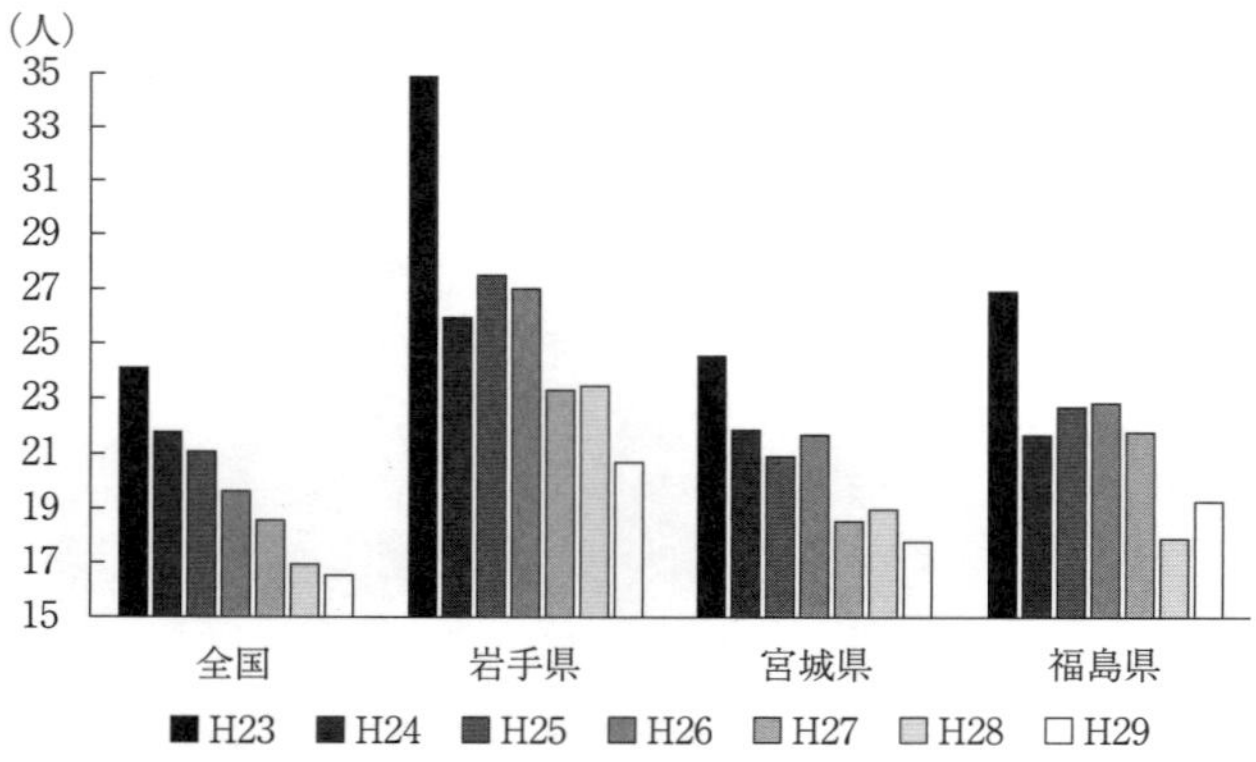

図4　被災県の自殺率推移（10万人対）（厚生労働省，2017）

方、被災県では震災翌年に大きく減少した後、二年目から四年目にかけて一旦横ばい、または上昇していることがわかる。これは、先に説明した災害後のハネムーン期と中長期の落ち込みの説明によく一致している。被災地では震災が直接、間接的に三年から四年は自殺率の変化に影響していたことが推測される。

　では、他の県に避難した人たちの状況はどうであろうか。被災県から他県に避難してきた人の自殺既遂者について直接推計できる統計データは得られない。国の統計データでは、自殺統計に既遂者が避難者か否かというタグは、つけられていないからである。そこで筆者らは、震災から五年目の二〇一六年に、福島県からの避難者数が全国で二番目に多い茨城県で、「東日本大震災から五年目の避難者・被災者の心のケアニーズ調査[13]」を実施した。具体的には、茨城に避難した福島県からの避難者一四四二世帯について、被害の内容、避難の経緯、現在までの心の状態、今後必要な支援などを問う郵送アンケート調査を、茨城県内への避難者・支援者ネットワーク「ふうあいねっと」の協力を得て実施した。協力が得られた数世帯には、聞き取り調査も行った。

回答者の震災前の居住地域は、帰宅困難地域が三割、居住制限区域が三割、避難指示解除準備区域が三割であり、八割以上の被災者が強制的に避難せざるをえなかった。震災被害の内容では、「家族の分離や家族の仲が悪くなった」という人が四割に上り、避難は、家族関係に深刻な影響を与えることがわかった。「帰っても生活できない」という避難者と、「なぜ帰ってこない」という故郷に残る人の間に気持ちのずれが生じ、誰も悪くないのに結果的に家族と親族の絆を崩壊させてしまったことを、ある避難者は悲しげに語ってくれた。職業については、図5に示すように、震災前は常勤が四割、無職が一割の比率であったが、震災五年後になると、驚くべきことに、約半数が無職になっていた。

賠償金の影響もあるだろうが、仕事は、金銭的報酬を得ることだけが目的ではなく、社会における自らの役割、家族に対する経済的な提供サポート、ひいては存在意義を高める重要な意味を持つ。仮に経済的には働かずに済んだとしても、自分の生きる意味や役割を失うことが危惧される。もう一つ大きな問題は住環境の変化である。図6のように、震災前は約七割の人が、近所付き合いの多い地域に住んでいたが、現在の住居地において近所付き合いが多いと思っている割合は一割に満たず、少ないと思う人が七割と震災前の逆になっていた。さらに、震災前は六割が活発に地域で活動していたが、現在地域で

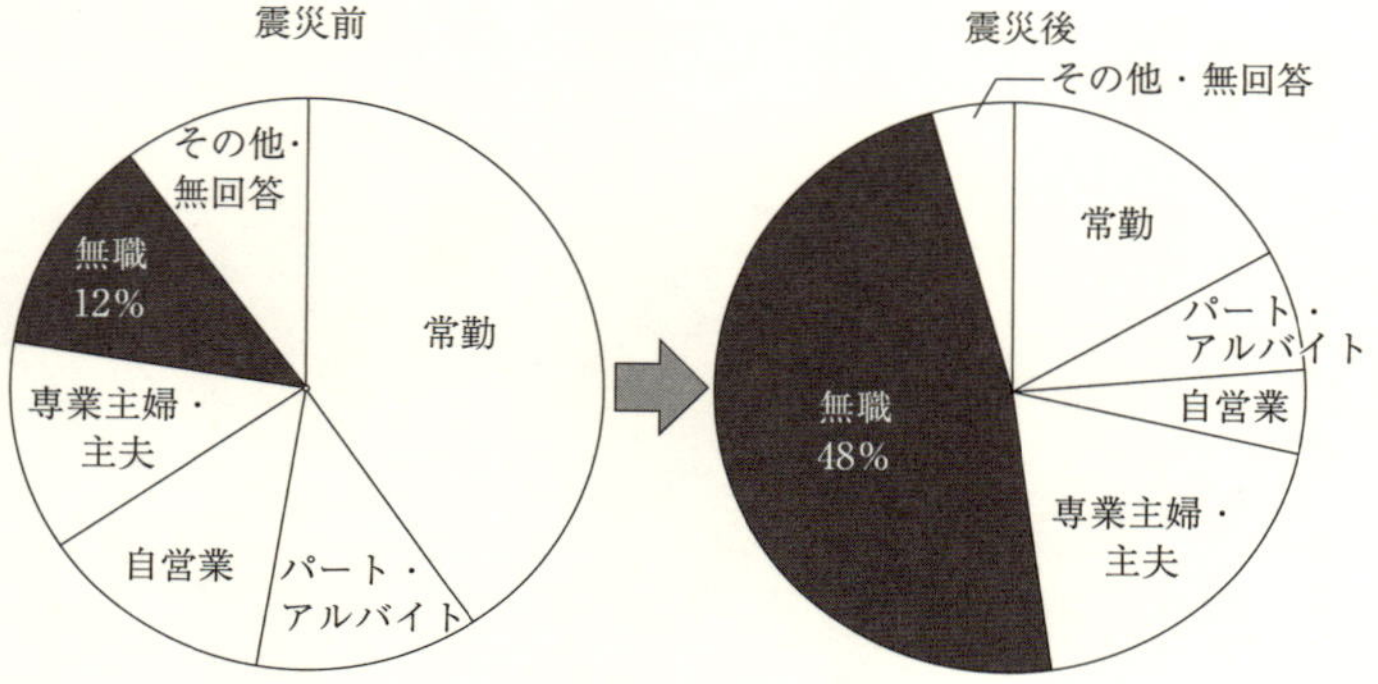

図5　震災前後の職業

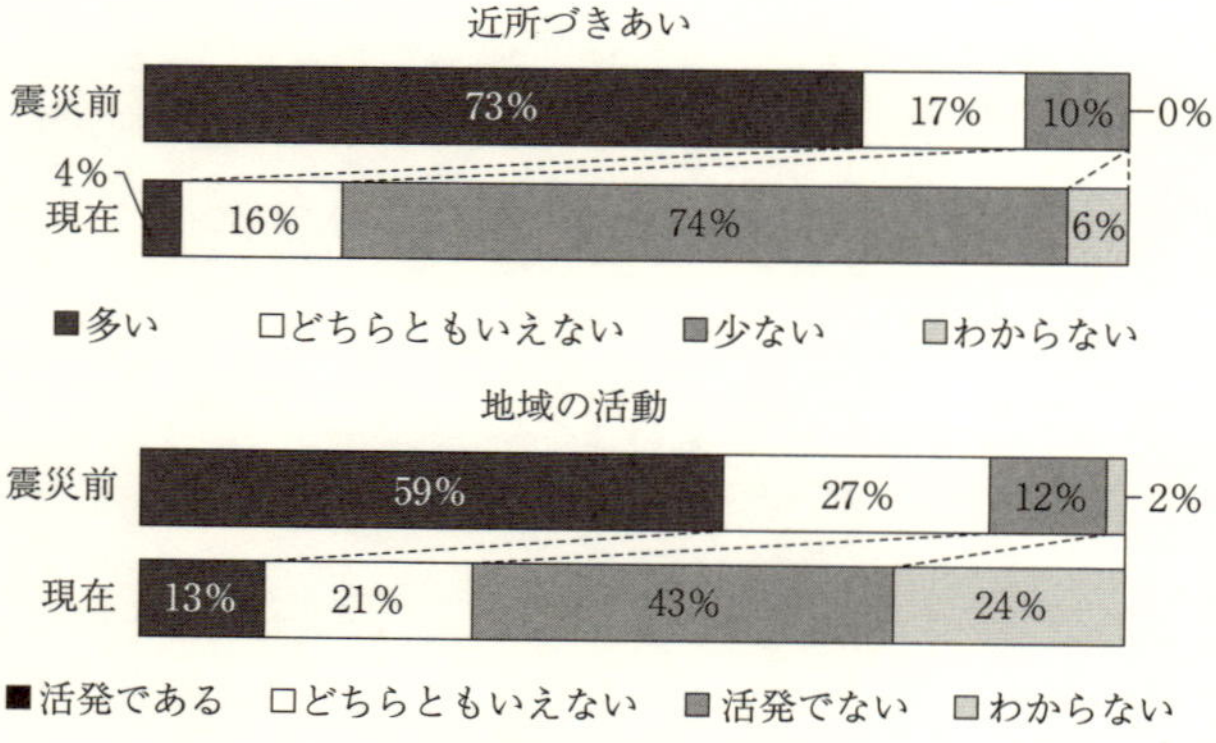

図6　震災前後の環境変化

活動しているという人は一割程度に減っていた。

　つまり、避難者は、県外への避難によって地域のつながり、すなわちソーシャルキャピタルを失ったことが示された。これは二章で示したように、精神的な健康に直結する問題である。現在のストレスについては、七割が最近一カ月でも悩みやストレスを抱えていて、その原因について半数以上の人が故郷、福島のことをあげていた。図7に、福島からの避

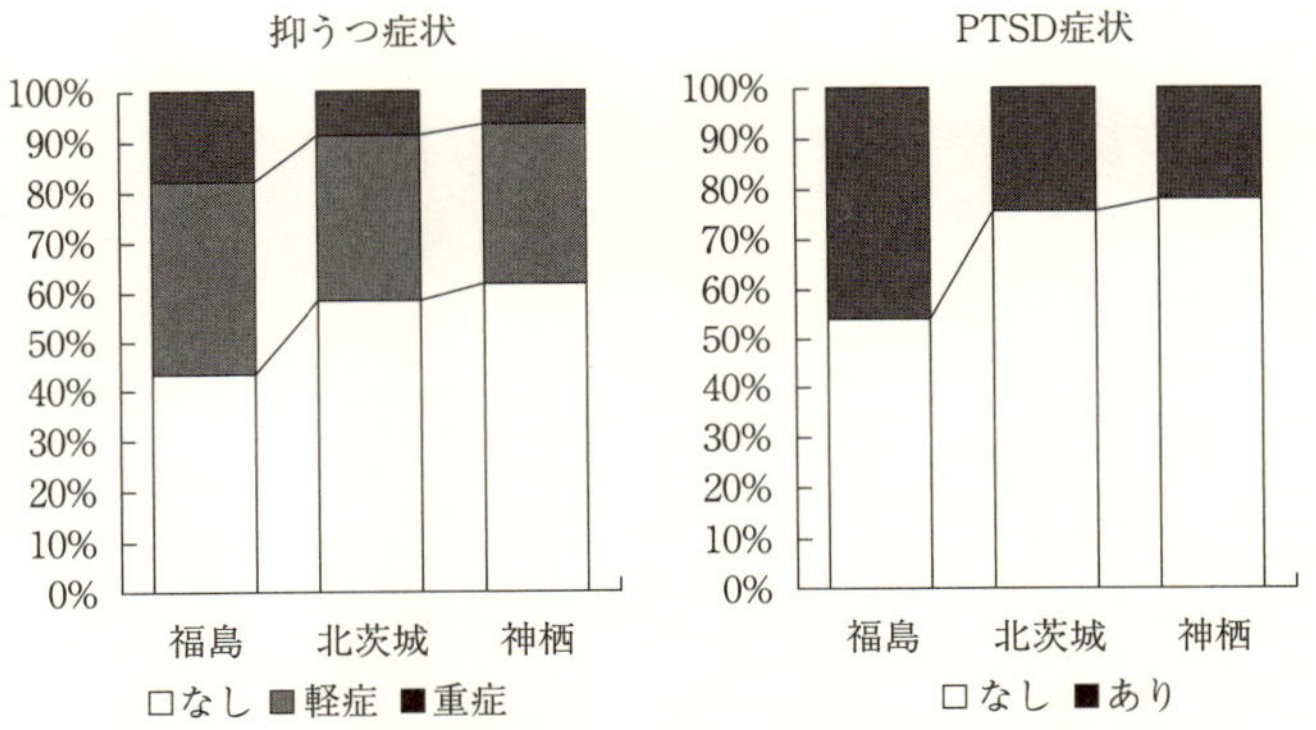

図7　3つの被災地域集団の調査時点の抑うつ、PTSD 症状の比較

難者と茨城県で大きな津波・液状化被害を受けた北茨城市、神栖《かみす》市住民の調査時点（二〇一六年）の抑うつ症状、ＰＴＳＤ症状の比率を比較するグラフを作成したのでみてほしい。

　グラフでわかるように、福島からの避難者のうち、うつ病の診断がつくような人は約二割、軽度も含めると実に六割を占めた。さらに、約五割がＰＴＳＤの症状を抱えていた。この比率は、北茨城市と神栖市の住民よりかなり多かった。加えて、最近一カ月間に死にたいという気持ちがあった人は、約二割に上った。通常の住民調査では、普通、今までに自殺したいと思ったことがある人は四人に一人程度、約二五パーセントいるが、過去一カ月間に自殺したいと思う人は数パーセントに過ぎない。それに比してはるかに高い割合で死にたい気持ちを訴える避難者の方がいるということは大きな問題である。

　具体的な避難者の意見として、「私たちの知らないところで様々なことが決められてしまっている」「被害状況や東日本大震災に関する情報が減ってきているということに歯がゆさを感じている」「同じ市内の避難者はみなどうしているのか」「避難者が集まることもできないのは辛い」「どこの市町村に誰が住んでいるのか一切わからなくて、個人情報の了解をした人のメールは本当に欲しい」など、避難者むけの情報が不足し、互いにつながれず、孤立している現状があげられた。また、「地域活動に参加したいけど情報がない」「子供の交流会が欲しい」「避難先の市町村でも健診を受けたい」「住民票が茨城県になくても避難して茨城にいるので住民サービスが受けられる方法が欲しい」など、避難先のサービス不足に対する意見も多かった。住民票を福島から移動してしまうと、福島からの支援が受けられなくなるというジレンマがあり、その結果として茨城県でのサービスが受けられないという、いわば難民状態になっていることがわかった。一方で「ただサポートを受け取るばかりではなく、被災者自身の自立がサポートできるような仕組みができることが必要ではないか」という意見もあった。いつまでも避難者の役割でいたくない、という複雑な思いが読み取れた。

災害後のこころのケア

調査の結果から、今回の震災でいかに避難がストレスになり、そこから心の問題や自殺リスクが高まっているか、わかったことと思う。では、災害にどのように対処すれば、自殺予防につながるだろうか。ここで図8に示すように、ストレスに対する心の反応から、対処を考えたい。

災害は、数あるストレスの中で誰にとっても大きな、いわば社会集団に加わる強いストレスといえるだろう。それが個人のストレスとならない、あるいは深刻なこころの問題にならないためには、図8のように、災害が生じ、それがストレスであると感じ、うつやPTSD症状が生じる前に、被災者が自分でストレス対処をするか（コーピング）、あるいは周りの支援を受ける（ソーシャルサポート）ことが重

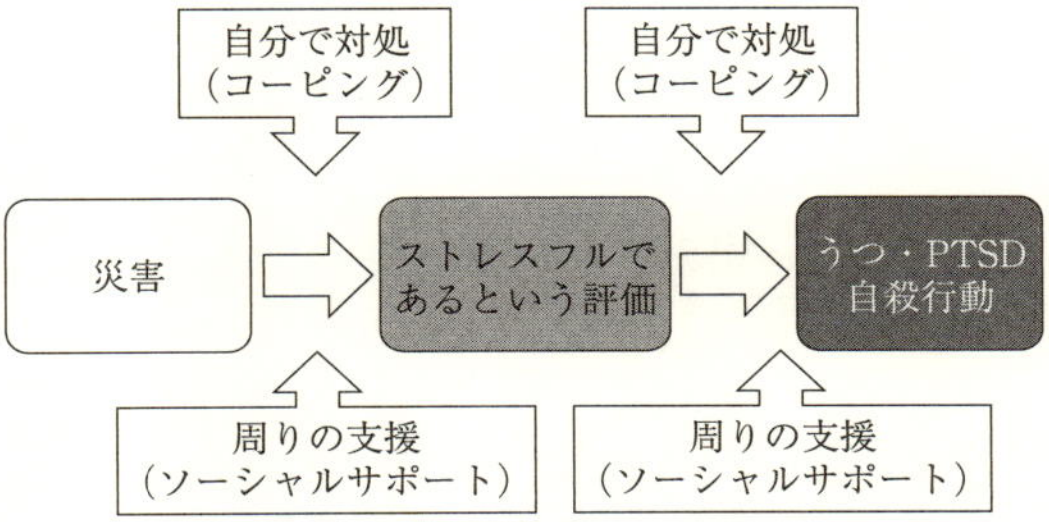

図8　ストレスに対するこころの反応

要である。コーピングやソーシャルサポートが適切であれば、うつやPTSD、それに引き続く自殺行動は予防できる。

ストレスへのコーピングとしては、まず、こころやからだに現れる症状が、ストレスによる反応だと自覚することが始まりである。次に緊張や不安を和らげるために、休養が重要で、こころの状態が悪い場合には被災地から離れることも一案である。一方、異常な環境においても通常の日常生活のスケジュールはできる範囲で守った方がよい。平時よりも意識的に体を動かす、音楽を聴くなどしてストレス発散をするのもよいだろう。避難所などでは、できるだけ親しい人と一緒にいたり、仲間と体験を話すことも、大変重要である。こうした仲間同士のソーシャルサポートは、災害の際にはこころの安心に大きく貢献する。こころの状態がとても悪い場合には、上方比較が生じてピアサポートもかえってうっとうしいかもしれない。そのような場合には、こころのケアチーム、DPAT[14]（Disaster Psychiatric Assistant Team）などのこころのケアの専門家による援助を求める方が望ましい。ここまでの対応は、表3にまとめたので参照してほしい。

支援する側の指針としては、アメリカで開発された**サイコロジカル・ファーストエイド（Psychological First Aid: PFA）**という手法がある[15]。これは支援者がどのようなサポート活動を行うべきかを示した活動原則である。内容は、「見る」、「聴く」、「つなぐ」というフレーズでまとめられる。ここで「見る」というのは、安全確認をして急を要する人、深刻なストレス反応を示している人がいないか確認することを指す。次の「聴く」とは、そうした確認の中で支援が必要と思われる人々に寄り添って必要なものや気がかりなことについて尋ね、気持ちを落ち着かせる手助けをすることを指す。「つなぐ」とは、そこで本人のニーズが分かったらその基本的なニーズが満たされるよう、大切な人や社会支援と結びつけるということを指す。この活動原則を読んでお気づきのように、PFAの内容は、自殺予防におけるゲートキーパーの手順、「気づいて」「話を聴いて」「つなげる」というのとほぼ同じである。つまり、悩みを抱えている人たちに対応する急性期のこころのケアの方法というのは、自殺予防であっても、災害であっても基本的には同じで、被災者のこころの不調に早く気付いて、本人とつながり、それをしかるべきところにつなげることが基本である。

表3　被災者のこころのケア

- ストレス反応の自覚
- 休養と静養
- 被災地から離れる
- 日常生活に戻る
- 積極的ストレス発散
- 親しい人と一緒にいる
- 仲間と体験を話す
- 専門家による援助

一方、震災からしばらく時間がたった復興期には、どのように心のケアをしていけばいいだろうか。これについては、被災者自身が自らのこころのケアスキルを学ぶ**サイコロジカルリカバリースキル(Psychological Recovery Skill: PRS)**という技法が開発されており、日本語版は兵庫県こころのケアセンターが翻訳している。[16] この心のケアスキルは、表4の通り、①問題解決のスキルを高める、②ポジティブな活動をする、③心身の反応に対処する、④役に立つ考え方をする、⑤周囲の人とよい関係を作る、の五つの方法を学習するものである。

ここで、①〜④はコーピング、⑤はソーシャルサポートに該当する。

表4　復興期のこころのケアスキル

1．問題解決のスキルを高める	コーピング
2．ポジティブな活動をする	
3．心身の反応に対処する	
4．役に立つ考え方をする	
5．周囲の人とよい関係をつくる	ソーシャルサポート

（兵庫県こころのケアセンター，2011）

簡単に説明すると、まず一つ目、問題解決のスキルを高めるには、現在懸案となっている問題の優先度を決め、目標を決めたらその目標に到達するためにできることを複数考え、そこからベストなものを選んで問題解決するという学びが必要である。

二つ目、ポジティブな活動は、家の中でできることから、誰かと一緒にできることまで、読書、音楽・映画鑑賞、散歩、ガーデニングなど複数選んで活動計画を立てて実行する。復興活動を手伝うことも大事で、そこで自分の役割、ないし生きがいを見つけることも多い。

三つ目の心身の反応への対処法としては、災害に伴うストレス症状は誰にでも起こることであることを認識し、リラクゼーションの方法を試みたり、楽しいことや、やりがいを感じられることをしたり、家族や友人、ご近所の親しい人と過ごすことが有用である。先の避難者調査に回答してくれた福島からの避難者の一人は、「福島では晩ご飯は近所の人と一緒に食べることも多かった」と話してくれた。「そんな風にまた過ごしたい」、と。アルコールを飲むと心身の反応は一時的には和らぐが、むしろその後こころの状態は悪化するため控えた方がよい。悩みの質が重い場合には、カウンセリングや精神科に相談することも大事である。

四つ目の役に立つ考え方をする、とは、人間の持つ感情の背後にある特定の考え方のパターン（認知）がどのようであるかを同定して、その考え方を役立つものに修正できれば、こころが前向きになるという方法の学習である。たとえば、

「物事はもう元には戻らないだろう」という考え方をしていると、悲しみや絶望の感情がわくが、「こんなつらさは永遠には続かない」という考え方をとることができれば、希望がもてる。

五つ目、周囲の人と良い関係、すなわちつながりを作るには、まず自分とつながりのある人たちをできるだけ思い出し、自分とその人達とのつながり方はどうであるか確認してみることである。つながっている人たちの中で一番大切な人は誰か？　こころの回復に役立つアドバイスをくれる人は誰か？　この二、三週間で付き合いができそうな人は誰か？　現実的な手助けをしてくれそうな人は誰か？　逆に自分の手助けや支援を必要としているのは誰か、を考え、これらの人たちとのつながりをどうしていくか関係作りの計画を立てると気持ちが整理できる。つまり、ソーシャルサポートを受けられる相手をうまくみつけることが重要である。

なお、本書で紹介したPFAやPRSは、実際はトレーニングを受けたトレーナーの下で、ロールプレイやグループワークを通じて修得するものである。本書ではあくまでその概要をかいつまんで紹介しているので、関心のある方は関連研修会をきちんと受講されることをおすすめする。

災害支援時のつながり方

周囲の人と良いつながりを作る技術が、心の健康ひいては自殺予防につながるということは、ここまで紹介した災害時の支援技術においても重要とされている。そこで災害時におけるつながり方について最後に確認しておきたい。

良い支援関係を作るには、つながりの構成要素であるもらうサポート（誰かに支えてもらうこと）、あげるサポート（誰かを支えてあげること）の両者がバランスをとって成立していることが重要である。

誰かにうまく支えてもらうためには、支えてくれる人たちを想起してみる。それはあなたにとって家族、友人、職場の仲間、医師、保健師、カウンセラー、同じ体験をした人、ペットの誰でもよい。支えてくれる人を見つける方法は、電話してみるのもいい、LINEをしてみるのもいい、精神科でもお寺に行くのでもよい。地域の復興活動に参加するのもよい。それぞれの人々との自分の関係を冷静に振り返ることができれば、本当に大事な人も、本当は大事でない人もわかることだろう。

一方、誰かの支えになることも「自分の」心のケアのために大事である。災害の体験を乗り越えようとする家族や友人と一緒にいて、じっくり話を聴くことで互いの支えになる。支える時のポイントは、これまでにも話してきたように、相手を思いやり、相手の気持ちになって話を聴くことである。そしてその相手が辛い気持ちであることは自然なことであり回復には時間がかかることを伝える。必要であればそばにいることを伝える。この際、自分一人だけで支えようとすると自分が参ってしまうので、できるだけ仲間で支え、専門家への相談をすすめることも厭わない姿勢が重要である。

また、誰かを支える時にはポイントがある。その人が必要としているのはどんな種類の問題なのかを見極めることである。それが話を聞いてほしいということなら聞いてあげればよいし、片付けを手伝って欲しいことなら片づけを手伝う。必要がないといわれれば何もする必要はない。誰かの支えになるソーシャルサポートにも助言的サポート、傾聴的なサポート、道具的なサポート、医療的なサポートの四つがある。誰かを支援する時には、時折、そのサポートは、その人が本当に求めているサポートか、その求めているサポートは自分が提供できるかを考えてみたほうがいい。自分にできないようなことはしないほうがよい。一部の災害ボランティアでは、とにかく、自分が被災者には何でもしてあげる、絶対に助けてあげると思い続け、それがボランティア自身の心の支えになっている場合もある。その心意気は尊いものであるが、それゆえにかえって被災者に気を遣わせてストレスを高め、トラブルになる場合もある。自分がもしボランティアとしてその現場に入るときは、「自分ができることはどこまでか？」「それで自分は何が満たされているのか？」を時々振り返った方がよい。支援の限界を知り、全ての事は出来ないと知ることが大事である。そうでないと、支援者の心もしばしば具合が悪くなる。

支援者側の心のケアとして、自らもストレス対処を行う必要がある。短い時間でも休息やリラックスの時間を取った方がよい。二〇一六年九月に関東・東北豪雨で生じた茨城県常総市の水害では、筆者の所属する筑波大学精神医学グループがこころのケア活動を行った。[17]その際、筆者らは市民を助けねばという気持ちが強く、昼夜を問わず避難所巡回をはじめとする支援活動を行った。そのうち、何人かは倒れそうになり、大変な思いをした。その後支援にいった看護師の振り返りの会でも、自分たちの心のケアが必要になったという意見を多く聴いた。救援者は一般に消防や警察、救急など体育会系の人が多いので、振り返りの会というと「自分は〇〇ができませんでした！」「自分はもっと〇〇すべきでした！（敬礼）」といった厳しい反省を述べる人が多い。しかしこのような反省会は、少なくとも支援者のミッション中の健康維持という点からすると意味がない。むしろ、仲間同士で声を掛け合い、気持ちを共有し、支援が終わったあとには、うまくいかなかったこととうまくいったことを振り返り、たとえ小さなことでも人の役に立てたことをしっかり確認する作業が重要である。

災害からの回復（レジリエンス）

災害においては多くの人が一斉に不幸な目に遭う被害を受けるが、図9のように、その中で早く回復する人（A）、遅く回復する人（B）、あまり回復しない人（C）が分かれる。人によっては、災害を契機に、それまでより活動的な人生を送る人もいる。

この格差が広がると、こころの問題や自殺の問題が生じることは先ほど述べたとおりである。ところで、最近では個人がもつストレスからの回復力を「**レジリエンス（resilience）**」とよぶ[18]。この概念によれば、ほとんどの人間には本来レジリエンスが備わっていて、レジリエンスが高い人では、たとえ命にかかわる災害にあっても、心に強いバネがついていて元の精神状態に戻ることがわかってきている。筆者らが常総市水害支援活動で出会ったある保健師さんは、自らも自宅に大きな被害を受けながら、今までに行ったことのないこころのケア活動を積極的に推進してくれたばかりか、支援に訪れたボランティアとネットワークを作り、以後も災害支援活動に尽力していて、本当に頭が下がる。

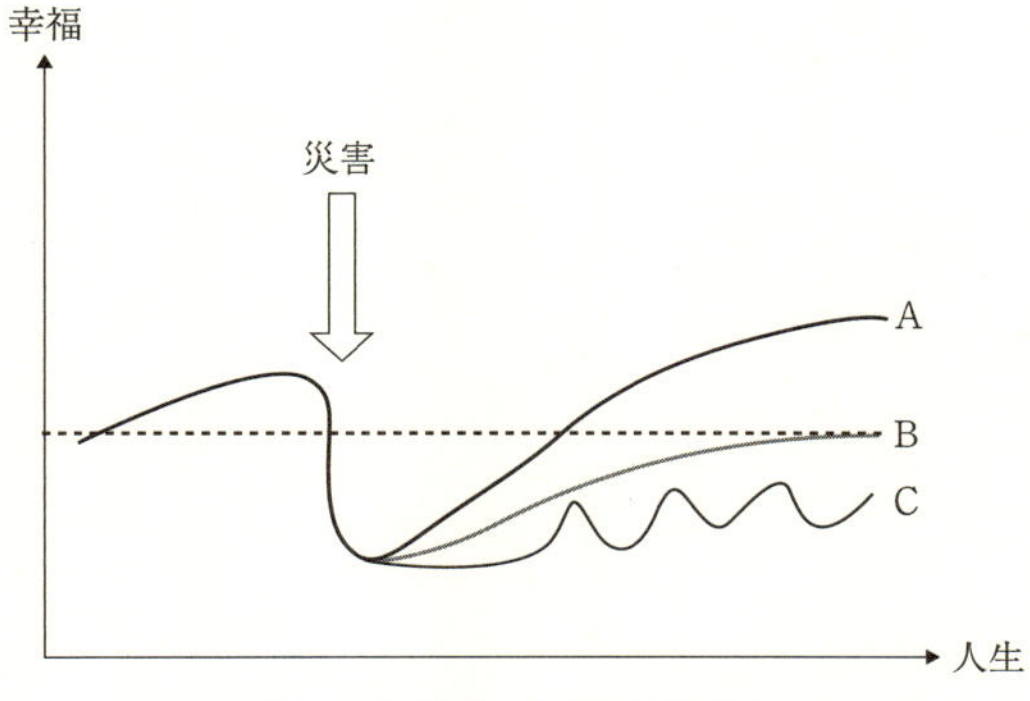

図9　レジリエンス（回復力）

被災者は、多くの人には回復のバネが付いていることを思い出して対応できるとよい。必ずまた元気になる、幸福になると思って生活することが災害ストレスに対して最大の力になる。被災地域においては、住民相互のつながりを強化すること、今までのつながりが失われた人たちには積極的に手を伸べて、ボランティア、支援チーム、自治体が中長期以降においても細く長く支援を継続することが重要と思われる。福島からの避難者調査でもわかるように、孤立集団におけるレジリエンスとは、やはり集団のつながりを強化することに他ならない。現実問題としての社会経済的格差はなくすことができないとしても、感情面での支え合いのバネが、個人と社会の両方で機能することが、災害復興を早めることになるだろう。

（1）警察庁緊急災害警備本部『平成23年（2011年）東北地方太平洋沖地震の警察措置と被害状況』二〇一八。

（2）澤田康幸、上田路子、松林哲也『自殺のない社会へ』有斐閣、二〇一三。

（3）金吉晴『心的トラウマの理解とケア』じほう、二〇〇六。

（4）Festinger, L: A theory of social comparison processes. *Human Relations* 7, 117-140, 1954.

（5）中井久夫「鋏状格差から曖昧模糊へ——しかし問題は残っている」『精神医療』一一、一九九七。

（6）高橋晶、高橋祥友編『災害精神医学入門——災害に学び、明日に備える』金剛出版、二〇一五。

（7）American Psychiatric Association（高橋三郎、大野裕訳）『DSM-5 精神疾患の分類と診断の手引』医学書院、二〇一四。

（8）太刀川弘和、高木善史、山形晃彦他「東日本大震災における茨城県心のケアチームの福島県相馬市支援活動」『臨床精神医学』四一（九）、一一五三-一一六一、二〇一二。

（9）内閣府『自殺対策白書（平成27年度版）』二〇一五。

（10）「新築の壁に残した無念　福島・酪農家の男性自殺」『朝日新聞デジタル』二〇一一年六月二〇日付（http://www.asahi.com/special/10005/TKY201106190452.html）
（11）Orui, M., Harada, S., Hayashi, M. et al.: Changes in suicide rates in disaster-stricken areas following the Great East Japan Earthquake and their effect on economic factors: an ecological study. *Environ. Health Prev. Med.*, 19; 459-466, 2014.
（12）厚生労働省『自殺の統計――地域における自殺の基礎資料』二〇一七。
（13）太刀川弘和『茨城県自殺防止対策モデル事業「東日本大震災5年後の被災者・避難者こころのケアニーズ調査事業」報告書』二〇一七。
（14）厚生労働省委託事業ＤＰＡＴ事務局（https://www.dpat.jp/）
（15）ＷＨＯ『心理的応急処置（サイコロジカル・ファーストエイド：ＰＦＡ）フィールド・ガイド』二〇一一。
（16）アメリカ国立子どもトラウマティックストレス・ネットワーク、アメリカ国立ＰＴＳＤセンター（兵庫県こころのケアセンター訳）『サイコロジカル・リカバリー・スキル実施の手引き』二〇一一。
（17）筑波大学精神医学グループ『平成27年常総市鬼怒川水害へのこころのケア活動　活動・調査報告書』二〇一八。
（18）ジョージ・Ａ・ボナーノ（高橋祥友訳）『リジリエンス――喪失と悲嘆についての新たな視点』金剛出版、二〇一三。

第七章 個人がつながることの課題

ある日筆者は、自殺願望のある患者さんに、自殺予防活動をしていることを強く非難された経験がある。彼いわく「つながるのが嫌だから死にたいのに、つながろう、つながろう、といっているような活動は、本当に死にたい気持ちを理解しているとは思えない、傷に塩を塗るような行為だ」とのことだった。

ただ、つながればいいのか？

ここまで、自殺予防におけるつながりの重要性について論じてきた。多くの自殺予防啓発活動では、キャンペーンやチラシで、「一人で悩まないで」「つながる、支える」など直接間接的に「つながり」を促す言葉を多用する。二〇一八年の世界自殺予防デーの標語は「自殺予防のために一緒に活動しましょう」である。(1) しかし、つながること自体の課題はないだろうか。

ある日筆者は、自殺願望のある患者さんに、自殺予防活動をしていることを強く非難されたことがある。彼いわく「つながるのが嫌だから死にたいのに、つながろう、つながろう、といっているような活動は、本当に死にたい気持ちを理解しているとは思えない、傷に塩を塗るような行為だ」とのことだった。

「絆（キズナ）」という言葉は、東日本大震災の際、盛んにメディアで報じられたが、もともとこの言葉は「ホダシ（絆し）」と読み、馬の足を杭につなぐための縄、転じて、人の心や行動の自由を縛るもの、自由をさまたげるものという意味であった。(2) 哲学者の中島義道は、「反絆論」(3) で次のように絆を批判している。絆には人を盲目にする暴力が潜んでいる。絆とは本来人を縛るものである。夫婦や家族の絆が強いと、そこに配偶者間暴力（domestic violence: DV）や家庭内暴力が生じ、地域社会の絆が強いと、そこに村八分が生じる。このように絆がもたらす問題は大きいのである。「がんばろう日本」といった活動の東日本大震災後の強制力は大きく、その力は、家族崇拝と同義である。今テレビではコマーシャルなどで盛んに家族や愛情の重要性ばかりが語られているが、いうなればそれは江戸時代における「お家」や、帝国主義時代における「お国」に対する崇拝と一緒で、全体主義そのものではないのか。そこで、本章では、つながりがもたらす問題、自殺を考える人がつながらない理由、つながろうにもつながれない支援側の理由など、つながることの課題と対策について考えたい。

個人のつながりがもたらす自殺

第二章で述べたように、つながりによる負の関係性を社会的葛藤と呼ぶ。社会的葛藤は、人に強いストレスを与え、自殺のみならず様々な事件の直接間接的な要因となる。自殺既遂者の直接契機として警察庁が分類している問題[4]には、健康問題、経済問題、職場問題、家族問題、学校問題、恋愛問題、その他があげられるが、このうち健康問題と経済問題を除いて、全てつながりが関わっている問題と言って差し支えないだろう。自殺を考えている多くの患者は、「父親からひどい言葉をかけられる」「夫は全くわかってくれない」「彼から暴力を振るわれる」「友人に裏切られた」など、つながりの中で傷つき、絶望している人が多い。

社会的葛藤については、失恋や家族の不仲など、その内容が大変普遍的で幅広いテーマであるため、テーマ別の問題や対策の検討は数多い。しかし全体的な問題の定式化は、一九九〇年代以降に主に社会心理学領域で検討されるようになってきた感がある[5]。社会的葛藤という名称も日本ではあまり使われていない。成書によって、「ネガティブ感情を喚起する対人関係[6]」とよんだり、「対人拒絶、社会的排斥（排除）」とよんだり、「対人関係に伴う怒りや攻撃[7]」とよばれ、呼び方も一貫していない。

大まかにいえば、社会的葛藤は対人関係でもたらされるネガティブな感情（嫌悪、悲しみ、恐れ、怒り、

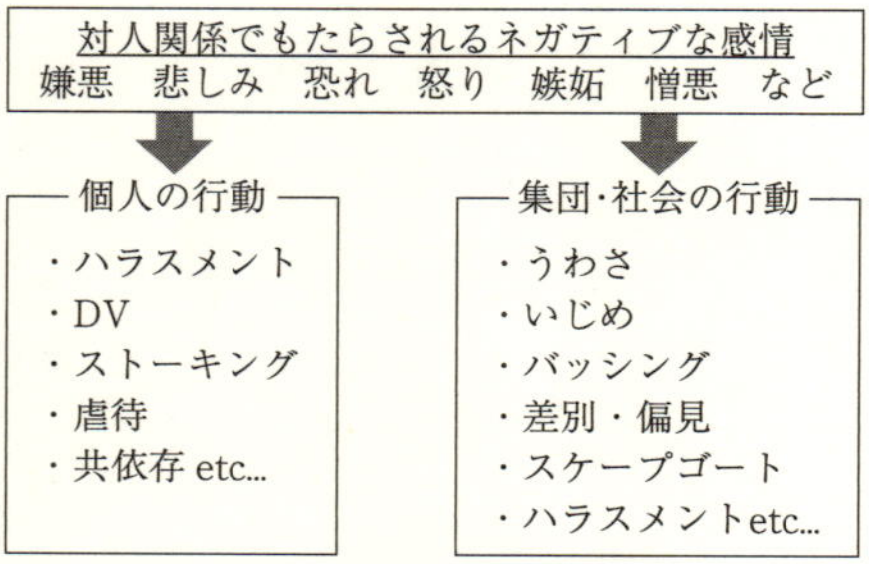

図１　社会的葛藤の種類

嫉妬、憎悪など）に基づいて行われる攻撃的言動で、個人が個人に行うものには、ハラスメント、ＤＶ、虐待、いじめ、ストーキングなどがある。集団が行うものには、うわさ・悪口、いじめ、ハラスメント、差別・偏見、スケープゴートなどがあげられる。図１に、筆者の考える社会的葛藤の種類と構成を示した。

　このうち現在大きな社会問題となっているものに、いじめ、ハラスメント、ＤＶ、虐待が挙げられる。その定義を列挙すると、いじめは、「当該児童生徒が一定の人間関係のある者から心理的物理的な攻撃を受けたことにより心身の苦痛を感じているもの」と、文部科学省が定義している[8]。ハラスメントについては様々な種類があるが、特に職場のハラスメントについては厚生労働省が、「同じ職場で働く者に対して職務上の地位や人間関係などの職場内の優位性を背景に業務の適正な範囲を超えて精神的身体的苦痛を与える、また職場環境を悪化させる行為」と定義している[9]。ドメスティックバイオレンス（ＤＶ）は、「配偶者や恋人など親密な関係にある、またはあったものから振われる暴力のことである」と内閣府が定義している[10]。虐待には、その対象によって児童虐待、高齢者虐待、障害者虐待、その他の虐待があり、児童、高齢者、障害者にはそれぞれ防止法があるが、その意味は法的にははっきりとは規定されていない。「むごくとり扱うこと、残酷な待

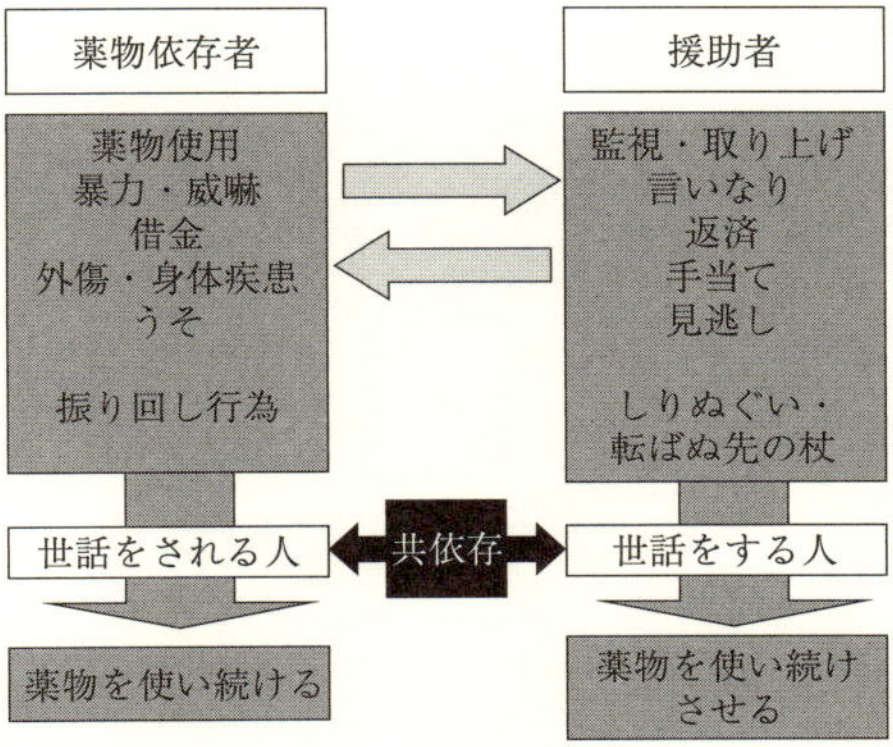

図 2　薬物依存における共依存関係の模式図

遇をすること」が字義的な意味である。児童虐待の定義として、厚生労働省は、身体的虐待、心理的虐待、性的虐待、ネグレクトの四つをあげている[11]。このうちネグレクトとは、家に閉じ込める、放置する、食事を与えない、など、意図的に養育や介護をせず、無視することを指す。

いずれの定義においても、いじめでは学校の、ハラスメントでは職場の、DVでは夫婦や恋愛の、虐待では家族の、比較的親密な人間関係が前提である。そして、そのつながりの中で葛藤が生じている。したがってこの場合、行動やその結果としてのいじめやハラスメント、DV、虐待だけを法律で規制しても、端的にいえば問題は解決しない。なぜなら、そこに親密な人間関係が存在する限り、被害者・加害者にもたらされるネガティブな感情と行動は同じ場面で同じように繰り返し起こる可能性が高いからである。

一方向からの攻撃による社会的葛藤とは別に、自殺に関わる関係性の問題として、「共依存」もあげておきたい。共依存とは、依存がある人との周囲の人との特殊な人間関係を指す[12]。薬物やアルコールなどの依存症、摂食障害の患者と、その親や妻などの家族が共依存の関係に陥りやすい。夫とともに薬物乱用で逮捕された女優のように、共依存関係から自らも薬物乱用に至る事例が、しばしばみられる。図2にその模式図を示した。

薬物依存症者が違法薬物の使用を始めると、当初家族などの援助者は、薬物を使用させないように監視や隠していた薬の取り上げをする。しかし、依存症者の暴力や威嚇など様々な巻き込み行為に耐えられず、徐々に依存者の言いなりになってしまう。そして、借金については代わりに返済し、怪我については代わりに手当てし、実際は薬を使用していると知っていて見逃すようになる。つまり、いつのまにかかえって依存症者の依存状態を維持するための尻拭いをするようになっていく。その結果、常に世話をされる薬物依存者と、常に世話をする家族、という互いの依存を維持できる協力関係になる。このような共犯的関係を共依存と呼ぶ。関係の維持を優先した結果、依存症者は健康を害し、単独で生きていくことが困難となる。

このような関係の前提には、薬物依存者の問題はいうまでもなく、人間関係において、「ただつながればいい」、「ただ支援すればいい」という援助(サポート)する側の考え方の課題がある。援助というのは、「個人ができないことができるようになるまでの間助ける」、ということである。援助される側もする側も辛いのであるが、時には愛情のある突き放しによってより高次の喜びが被援助者に達成される。相手の自立に期待している、という前提があって、援助が成立する訳で、援助には出口として「自立」があるはずである。ところが共依存関係においては「世話焼き」が援助に置き変わってしまう。世話焼きというのは、できないことを代わりにしてあげてしまったり、できることまでしてあげてしまったり、相手がダメなのを見ていられなくなったり、お節介を焼いて早急に自分の不快感を軽減することで、むしろ援助者側の自己満足を満たすというような行為である。このような援助者は、相手の自立にはほとんど期待していない。こうなると依存者、援助者の共依存関係が成立してしまう。

つながりがもたらすジレンマと悪循環

ではこのような社会的葛藤は、なぜ個人を自殺にまで至らせるのだろうか？　ここでは個別のテーマを語ることはあえてしない。いじめ、虐待、ＤＶなどのテーマは深刻で、それぞれ成書一冊分に相当するからである。むしろ、ここでは自殺予防の観点から、社会的葛藤状態で生じている共通の病理に焦点をあてて、対策を検討しよう。

人のつながりは、ゼロか一か、あるかないかということではなくて、多くの場合多重である。二章で説明したように、ＡとＢの二人がいたとして、二人のつながりには与えるサポートともらうサポート、それぞれのサポートには情緒的、助言的、道具的、という三つの種類、さらに親と子、上司と部下、男と女といった個別属性、さらには日本人、近所、友人などの共通属性と、ちょっと数えただけで数十種類ものつながりがある。これが三人、四人となれば、天文学的な数のつながり方となり、その関係を正しく予測することは大変困難である。そして多重の関係性が「ずれ」を生じている場合、個人の頭の中には**ジレンマ（dilemma）**が生じる。ジレンマとは、ある問題に対して二つの選択肢が存在し、そのどちらを選んでも何らかの不利益があり態度を決めかねるような状態を指す[13]。

その例をいくつか挙げよう。図３をみてほしい。

まず一つ目のジレンマとして、二者間でソーシャルサポートの種類が乖離している場合を考えてみよう。例１として、次の状況を想定する。親は子を愛しているがゆえに、厳しい対応をとった。そして子

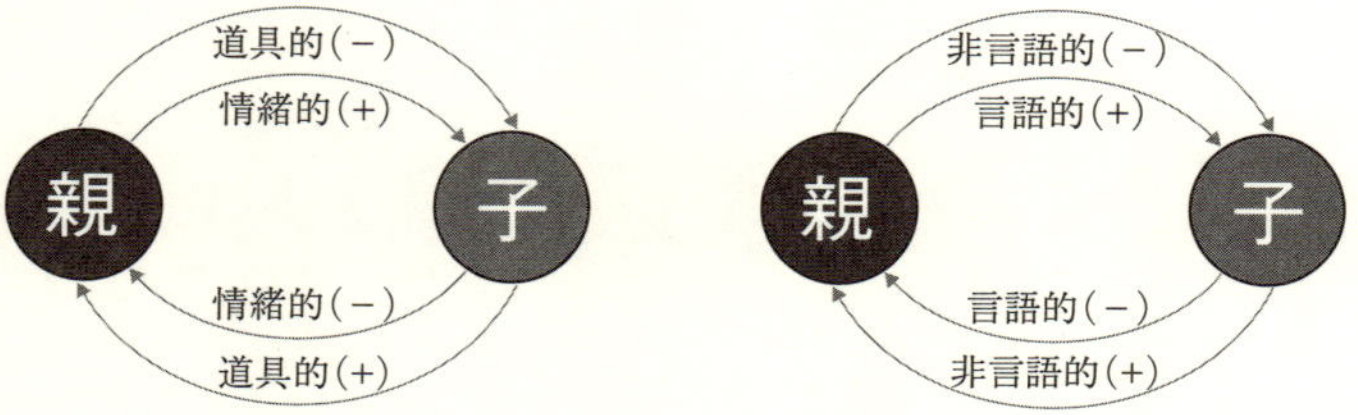

例1
- 親は子を愛しているがゆえに、厳しい対応をとった。
- 子は親に従う行動をしたが、厳しいことをいう親が嫌いになった。

例2
- 母親がお前のことは当然愛しているといいながら、冷たい表情をした。
- 子供は親が自分を嫌っているといって泣いた。

図3　ソーシャルサポートのジレンマ

は親に従う行動をしたけれど、厳しいことを言う親が嫌いになった。この場合、親は情緒的には子供にプラスの感情をもっているが、道具的にはマイナスのサポートを与えているため、両者にジレンマが生じている。また、子供は道具的には親に従うことでプラスのサポートをしているが情緒的にはマイナスの感情を親にもっている。このような場面は両者に強いストレスを与える。例2として、次の状況を想定する。母親が「お前のことは愛している」と言いながら冷たい表情をすると、子供はどのようにふるまえば親が満足するのかわからず、親が自分を嫌っているという被害感を抱く。この場合、母親が言語的にはプラスのコミュニケーションをとっているが非言語的にはマイナスの拒絶感を子供に伝えていることになる。このような状況は、心理学的にはダブルバインド（二重拘束）と呼ぶ。二重拘束はかつて文化人類学者のグレゴリー・ベイトソン（一九〇四－一九八〇）によって統合失調症の原因であると提唱された時期もあるほど、強いストレスを当事者に与えるコミュニケーションのあり方である。[14] このようなジレンマは、親子関係や夫婦関係、恋愛関係など愛情が問題となる強い

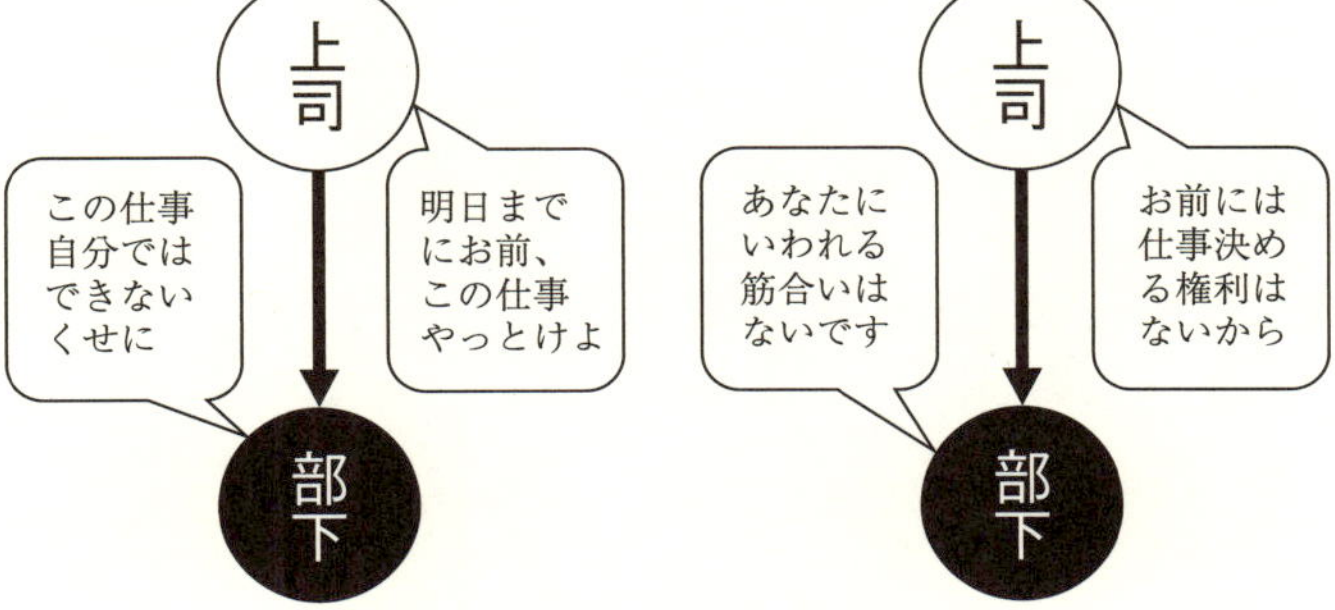

図4　社会的統合（属性）のジレンマ

関係性の中で頻繁に生じている。ウッディ・アレン監督の映画『インテリア』の母娘をはじめ、このようなジレンマを主題にした映画は数多い。

二つ目のジレンマは、個別属性とサポートが乖離している場合が考えられる。例えば、図4のような場合である。

職場の上司と部下の間には指示と報告の社会的属性による役割関係が規定されている。そこで上司が、例えば部下が労務指示に従わないことに対して怒り、部下は怒ってばかりいる上司の資質に疑問を感じて上司に報告をしなかったとしたら、これは職場の役割関係と言動が乖離しているということになる。また、部下は上司の資質を軽蔑しているが報告はしなければならない事態になった場合、部下に生じるストレスは大きい。このように社会的属性とサポートの乖離も大きなストレスとなり、上司をハラスメントで訴えるか、自分がうつ病に至ることもある。産業メンタルヘルスの領域では、高い仕事の要求をされながら、自分が仕事の内容を決められない低裁量権であるような職場環境ストレッサーを、職務ストレインと呼び、うつ病の発症との関連が疑われている[15]。

つながりの多重性がもたらすジレンマの三つ目としてソーシャルネットワークのつながりの強さ（クラスター性、あるいは凝集

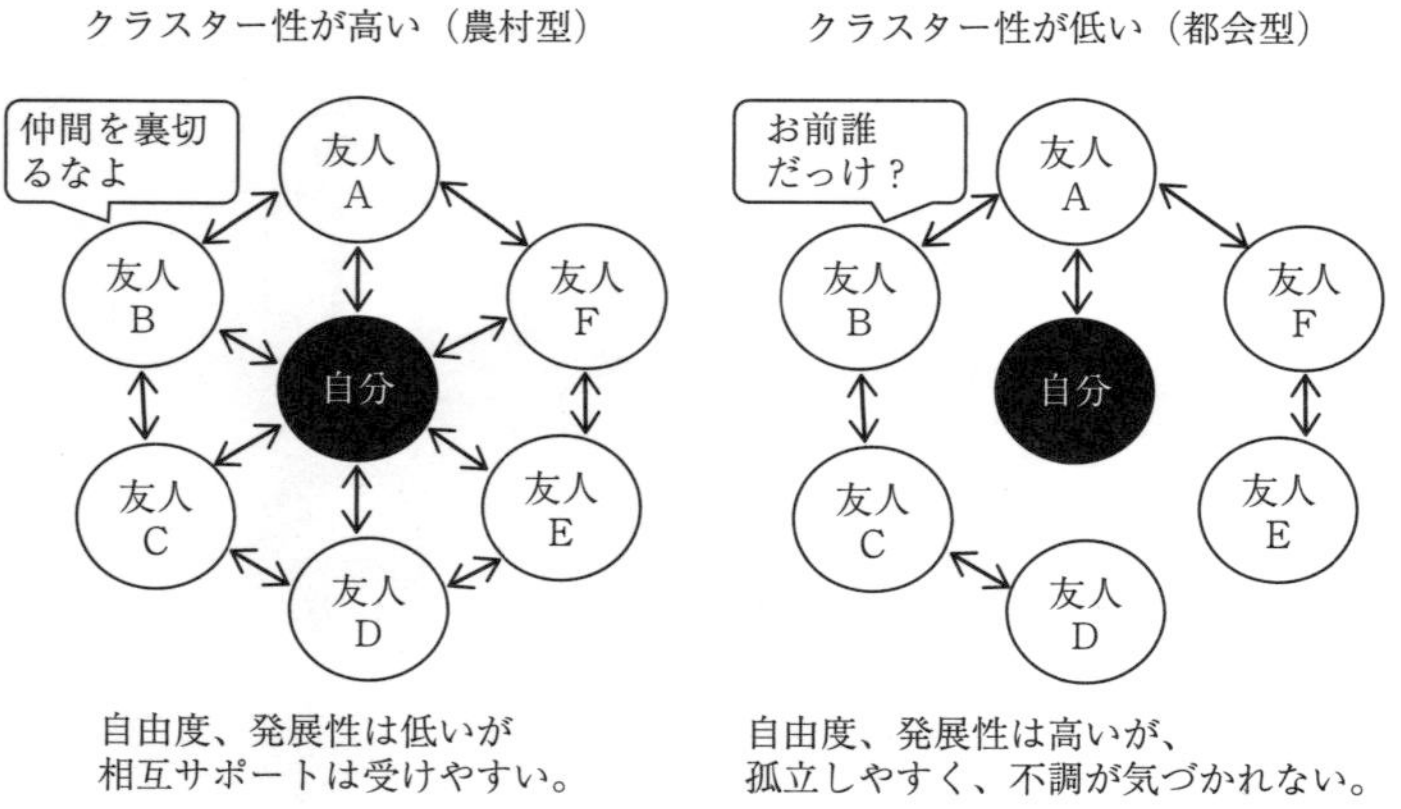

自由度、発展性は低いが
相互サポートは受けやすい。

自由度、発展性は高いが、
孤立しやすく、不調が気づかれない。

図5　ソーシャルネットワークのジレンマ

性）が挙げられる。図5をみてほしい。

例えば、自分の周りに友人A－Fの六人がいて、A－Fのそれぞれも相互にみんな友達だったとすると、自分をめぐる友人集団は相互のつながりの密度、すなわちクラスター性が高い集団であるとみなされる。クラスター性が高いと、情報の伝播は早く、相互のサポートも受けやすい。しかし、一度本人が友人Aと敵対関係になったり、新しい友人を探したいような場合、集団の自由度が低く、発展性は低いために「仲間を裏切るなよ」などといわれて本人のストレスが高まる場合がある。逆にクラスター性が低い場合として、知人A－FのうちAだけが友達だ、という場合、自由度や発展性は高いが自らは孤立しやすく「お前誰だっけ？」といわれて、不調が気づかれにくいデメリットもある。クラスター性が高い状態は、農村に多く、低い状態は都会に多い。日本においては農村型のクラスターが主流で、所属集団以外との交流が少ないとされており[16]、このことは安心感を得るにはいいかもしれないが、常に密着した関係性の中で、集団に異議を唱えがたく、一度集団の要求と本人の行動にずれが生じると、いじめなどの社会的葛藤が起こりやすい危険を同時に示している。

筆者が以前診ていた女子中学生A子は、「友達に嫌われていて、いじめにあっている。死にたい」と訴え、仲良し六人（であるはずの）とのグループLINEのやりとりを見せてくれた。友人B子が、A子がB子の好きなX男とつきあっているのではないかという疑念からA子を追及する。次に、A子が返した曖昧な返事に激高し、A子と仲良しの友人C－F子に、今後A子と関わらないように連絡する。それをC子がA子に告げ口し、驚いたA子がB子に謝る。しかしB子は、「あんたのことは一生許さない、他のみんなも付き合うな」という。LINEには、このやりとりが、時系列で克明に記録されていた。この事例は、A子が直接B子にあって、X男とつきあっていないことを説明し、皆仲直りして解決した。これは、本人側からみれば、またいじめ防止対策基本法の定義からすれば、いじめかもしれない。しかしその内容は、思春期女子の社会的闘争に他ならない。

つながりのジレンマ、すなわち社会的葛藤の恐ろしさは、問題が生じているのがつながり方そのものにあるにもかかわらず、ほとんどの場合、それが当事者には意識されず、あくまで個人の問題とされ、攻撃が生じる点にある。また、ソーシャルキャピタルの項で紹介した互酬性のルール「困った時はお互い様」がもたらす助け合いの好循環が、社会的葛藤においては逆回転し「目には目を」といった復讐の悪循環をもたらすことが知られている[17]。図6にこのような社会的葛藤の悪循環の模式図を示す。

例えば、左図のように新婚時の夫婦においては、夫が「妻が好きだから」という理由で指輪を贈ると、妻は「夫が優しいから」という理由で料理をふるまう。そして相互に愛情を深め合う好循環が生じる。しかし、右図のように離婚寸前の夫婦においては、夫が「妻が構ってくれないから」という理由で不倫をすると、今度は妻が「夫が裏切ったから」という理由で不倫する悪循環が生じる。図をみてわかるよ

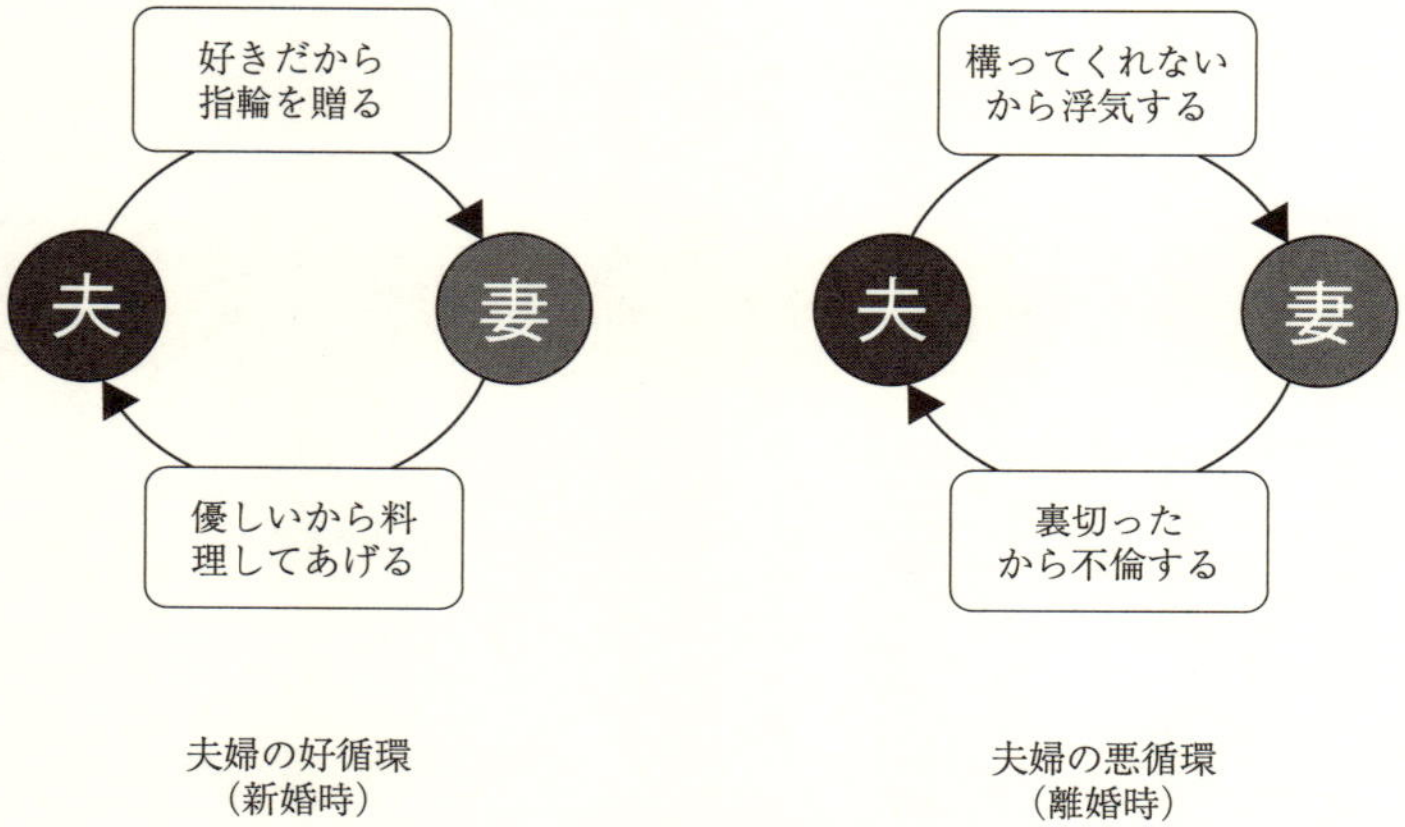

図6　社会的葛藤の悪循環

うに二人のつながり方は新婚時も離婚時も全く同じであるが、一度不信や不満が生じると社会的葛藤の悪循環が回りだし、これを止めることは容易ではない。このようなつながりにおける贈与と復讐の循環の自律性は、社会学者マルセル・モース（一八七二－一九五〇）が調査したアメリカの先住部族から現在まで強固に維持されており[18]、臨床においても毎日目にする光景である。この悪循環はつながりが解消されるのであればまだよい方で、関係が維持されたまま一方の個人が問題と思うもう一方の個人を排除するまで繰り返し攻撃し、その結果悲劇が生じることもある。冷徹に家族の崩壊を扱うルキノ・ヴィスコンティ監督の映画『イノセント』では、裕福な貴族が、自分が浮気をしているにも関わらず妻に不信をいだき、妻も復讐のために浮気をし、結果妻との間にできた嬰児を、浮気相手との子供と疑って殺し、自らも自殺する。この復讐の連鎖は、個人の地位や知的能力、財力と全く関係なく生じる。

社会的葛藤による関係性攻撃は、集団内の攻撃であるため、外部から覚知し、介入することは難しい。虐待疑いで通報され、児童相談所で児を保護された母親の多くは、「なんとか家でうまくやろうとしているのに、どうして私から子供を奪うのか」と激高する。いじめの場合も、加害生徒は自分たちがいじめをしていると思ってはいない。ただ、復讐する恐れのない弱い生徒に社会的葛藤を与えることで、自らの権力や他の仲間との関係を強めたいと思っている。複数の人間がグループ関係になると、その中でリーダーとグループの行動ルールができあがり、グループ内で力の弱い者を攻撃する。そして最終的に弱い者が排除される。この弱者は、当然のことながら、子供か高齢者か障害者である。この闘争は、弱者からみれば、虐待であったり、いじめであったり、ハラスメントである。子供は虐待の結果、愛を与えられなかった虚無感と親への不信感を抱き、高い自殺リスクのまま成長するだろう。いじめであれば、被害生徒は孤立感や自責感に苛まれ、PTSDに陥ったり、自殺を考えるかもしれない。しかし、多くの場合、加害者は被害者に鈍感にみえる。おそらく自分が加害者とは思えないだろう。対人関係において集団の秩序を守った、自己の損益を守った、あるいは復讐をしたのだ、と思うだろう。虐待で逮捕された親の多くは、裁判で「いうことをきかなかったから」「可愛いと思えなかったから」と述べる。彼らは自らのジレンマを解決するために、仕方なく虐待をしたのであって、「自分は悪くない」、と思うことだろう。このような行動様式は、人間に限らず哺乳類に普通なのかもしれない。

共依存はどうであろうか。こちらは、つながりの維持が目的化してしまい、現実に生じている不適応の問題を考えないようにする（否認する）共同行動といえるかもしれない。お互いが破滅するまで、みせかけの安定した関係を続ける必要があるのだ。

社会的葛藤への対策

さて、このような社会的葛藤への対策はあるだろうか。まず個人のレベルで考えてみよう。前項で検討してきたように、社会的葛藤は、相互につながりの強い内集団において、本人たちが気づいていない暗黙の集団ルールに基づいて一方が他方を攻撃し、それが悪循環となって特定個人が排除されるプロセスである。そこで被害を受けている当事者ができることは、①そのつながりを自ら断ち切るか、②つながりはそのままでつながり方のずれを修復させるか、③つながりの悪循環を好循環に変容させるか、④集団外に援助を求めるか、の四つの方法が考えられる。対人関係ストレスへの対処法として、相手は変わらないから自分の認知を変えようといった単純な方法がよく紹介されている。しかし、そのような対処は葛藤がそれほど深刻でない場合しか適用できない。自殺を考えているようなら、①のつながりを断ち切ることが最優先だが、いじめや恋愛関係や友人関係の下で葛藤が生じている場合、復讐の悪循環にも囚われているために、自分一人で決意して内集団から離脱することは容易ではない。②は、相手とコミュニケーションをよくとり、そのずれを確認し、互いの人格が問題でないことを共有し、双方のルールを明らかにする努力が必要である。これも、内集団のメンバーだけで解決するには双方の努力がいるために難しい。③は、悪循環を好循環に戻すために、相手の次の復讐や攻撃の前に、相手に何らかの贈物やサポートを与えることがよい。先の離婚寸前の夫婦の例では、妻が離婚の印鑑をつく「前」に夫が謝って、妻に何らかの贈物をするほかはない。これは、単純な譲歩ではなく、部族間での復讐の連鎖を納める儀式に使う「生贄」と同じ意味である。先に提供サポートを行うことで、負の循環の方向を逆転させるのである。相手とうまくコミュニケーションがとれないから困っているのに、どうしてそんなことができるのか、どうして先に譲歩するのかと反論する向きもあろう。しかし、よく考えてほしいのは、社会的葛藤が生じる前提としてのつながりは、当初は好ましいもののはずであったという点である。そうでなければ、そもそもつながりを持つことはない。よい関係があったのに、ずれが累積的に重なって葛藤状態となったのである。もちろん親子関係の場合は生物学的にいやおうなしの関係であるが、恋愛関係や友人関係は後から作られたものである。そう考えれば二、三の方法を試みる価値はある。押してダメなら引いてみることだ。④は、よく推奨されていることであるが、その際に問題になるのは、誰に援助を求めるかということである。例えば若年者の場合、信頼できる大人に相談しようとすることは、国が現在進めようとしているSOSの出し方教育では推奨されているが、私が知る限り、信頼できる大人は、この年になっても、周りにそうそういない。内集団の世界の被害者は、そうした外集団への援助要請には強い抵抗があるか、あるいは教師や家族に相談したけれど満足した対応を得られなかったために、自殺まで考えていることが多い。そこで若者たちに一つのアイデアとして提案したいのは、内集団を包含するより大きな集団か、その集団に敵対する力を持つ仲間に支援を求めることである。

個人的な経験ではあるが、筆者は中学生の頃にいじめにあった。当時のいじめは、数人の不良グループに絡まれて靴や机の文房具を捨てられ、恥ずかしい目にあわされるといった攻撃で、自分では大変な脅威とストレスを感じたものである。また自分がいじめにあっている、という事態を大人に話すことは、いじめにあうことよりも大変な恥辱であり、決してできないと強く思っていた。これは後に述べるスティグマの作用による。さて、ある日不良グループが机を囲んで罵詈雑言を浴びせながら、筆者の学習ノートに落書きをしたり、紙を破り始めた。それまでじっと耐え忍んでいたが、なんだかその日頭にきた筆者は、たまたま机の横にあった段ボール箱をもって、リーダー格の男子生徒を殴りつけた。すると相手は筆者が反撃することに思いもよらず、少しひるんだ。その際、今まで筆者がいじめられている場面で沈黙して傍観していたクラスの同級生たちが、突然一斉に「がんばれー」と筆者の応援を始めた。そこで勢いに乗った筆者は段ボール箱でリーダーを何度も殴った。空の段ボール箱だったので、相手にけがもなかったが、同級生たちは興奮し、ますます応援をした。その日を境に、いじめはすっかりなくなった。ここで筆者が思い知ったのは、集団の個人への攻撃は、より大きな集団からの圧力があれば消失するということである。それを学習してからというもの、現在でも筆者はすぐに、自分の周りに仲間を作る行動をとってしまう。

実はここで提案した対策は、集団レベルでの社会的葛藤への対策とほぼ同義である。集団対集団の葛藤においては、一方が他方を内集団の一員としたうえで、攻撃を行う。これはいわば、内戦をどうするかと同じで、攻撃を加える加害集団を包含するより強い集団が、内集団に圧力をかけると停戦の可能性が生じる。このような人間集団の行動特性を鑑みると、社会的葛藤に苦しむ人を支援する今日の社会の対応について、しばしば疑問に思う。例えば、いじめ自殺のように悲劇的な問題が生じると、世論を優先し、心理社会的背景を十分に検討することなく、それを直ちに規制する法律が作られる。しかし、法律というのは社会的要請があって作られるルールで、内集団の暗黙のルールより実際は弱い。仮に警察や行政が学校に入っても、学校で生じている人間関係の問題という文脈が根本的に変容するわけではない。したがってよく政治家が、「いじめゼロの社会を作ります」と誇らしげにいうのは、空虚にしか聞こえない。対人攻撃は、人間が対人交流をする以上、なくすことは極めて難しい。もし刑法で処罰することでなくせるというなら、複数の青年の感情や行動が法律一つで一斉にコントロールできるといっていることに等しい。これは、薬物依存症に対して、今でも政府が行っているキャンペーン「ダメ、ゼッタイ。」運動[19]と同じ論理である。「薬物依存症は許さない」、といって乱用者を法律で処罰するほど、薬物乱用はより秘密裏に行われるようになり、結果として再犯者を増やし、脱法ドラッグなど、より生命の危険が高い薬物が合成された。もし少しでもこうした問題を減らそうとするならば、いじめや薬物依存が生じることは前提として、いかに早いうちに問題を発見し、いじめであれば被害者を守り、被害を最小限にするために、教師の日常業務をできるだけ減らして生活指導に専念させるかが重要ではないか。依存者であればその人たちを逮捕するのではなく、薬物依存症者の回復を支援する職業人材を育成するほうが効果的ではないか。社会的葛藤の存在をなくす法律を作るより、人的経済的に支援者を強く支援する法律を作ることの方が、よほど社会的意義があるのではないだろうか。

次に支援者の対応について検討する。様々な社会的葛藤の深刻さからすれば、その当事者が仮に対人関係のジレンマを背景に自殺を考えていた場合、本章の最初の事例のように、「死なないでつながろう」と安易に他者が呼びかけることは、反感や怒りを買うことも自然である。ただし、ここで重要な点は、今までに述べてきたように、当事者が苦しんでいるのは、つながることではなくてつながり方だということである。強力な社会的葛藤を経て、人とつながることを信用できなくなっているのだ。これを理解して接することが、第一に重要である。もし本人が完全につながりたくなければ、本人は相談の場面に現れることはない。相談に現れるということは、それでも現世の望ましいつながりに一縷の望みを持ち、自分のことをわかってほしいと思っていることに他ならない。治療者や相談者はその点を意識して、まず本人と信頼できるつながりを作らねばならない。次に、例えば本人と家族との間に、あるいは友人との間に、職場との間に、どのようなつながり方の障害が生じてきたのか精緻に聴き取る必要があるだろう。続いて、つながり方の問題が前項のどれにあたるかわかれば、問題の所在を明確に説明し、修正の可能性がないか検討する。修正できる可能性があれば、その点についてできれば関係者を集めて修正を試みる。特に家族の場合、同居する家族成員をできるだけ呼び出して、そのコミュニケーションのどこが問題であるか指摘する。このような技術は、対人関係療法や家族療法の基本である。

以前出会ったケースを紹介しよう。ある高校生が頻繁に暴れて、「死にたい」といっており、両親が統合失調症ではないか、と本人を連れてきた。本人は、ぶぜんとした様子でこちらの問いにほとんど答えなかった。しかし、母親が「こんな風な子じゃなくて本当はよく気が付くいい子なんですよ」というと、父親が「どうせ俺には似てないよ」とつぶやいた。母親は父親と口論を始めた。すると突如本人が立ち上がり、「死にたいよ〜」といいながら、足踏みを始めた。途端に両親は口論をやめ、二人で同時に「ね、先生。こんな風に息子はなってしまうんです」と話した。両親と本人の様子から、本人が騒ぐのは、両親の喧嘩を鎮めたいためですね、と説明すると本人は足踏みをやめて椅子に座り、じっとこちらを見つめて「そうです」と答えた。その後本人は死にたいと訴えることも暴れることもなくなり、両親は円満離婚した。このケースではつながりの問題を処理する家族の暗黙のルール、「両親の葛藤を回避するために息子が病気を演じること」、が当事者間で明らかになって、家族のつながりはもはや維持できなくなったのである。このケースについて家族療法的に説明すれば、患者の症状の意味を家族のコミュニケーションの問題と再解釈し、家族というシステムの維持のために患者が犠牲になるシステムから家族システムを解体して個人が生き残れるシステムに変化させた、ということになる。

社会的葛藤の支援者の役割は、端的にいって当事者の内集団の葛藤を外部から変えることである。しかし多くの場合、自殺行動を考えるまでに至った社会的葛藤を解きほぐすのは容易なことではなく、しばしば専門的技術を必要とする。ここに、心理臨床家や精神科医の存在意義がある。本人の傷つきをやわらげて、新たに信頼できるつながりを作り上げ、葛藤の要因となったジレンマ関係を編みなおすことには、数年を要することもある。よく考えてみると、歴史的な小説や映画のドラマで描かれているテーマは、そのほとんどが登場人物たちの社会的葛藤である。

映画『普通の人々』（ロバート・レッドフォード監督）では、兄を事故で亡くした主人公コンラッドが、自責感に苛まれてうつ病となり、自殺未遂で精神科に入院する。退院後ほとんど話をしない精神分析家のタイロン医師に外来通院し、弱い父、強い母とは取り繕った交流を続ける。コンラッドは精神分析の経過の中で徐々に心を開き、何が問題か考え始める。問題が母の兄への愛情の偏り、両親の社会的葛藤、自分への愛情の欠如にあると意識した時、コンラッドは激しく動揺する。その時、今まで中立的にふるまっていたタイロン医師が、「君を守る」と強く保証する。それを機会にコンラッドは生きることを選択するが、母親は父親と別れ、父は二人で生きようとコンラッドに告げる。

社会的葛藤とその解決は、生きることの中心テーマなのである。

個人がつながらない問題——フェイスとスティグマ

ここまで述べてきたように、社会的葛藤を内集団で当事者が解決するのは困難であるために、重要なのは、外部からの支援や援助である。しかし、私の患者がつながりたくない、という時、そこにはつながっても問題は解決しない、という絶望感に加えて、周囲に自らの問題を話したくない、という強い拒否感がある。第五章でも述べたように、「死にたい気持ちが強くても親にその問題を話すくらいなら死

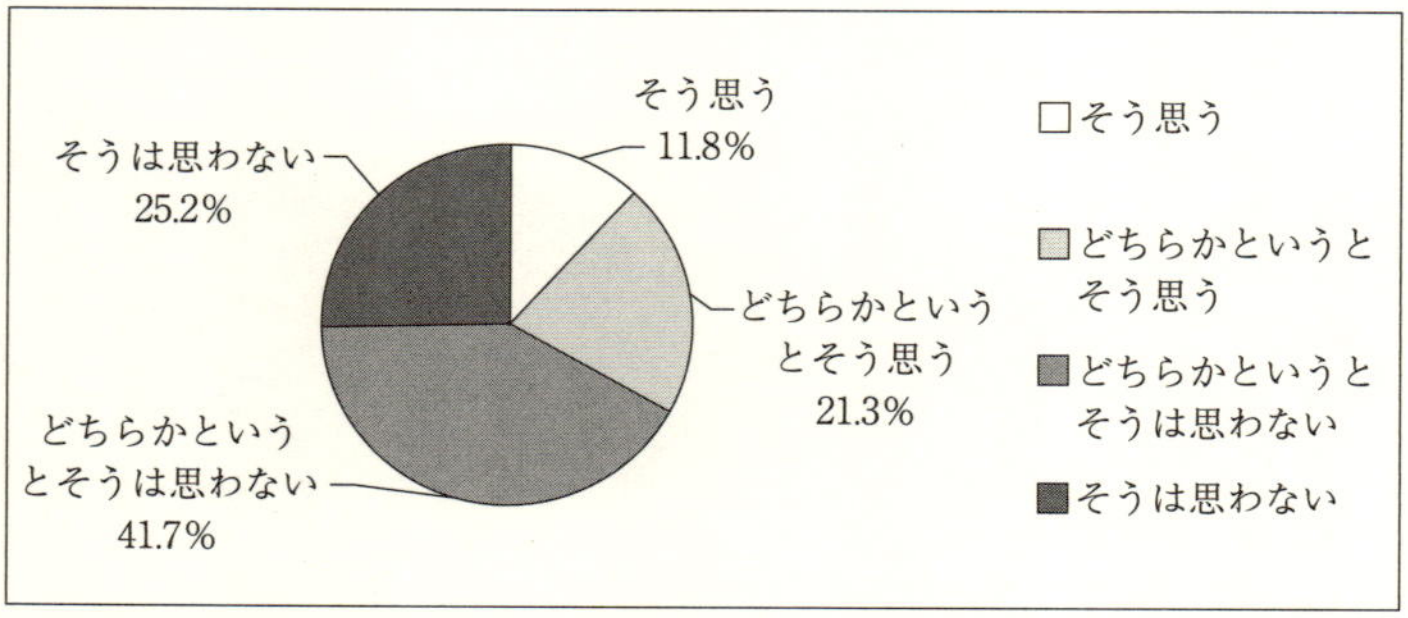

図7　「死にたい悩みを周囲の人に相談できるか」という問いへの回答比率（太刀川，2013）

ぬ」という学生はほぼ一〇〇％である。その理由として親との社会的葛藤がある場合には、理解しやすいのだが、不思議なことに親との関係が良好であっても話したがらない。それを家族に話すことについて本人に同意をとることが、自殺予防の仕事の大半を占めるほどである。このような態度は、自殺を考えている人に一般的なものであろうか？

茨城県の取手市と久慈郡大子町で筆者らが行った住民調査[20]では、「死にたいような悩みがあったらそれを周囲の人に相談できると思うか」ときいたところ、図7のような結果であった。

「そうは思わない」「どちらかと言うとそうは思わない」を合わせて実に七割が、「死にたい気持ちがあっても人に相談するつもりはない」と答えているのである。このような状況では自殺予防のために支援につなげることが困難と言わざるを得ない。否定的な自分の個人情報を対面している人に話さないことを心理学の用語では自己開示の抵抗や自己隠蔽という[21]。このような行動の理由には「話すことでますますつらくなる」、「相手から悪いイメージでみられる」、「このことを話す自分は恰好悪い」、「相手が内容をきちんと理解してくれない」といった当事者の思いがあるという。確かにそうだろうが、自己隠蔽の概念は本人の心理解釈に限定されて、対面場面で自殺の問題を話すことだけがいやだ、という理由の説明としては不十分である。なぜなら死にたい気持ちを話したくない学生は、自分がゆううつだ、とか精神科にかかっていることを親に話すことにはそれほど拒否を示さないからである。また、筆者には「死にたい」といっているのであるから、いいたくない対象は家族に限定されている。なぜだろうか。さらに詳しく話したくない理由を聞くと、「親元をやっと離れたので、家族には自分がうまくいっていることだけを話したい」「自殺を考えていることを家族に話すと今までの面子がつぶれてしまう」「家族に余計な心配をかけてしまう」といっていることを家族に話すと今までの面子がつぶれてしまう」「家族に余計な心配をかけてしまう」とい

う。これは、いいかえると「自殺という問題は、一般的に極めて好ましくないことであり、それを考えているような自分をみせること、知られることは、親元を離れて自立している、うまくやっているはずの自分のイメージを台無しにする。それが親に知られることは死に値するほど恥ずかしいことである」といっているように聞こえる。ではここでいう「面子」とそれが毀損されることへの強い恐怖感はどのように考えたらいいだろうか。

面子を学術的に検討したのは、社会学者のアーヴィング・ゴフマン(一九二二―一九八二)である。彼が提唱した**フェイス(face)**[22]という概念は、他者との対面状況においてイメージ通りの自分を通して人と接することを指す。日本語でいえば「面子」といいかえてもよいだろう。人は人間関係の中で、守りたい自分のイメージや自分の価値があって、それを対人場面で表現したいと常に思っている。例えば「俺はみんなの中で頭がいいキャラだから馬鹿なことはできない」というような、複数の中でのフェイスと、それから彼女といる時に「彼女には弱いところも見せられる」というフェイス、それぞれのフェイスをその場面、場面で使い分けている。フェイスは誰と接するかによって変化をする。このようなフェイスを保つことが人間存在としては極めて重要だとゴフマンは述べる。人は誰でも、他者から否定的

に思われたり避けられることは避けたい、自分のイメージの価値が汚される特徴や属性は、他者から隠してフェイスを保ちたい、と思っている。それがつながることの前提となるからだ。

さらに、そのフェイスを汚すことになるような自らの否定的な特徴や属性を、彼は**スティグマ**[23]（**stigma**）と定義づけた。スティグマとは、もともとギリシャ語で身体的な烙印を指す。このような属性には、顔の傷や肢体不自由のような直接的なものから、身体疾患、精神障害、自傷・自殺企図、人種・宗教などがあげられている。留年のリスクが高い大学生が、「俺はみんなの中で頭がいいから、留年しそうなことを知られたら嫌われるかもしれないから隠しておきたい」と思った場合、「頭がいい」というフェイスを守るために、「留年しそうなこと」に関するスティグマが生じていることになるだろう。私の場合、先に述べたように自分がいじめにあっている、という事態を大人に話すことは、いじめにあうことよりも大変な恥辱であり、決してできないと強く思っていた。これは、今になって思えば、「いじめられていること」に関するスティグマが生じていたのだ。

ところで、スティグマについては、従来社会や一般住民の障害者個人への差別や偏見に関する社会側のスティグマが問題となっていた。そこで、精神医療の領域では、精神疾患は差別すべきだという社会認識を変えようという、アンチスティグマ活動がスティグマの理解の主たるものであった[24]。しかし、これはスティグマを抱える当事者を指している言葉ではなく、支援者や、社会側のもつスティグマを指している。一方、ゴフマンの言うスティグマは、本来は関係性概念であり、正確には対人関係や社会状況の中で個人がどうふるまうかということを指している。

そこでエイミー・ワトソンら[25]は、スティグマをパブリックスティグマとセルフスティグマに分類し、その概念を明確化した。社会側がもつ精神障害者へのスティグマは前者のパブリックスティグマにあた

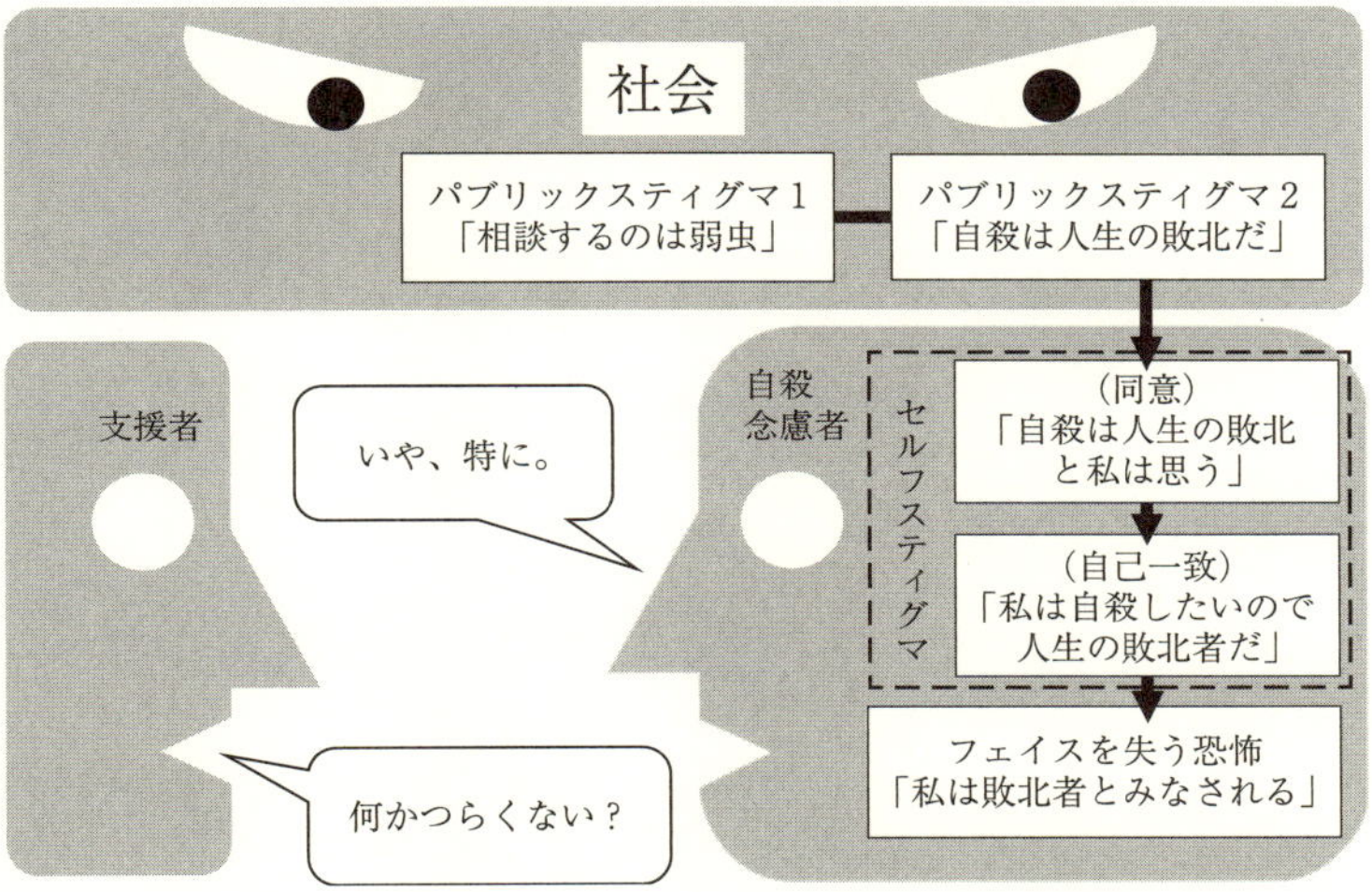

図８　ワトソンらの認知モデルによるスティグマの概念図

る。後者のセルフスティグマとは、社会からの否定的なイメージであるパブリックスティグマが個人の中に内在化されて、個人が自己を社会的に差別される属性と感じることを指す。これによって、羞恥、自己隠蔽の傾向が強まり、他者への援助を求めることを拒絶し、抑うつが悪化するとされる。少しわかりにくいと思われるので、図８に模式図を使って説明しよう。

図の上部が社会、右下が自殺を考える者、左下が支援者を指す。社会の中で「相談するのは弱虫」「自殺は人生の敗北だ」というパブリックスティグマがあるとすると、この命題を個人が同意して「自殺は人生の敗北と私は思う」と自分の認知に取り込む。次に「私は自殺したいので人生の敗北者だ」と自分をその否定的な属性に一致させる。これがセルフスティグマである。セルフスティグマは支援者に対するフェイスを失わせ「私は敗北者とみなされる」という恐怖を惹起する。このため支援者、例えば家族に「何かつらくないか」と聞かれても「いや、特に」と答えて本音を話さないことになる。これが、スティグマが自己隠蔽を起こすメカニズムと考えられる。ゴフマンによれば、この状況で、スティグマを持つ者が自分の心の内を話せるのは、同じスティグマを持った仲間（ピア）か、あるいはそのスティグマをよく知る専門家、例えば精神疾患であれば精神科医だけであるという。これが、最初にのべた患者が自殺予防活動に苦言を述べ、私がいじめを周囲に話せず、自殺を考える大学生が親への連絡を拒絶した理由として最もふさわしい説明と思われる。

社会学者の阪本俊生は、ゴフマンのフェイス概念を検討し、社会における「暗黙の規範」、例えば、「働かざる者食うべからず」といったステレオタイプがあると、生活保護を受けてもフェイスを失うことでスティグマが生じ、自殺が起こるのではないか、と指摘する。そして、フェイスを失うことが自殺の原因ではないか、という仮説を提言している。[26] 筆者の考え方に一致していて、興味深い。

ではつながることが困難な人に対して、どのような自殺予防が可能だろうか。まず、ハイリスク者に対しては本人のセルフスティグマを検討し、その認知を和らげて支援につなげる慎重な対応が必要であろう。また、自殺予防キャンペーンは、自殺ハイリスク者と一般支援者への啓発をわけるべきだろう。「みんなでつながろう」、と伝えるのは、健康な人、支援する人向けのスローガンである。そうではなくて、自殺に傾く個人に対して、「あなたとつながりたいのだ」と伝え、死にたい気持ちを理解する人がいること、自殺の思いを支援者に話しても、面子を失うことはなく、それを支援する方法があることを理解させる必要がある。これは、日常の臨床だけでなく、自殺予防教育という形で若年者に実施できるはずである。

また、自殺に関する様々な偏見がパブリックスティグマであるならば、その価値観を変えるメディア戦略が必要であろう。自殺は誰でも考えることで、他人ごとではないこと、面子を重視する社会でなく様々な価値観を持つ個人がいてよい社会を構築すべきであることを、問題提起していくべきであろう。国は現在示している「一億総活躍社会」などといった、全体主義的で空虚なスローガンではなく、「格差があっても暮らしやすい社会づくり」を目指すべきである。本来セルフスティグマはパブリックスティグマが個人に内在化して生じるものであるから、社会的価値観の前向きな変化があれば、それは個人の自殺予防につながるはずである。例えば、社会的価値の変化の例として、「できちゃった結婚」があげられる。一九八〇年代までは、結婚前に妊娠することについて、かなり否定的なパブリックスティグマがあった。しかし、歌手の安室奈美恵が妊娠後に結婚したことが報じられてから、いわゆる「できちゃった婚」に対して肯定的な世論が形成され、妊娠後の結婚の比率はその後倍となり、現在第一子では二五パーセント以上の水準になっているという。[27] 同様に、もしも「死にたいといって相談することは悪いことではない」というパブリックスティグマの変化が生じれば、それは相談への抵抗を減じ、自殺を考えている人の援助希求を高める可能性もある。

（1） International association for suicide prevention（IASP）: World Suicide Prevention Day Working Together to Prevent Suicide.（https://iasp.info/wspd2018/）, 2018.
（2） 藤堂明保、竹田晃、松本昭ほか編『漢字源』学習研究社、二〇〇七。
（3） 中島義道『反〈絆〉論』ちくま新書、二〇一四。
（4） 厚生労働省自殺対策推進室『警察庁生活安全局生活安全企画課：平成29年中における自殺の状況』二〇一八。

（5）加藤司、谷口弘一編『対人関係のダークサイド』北大路書房、二〇〇八。
（6）谷口弘一、福岡欣治編『対人関係と適応の心理学――ストレス対処の理論と実践』北大路書房、二〇〇六。
（7）相川充、高井次郎『コミュニケーションと対人関係』（展望現代の社会心理学2）、誠信書房、二〇一〇。
（8）文部科学省「いじめ防止対策推進法（法律第七十一号）」二〇一三。
（9）厚生労働省『職場のいじめ・嫌がらせ問題に関する円卓会議ワーキング・グループ報告』二〇一二。
（10）内閣府男女共同参画局「配偶者からの暴力の防止及び被害者の保護等に関する法律」（平成十三年法律第三十一号、最終改正：平成二十六年法律第二十八号）、二〇一四。
（11）厚生労働省「児童虐待の防止等に関する法律」（平成十二年法律第八十二号、最終改正平成十九年六月一日法律第七十三号）、二〇〇七。
（12）緒方明『アダルトチルドレンと共依存』誠信書房、一九九六。
（13）山岸敏男『社会的ジレンマ――「環境破壊」から「いじめ」まで』ＰＨＰ研究所、二〇〇〇。
（14）グレゴリー ベイトソン（佐藤良明訳）『精神の生態学』新思索社、二〇〇〇。
（15）Madsen IEH, Nyberg ST, Magnusson Hanson LL, et. al.: Job strain as a risk factor for clinical depression: systematic review and meta-analysis with additional individual participant data. *Psychol Med* 47(8): 1342-1356, 2017.
（16）広井良典『コミュニティを問いなおす――つながり・都市・日本社会の未来』ちくま新書、二〇〇九。
（17）マルク・R・アンスパック（杉山光信訳）『悪循環と好循環――互酬性の形／相手も同じことをするという条件で』新評論、二〇一二。
（18）マルセル・モース（吉田禎吾、江川純一訳）『贈与論』ちくま学芸文庫、二〇〇九。
（19）財団法人麻薬・覚せい剤乱用防止センター「ダメ・ゼッタイ。」普及運動。（http://www.dapc.or.jp/info

/fukyu.htm)
(20) 太刀川弘和、松井豊、遠藤剛他『ゲートキーパー養成・サポートネットワーク体制整備事業　事業報告書』二〇一三。
(21) 河野和明「自己隠蔽尺度（Self-Concealment Scale）・刺激希求尺度・自覚的身体症状の関係」『実験社会心理学研究』四〇（二）、一一五―一二一、二〇〇〇。
(22) アーヴィング・ゴッフマン（浅野敏夫訳）『儀礼としての相互行為――対面行動の社会学』（叢書・ウニベルシタス）、法政大学出版局、二〇一二。
(23) アーヴィング・ゴッフマン（石黒毅訳）『スティグマの社会学――烙印を押されたアイデンティティ』せりか書房、改訂版、二〇〇一。
(24) ノーマン・サルトリウス（日本若手精神科医の会（ＪＹＰＯ）訳）『アンチスティグマの精神医学――メンタルヘルスへの挑戦』金剛出版、二〇一三。
(25) Watson AC, Corrigan P, Larson JE, et al.: Self-stigma in people with mental illness. *Schizophr Bull.* 33(6): 1312-8., 2007.
(26) 大村英昭、阪本俊生『新・自殺論　フェイス・ロスの自殺』（仮題）、青弓社（近刊）
(27) 粂美奈子「できちゃった結婚をちょっとまじめに考えてみる　結婚が先か、妊娠が先か。All about 恋愛・結婚」（https://allabout.co.jp/gm/gc/225471/）。

第八章 つながりの社会的課題

他人に笑われたくない、恥をかきたくない、これが日本人の行動を規定する。正しいかどうかで決めるのではなくて、世間がそれをどう思うかで自分の行動を決めているのだ。

社会のつながりがもたらす自殺

前章では、個人対個人、個人対集団の社会的葛藤について説明した。こうした葛藤は、個人対社会でも起こり、しばしば悲劇的な自殺が生じる。社会の怒りが個人を排除して自殺においやる場合もあれば、個人が社会に適応できずに自殺をする場合もある。後者はこれまでに説明してきた。前者には具体的に、差別、バッシング、スケープゴートなどがある。特にメディアによるスケープゴート自殺の例として、二〇〇四年の鳥インフルエンザ事件、二〇〇六年の偽メール事件、それから二〇一四年のＳＴＡＰ細胞事件などがあげられる。スケープゴートとは、ある個人や団体が懸案の社会的問題を引き起こした、と言って世論が当事者を一斉に責め立てる行為である。心理学的なスケープゴートの定義は、怒りやフラストレーションを個人やグループに投影し、その怒りの総量が非常に大きくなっていくような状況を指す(1)。スケープゴートの結果、数少ない人間が自殺に追いやられることがある。

ここではスケープゴート自殺として、ＳＴＡＰ細胞の事例(2)を検討してみよう。もちろん、筆者は問題の善悪や特定個人の責任の所在を論じる気は全くないことをあらかじめ宣言しておきたい。ただスケープゴート現象を理解するうえで端的な事例のためにあげている。まだご記憶の方も多いと思うが、事件の経過は次の通りである。

単純な刺激だけで新万能細胞ができることを見出した理化学研究所（理研）の小保方晴子氏と共著者で上司にあたる笹井芳樹氏は、共に記者会見を行った。同研究はネイチャーという世界で最も権威ある科学雑誌に掲載され、メディアはこれを世紀の発見として大々的に報じた。しかし他の研究者たちが、論文には多数の間違いがあり、論文の結果が本当に正しいかどうかは疑問である、と指摘した。二〇一四年の三月に、結局著者達は論文を取り下げた。笹井氏は著名な研究者であったが、この経緯の責任をとって辞職したいと述べた。理研は本人の訴えを保留して、彼は一カ月間病院に入院した。その間メディアは何度となくこの研究の問題点を報じ、理研は研究の再現実験を実施した。しかし再現結果は得られなかった。四月になって小保方氏と笹井氏は別々に記者会見し、それでも研究成果に間違いはないと主張した。メディアは、この問題の責任者は誰であるのかということを探し始めた。笹井氏は、この問題の責任者であると報道されるようになり、抑うつ状態に陥った。七月になって笹井氏の所属組織である理研は笹井氏が問題の責任者であると結論し、彼の研究室を閉鎖することにした。八月になって笹井氏は自殺してしまった。

事件の経過と報道件数の時系列推移を図1に示す。

この経過の中では、笹井氏が自殺したのが八月初めであるが、三月から繰り返しメディアが報じて、一旦沈静化した後、七月の終わりに検証番組が放送されるなど、メディアの批判責任論調が笹井氏に再び高まったことがわかる。このような事態が、科学的根拠を重視し、世俗的な問題とは離れているはずの、日本を代表する研究機関で起こったことには、驚きを禁じ得ない。確かに論文が誤っており、研究者の資質と行動に疑義があるかもしれないが、論文を取り下げ、再現実験も行うなどの処置は講じているわけで、論理的にはそれで問題は決着したとしていいはずである。それにもかかわらず社会は、なぜ優秀な科学者を追い詰め、自殺に追いやったのか。おそらく、研究成果を記者会見しておきながら、それが「うそ」だったとは何事か、裏切ったな、という世間の怒りを、メディアが増幅したことが大きいだろう。実際報道記事の件数が最も大きいのは論文不正の報告がされて改めて渦中の著者が会見した時

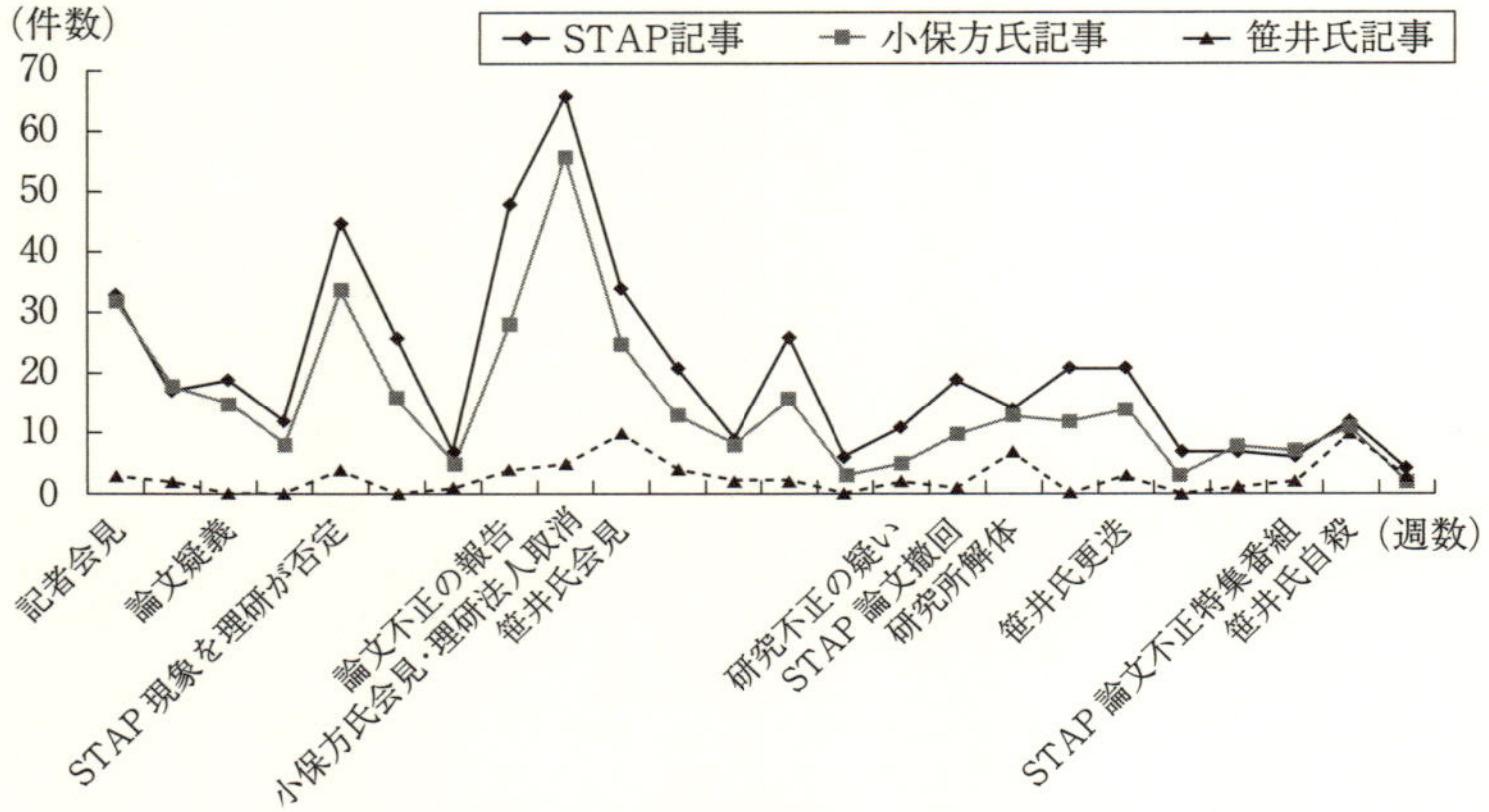

図 1　STAP 細胞事件報道の時系列推移

で、論文成果発表時の二倍以上の記事件数になっている。また、報道が生じるたびに、徐々に笹井氏の立場が追い詰められていくことが経過からわかる。

この事例からスケープゴート現象をもう少し細かくいえば、ある社会的問題の理由がわからない場合、そこに「うそ」や何らかの不正が疑われる場合に、世間の怒りを代弁してメディアが繰り返し問題の当事者の責任を追及する。当事者が最終的に一人の人物に集中すると、さらにメディアに影響された世論がその責任者を強く責め、とうとう自分の所属組織から組織維持のために責任者（スケープゴート）は社会的に排除されるのである。このようにメディアを介して世間によって執行される個人の社会的排除、すなわちスケープゴート現象による自殺は、実際は結構な頻度で生じているのではないかと思う。

筆者が以前診た行政職の部長は、本人が部長になる「前から」、数年にわたって続いていた行政組織の不正が報じられた途端、激しく周囲から責任を追及され、部長を辞任させられ、うつ病になり、自殺を企図して入院してきた。うつ病が改善してきた時、彼から語られたのは、報道そのものよりも、報道翌日の職場の部下、同僚、上司の、本人に対する態度の豹変であった。それは、昨日までの交流と打って変わって、本人の問いかけを無視し、指示には従わず、本人がいないかのようにふるまい、あたかも「世間の追及は組織、すなわち私たちとは関係なく、部長のせいです」と互いにアピールしているようであった。組織の豹変に恐怖し、絶望して、本人は、周りが組織のために「死ね」といっている、と理解したという。幸い本人はその後無実を主張して受け入れられ、別の部署に復帰することができた。この話からわかるのは、社会から問題を糾弾された組織集団は、内集団の特定個人を、「生贄」として排除することによって、組織の維持を図るというプロセスである。

日本は対人関係の維持と秩序を過度に尊重する国である。例えば、筆者は先日娘の高校の入学式に行ったが、式では来賓の代理の挨拶も含めて国旗に三〇回、「一同、礼！」をさせられていた。しかも、それはあまりにも当然のようにさせられていたので、三〇回という数字を、たまたま退屈で数えた私自身が驚いた。それくらいあたりまえのものとして学校では、共同体における協調が何度となく教育され、個人がそれに逆らえば、問題があると思われる。家族や集団への依存を奨励する活動も著しい。テレビをつければ、「家族は素晴らしい」という趣旨のコマーシャルが五回に一回は流れる。最近では、「日本が素晴らしい」という番組も多い。逆に個人の自立を促す番組はほとんどない。少なくとも私が大学を卒業するまでに、「人と付き合わない」ためにはどうするかというような教育を受けたことはない。自立のために、親から離れて自分でどういう風に過ごせば自分のためになるか、対人関係の葛藤があった時どういう風に処理すればいいか、という教育も受けた試しはない。読者の皆さんは受けたことがあるだろうか？　第五章であげた、自殺したいという子に「死んでもいいから卒業させてほしい」といった親の訴えも、「世間に申し訳ない」、といって自殺する政治家も、スケープゴート自殺に至った人たちも、世間体と面子を過度に重視する特異な社会通念の犠牲者と考えれば、理解できる。

これらの点が日本社会の特徴であることは、以前から何度か指摘がなされている。精神科医の土居健郎は、『甘えの構造』[3]において、「義理人情を大事にするという社会は、実は依存症を歓迎することである。義理は人々を依存的な関係にしばるということもできる。義理人情が支配的なモラルである日本社会というのは、かくして受動的な愛情希求が瀰漫した世界であったと言って過言ではない」と述べている。戦後のアメリカ人が日本を分析した、ルース・ベネディクトの『菊と刀』[4]においても、「他人に笑われたくない、恥をかきたくない、これが日本人の行動を規定する。正しいかどうかで決めるのではなくて、世間がそれをどう思うかで自分の行動を決めているのだ」と述べられている。このような日本社会の特性は、従来、対人恐怖やひきこもりの解釈によく用いられていたが、自殺においても同様の影響を与えていないだろうか。

インターネット上では、近年日々悪人が仕立てられ、まるで村八分の再来と見まがうネットバッシングが生じている。彼らがバッシングされる論拠としてネット上の意見で読み取れることは、批判している個別の内容ではなく、「世間の雰囲気を読まない行動をする奴は許せない」、という一貫したテーゼである。精神科医の岩波明[5]は、最近他者を非難する人がネット上に増えている要因として、インターネットによって世界が小さくなっていること、社会がコンプライアンスに過度に敏感になっていることに加えて、日本人が元来持つ特性として、島国の閉鎖空間が培った差異への敏感さが大きい、と述べている。差異を否定する風潮が日本人の気質としてそもそも高いことは、いいかえれば日本社会がその性質上全体主義的であることを示すだろう。世間体と面子を絶対視するような社会においては、個人の行動が世間によって拘束されるという意味では、デュルケーム[6]がいうところの拘束の強い社会における「集団主義的自殺」が日本においては戦前から戦後まで、常に生じていることを示唆している。

誰にもつながれない時――自殺の社会モデル再考

さて、ここまではつながることの社会問題を、日本文化の特異性から論じたが、議論をもう少し一般化して、自殺の社会モデルをつながりの視点から再構築してみよう。まず、デュルケームの提唱した自殺の社会モデルは、個人と社会のつながりの強度が、社会現象としての自殺を説明する、とした。さらに、前章で説明した議論では、個別のつながりがフェイスを介して問題となった時、自殺が生じる、と考えた。これを図2に、模式的に示す。

ここで、A、B、Cがつながりのある個人、Xが社会だとする。社会的葛藤で問題になっているのはAのB、Cとのつながりである。もしAがBとの社会的葛藤から自殺を考えるとするなら、AがCとつながればよい、というのが、ここまで考えてきた自殺予防の方法論である。では、もしAがCともつながれなかったらどうするか。自分の周りには他に人間がいない。するとAが自殺しないためには、社会Xとのつながりを生きる糧とするほかはない。ではこのXとのつながりはどのようなものだろうか？

精神科医の小笠原将之は、自ら担当した自殺企図事例を振り返ったうえで、人生の意味が危機に瀕した絶望している人間に対しては、「人の絆」や「支えあい」といった具体的な次元での対応は困難であり、例えば「神」といった超越的次元を視野に入れた実存モデルが有用である、と指摘している。(7) しかし超越的次元が目に見えないつながりだとすると、それは神にとどまらない。Xは、神でも仏でもいいし、政治であってもいい。しかし、Xを信じないことにはXとのつながりは生じない。つまり、超越的な次元としての神自体が問題なのではなく、周囲の人間同士の具体的つながり以外に何かを「信じられるかどうか」が問題なのである。では信じる、いいかえれば信頼する、とはどういうことだろうか。

社会学者の山岸俊男は、「**信頼**」の概念について詳細に検討し、次のような知見を得ている。(8) 人間が求めているのは生きる上での「**安心**」である。安心は、災害や戦争がない、いわば社会の不確実性が低い状態で生じる。一方、信頼は、社会的不確実性が高い状態で必要とされる、信頼する側の特性である。社会的不確実性が高い、安心でない状態では、特定他者とのつながり（**コミットメント**）の方が作られることが多い。コミットメントと信頼は反比例の関係にあって、コミットメントが弱い社会では、信頼が強い。コミットメントが強い社会では、信頼は必要とされない。信頼は、人間社会一般への信頼である「一般的信頼」と、他者に対する特定情報に基づいて生まれる「情報依存的信頼」にわけられ、一般的信頼の低い人は、コミットメントを作りやすい。これらの知見をまとめ、先の図2を改変して図3に信頼の社会モデルを示そう。

ここでは、AのBとCとのつながりがコミットメントで、その前提にはAとB、AとCの間に情報依存的信頼がある。そしてXを信じることが、一般的信頼であるといえよう。山岸らが行った日米比較質問紙調査では、一般的常識に反して、日本はアメリカより一般的信頼の意識が低く、コミットメントの意識が高かったという。

欧米では、歴史的に一神教である神の下で、神に向き合う個人は皆平等であるという考え方が長く続いていた。旧約聖書において、(9) 神はアブラハムをはじめとして人間集団と契約を結んだので、彼らは法を重視した。そのような経緯で欧米では、超越的次元の神と人間一般を信じ、一般的信頼の方がコミットメントより重視される、個人主義的社会が浸透している。一方、日本やアジアにおいては、多神教の

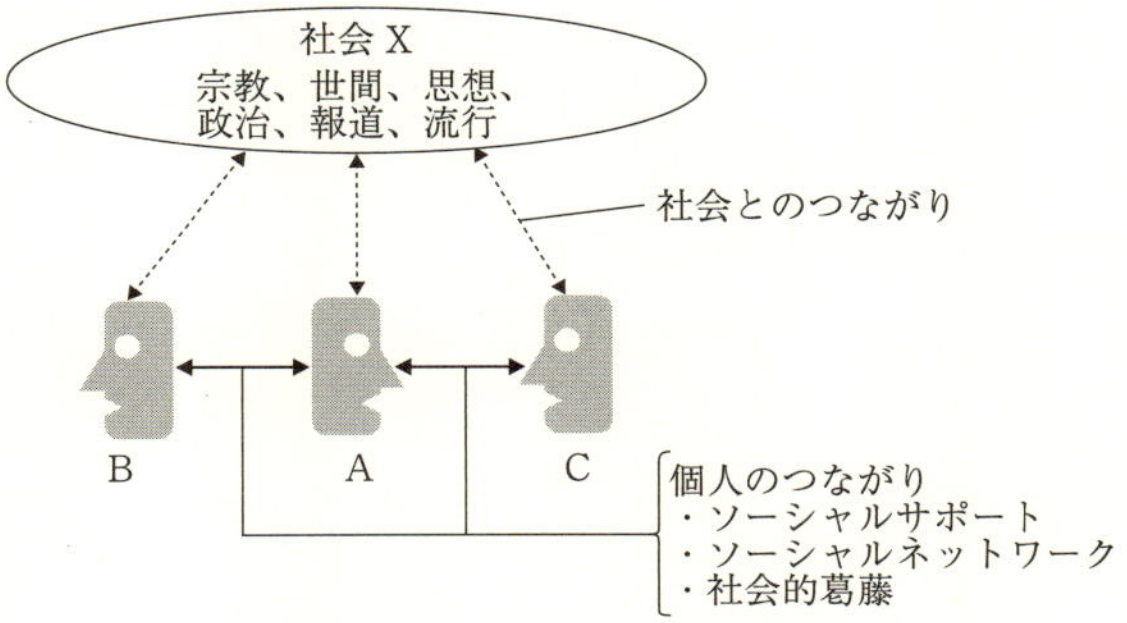

図2　つながりの社会モデル

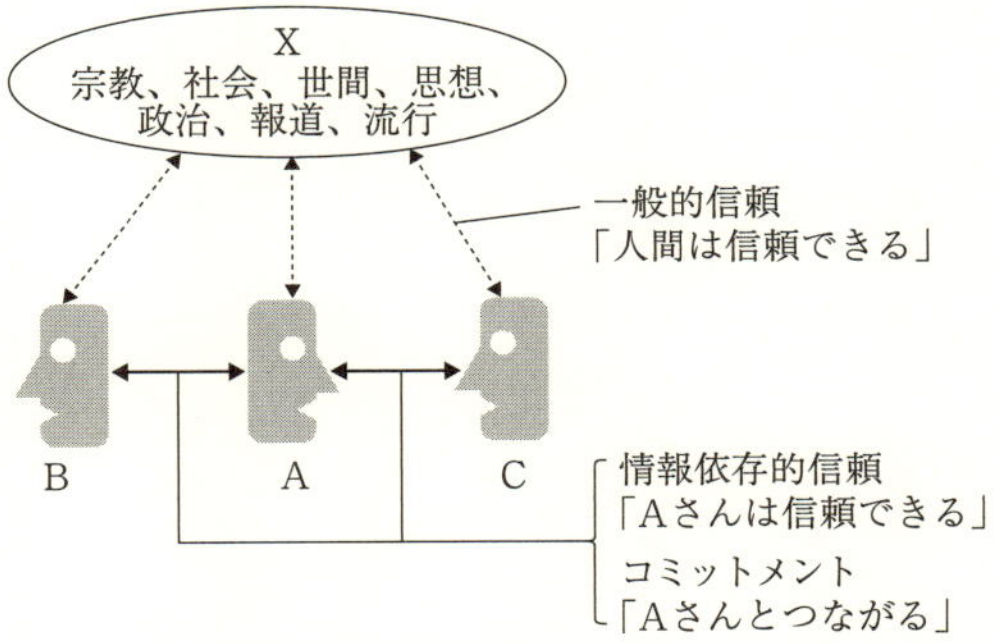

図3　信頼の社会モデル

下で神への信頼よりも現実的なコミットメントが重視され、集団主義的社会が浸透している。クリスマスやお正月やお盆の様子をみて、そこに信仰があるとはとてもいえまい。あらためて、第二章で言及した世界価値観調査[10]の結果を思い出してみよう。日本で最も信頼度の高い組織は、宗教でも政治でもなく新聞などのメディアであった。なぜメディアなのか？　メディアとは世間の代弁者である。歴史学者の阿部謹也は、「世間」とは万葉集の頃から日本に存在する関係性を指す表現であり、西欧で言う「社会」とは明確に異なるという[11]。世間とは、個人個人を結ぶ関係の環であり、個人個人を強固な絆で結び付けている。しかし、個人が自分からすすんで世間をつくるわけではない。何となく、自分の位置がそこにあるものとして生きている。世間の実態はかなり狭いもので、自分が関わりをもつ人々の関係の世界と、今後関わりをもつ可能性がある人々の関係の世界に過ぎないという。つまり、メディアの背後にあって日本人が信頼している世間とは、結局コミットメントばかりの世界、特定のつながりが敷衍されたご近所ばかりの世界のことなのである。そうだとすれば、日本社会は身近な人のつながりしか信頼していない、いわば人間一般を信じていない社会といえる。お互いを人間として信じていないから、絆のことしかいわない。組織に不祥事があるたびに謝っている相手は、直接被害を受けた相手ではなく、記者会見で舌鋒鋭く責任を追及するメディアの背後にいるご近所としての世間である。しかもそれが万葉の時代からなのだ。

このような社会は自殺の親和性が高いといわざるを得ない。超越的次元がないからである。コミットメントに問題が生じた時に逃げ場がない。コミットメントの集合体である世間から責められたら逃げ場がないと感じるのだ。張、島薗は、宗教と自殺について考察し、イスラム教、キリスト教国で自殺が少ないのは、イスラム教、キリスト教が自殺を禁じていることに対し、仏教や神道が明確に自殺を禁じてこなかったからではないかと考察している(12)。しかし、ここまでの説明でわかるように、自殺は禁止すれば生じないといった簡単なものではない。むしろ自殺の大きな社会的要因は、宗教や文化で端的に示される個人と社会の信頼のあり方ではないかと思われる。つながりそれ自体にしか信頼がない社会では、つながりに揺らぎが生じた時に自殺率が高まるのである。ここでようやく最初の問いである、なぜバブル経済の崩壊後にずっと自殺が高止まりであったのかという点に説明がつくと思う。バブルの崩壊は単に経済的側面だけでなく戦後に積み上げてきたコミットメント優先の社会意識を打ち砕いたのではないだろうか。当時盛んにいわれたのは日本式企業経営の敗北であり、不安であり、個人主義の強制である。そこで、特に自分の所属するコミットメントが崩壊した中高年男性は、一〇年程何を信頼すれば、どんな社会を作ればいいのかわからなかったと思われる。しかし、長期政権が復活し、大災害が起こって、ほらやっぱりコミットメントが安心に重要だったじゃないか、と思うようにして自殺が減ってきているのではなかろうか。だがもしそうだとしたら、つながりだけの社会意識は維持されているため、「世間」の前で一定数のいじめや引きこもり、スケープゴート等の社会的葛藤の犠牲者は今後も続くだろうし、誰かが音頭をとれば一斉に戦争に向かうだろうし、つながり自体が問われるような社会変化で自殺は再び増加に転じることが危惧される。

なぜこのような社会が生じているとかということについて、日本は島国で、農耕民族であり、頻繁に災害が生じた歴史から、コミットメントの維持を重視し、ソーシャネットワークを強め、互いの価値観を一致させ、ムラ社会の規範を遵守することが生存の条件であったのではないかと思う。つまり、**日本は、安心社会であるが信頼社会ではない**。安全には敏感で災害や戦争などの社会全体の危機には一致団結しやすく生存力が高い社会ではあるが、一方で個人主義が強まるような、コミットメントで対応しきれない個人の社会的不確実性が高まる状態においては、脆弱で自殺が増えやすい国なのではないだろうか。

他の国の自殺も同様のモデルで考えると良いかもしれない。コミットメント以外の社会構造に信頼がおけなくなった時に自殺が増えると考えれば説明がつく。図4に日本を含む東洋社会と社会主義社会、西欧社会の社会モデルを示した。東洋諸国は、日本と同様にコミットメントに重きをおいた社会構造である。社会的モラルに関する強い道徳的価値観である儒教の「徳知主義」[13]や、先に説明した「面子」[14]の

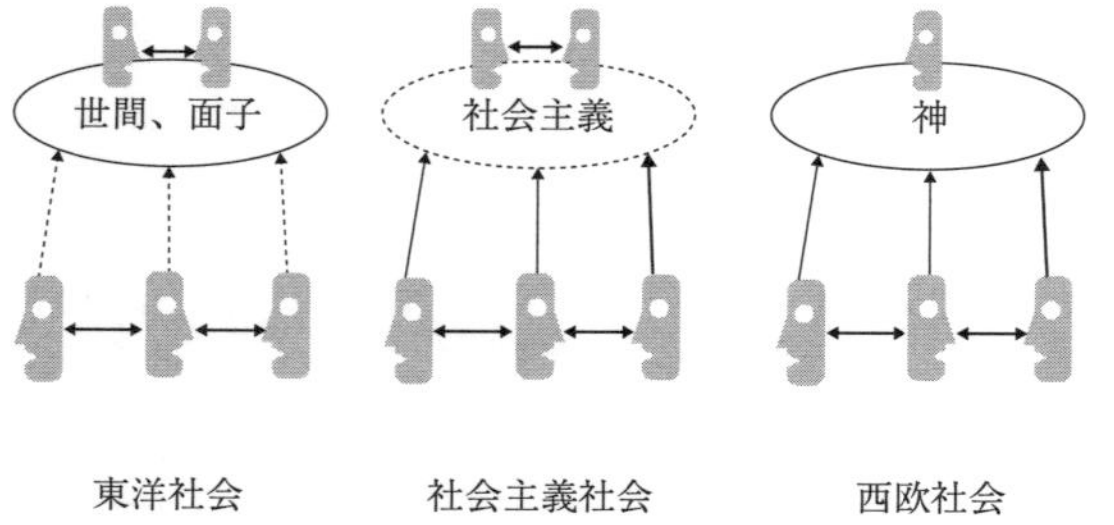

図4　つながりからみる世界の社会モデル

概念が個人の活動に強く影響している。韓国では一時は国を代表したはずの大統領経験者が逮捕され、自殺に至った例もある[15]。

また、第一章で説明したように、世界で日本と韓国の他に自殺率が高い国は、多くが元ソ連邦であった国々である。これらの国では、社会主義の下で個人は平等であり、生活の全てを中央政権が備給するという思想が植え付けられた。ここで信頼を強制されていたのは唯一X＝社会主義であった。ところがその社会主義が崩壊してしまったため、一般的信頼にたる価値は社会から失われてしまった。これは人間の安心にとって深刻である。一方神は、超越的次元にいるため、政府や思想のように崩壊したり改変したりすることは基本的にない。「汝の隣人を愛せ」と神が十戒でモーゼに[9]いうからには、隣人に優しくせざるを得ない。ここでは、それがいいか悪いかを論じているのでは全くないし、私はキリスト教の信者ではない。ただ、いのちの電話の源流である英国のよき隣人（サマリタンズ）活動[16]や、薬物依存症者の自助グループ（NA、ダルク）[17]活動など、直接間接的に自殺予防に関わる活動は、その多くがキリスト教会によって始められたものである。議論はあるだろうが、どちらかといえば、東アジアの社会構造は、社会主義と同様に、自殺親和性が高いと思われる。

つながれない私たちの社会

今度は自殺を考える人とつながれない社会側の問題について検討しよう。死にたい人をつなげる場所として、いのちの電話、よりそいホットラインなど危機介入のための電話相談機関、警察、消防、精神科病院、保健所などの精神保健機関、心理相談機関、経済生活関連における市町村窓口や弁護士法律支援センター、虐待に関連する女性シェルターや児童相談所など様々な窓口がある。しかし、これらの窓口に自殺を考える人を上手くつなげられないという問題がある。

例えば、いのちの電話や各種ホットラインは、リピーターで占有され、相談窓口の能力の数倍の相談があるために、電話を何十回かけてもつながらない時がある。圧倒的にマンパワーが足りないのである。特にいのちの電話はボランティアで成り立っており、不断の相談研修を自ら行うことから、相談員の高齢化や減少が切実な問題となっている。

次に、茨城県笠間市における民生委員の統計資料(18)をまとめた図5をご覧いただきたい。グラフは二〇〇〇年から二〇〇八年までの、人口一〇万人当たりの民生委員の数と、民生委員一人当たりの相談支援の件数推移を示したものである。二〇〇〇年においては、人口一〇万人当たり二〇〇人程度の民生委員数で、この数は二〇〇八年までそれほど変わっていない。しかし、民生委員一人当たりの相談支援件数については、二〇〇〇年では六〇件以上であったものが、二〇〇八年ではわずか二五件まで減少している。統計が意味するのは、地域で民生委員の活動に関する理解度が減少し、相談をしなくなってきていることである。一方、民生委員に聞いた話では、「個人情報保護法が施行された後から、

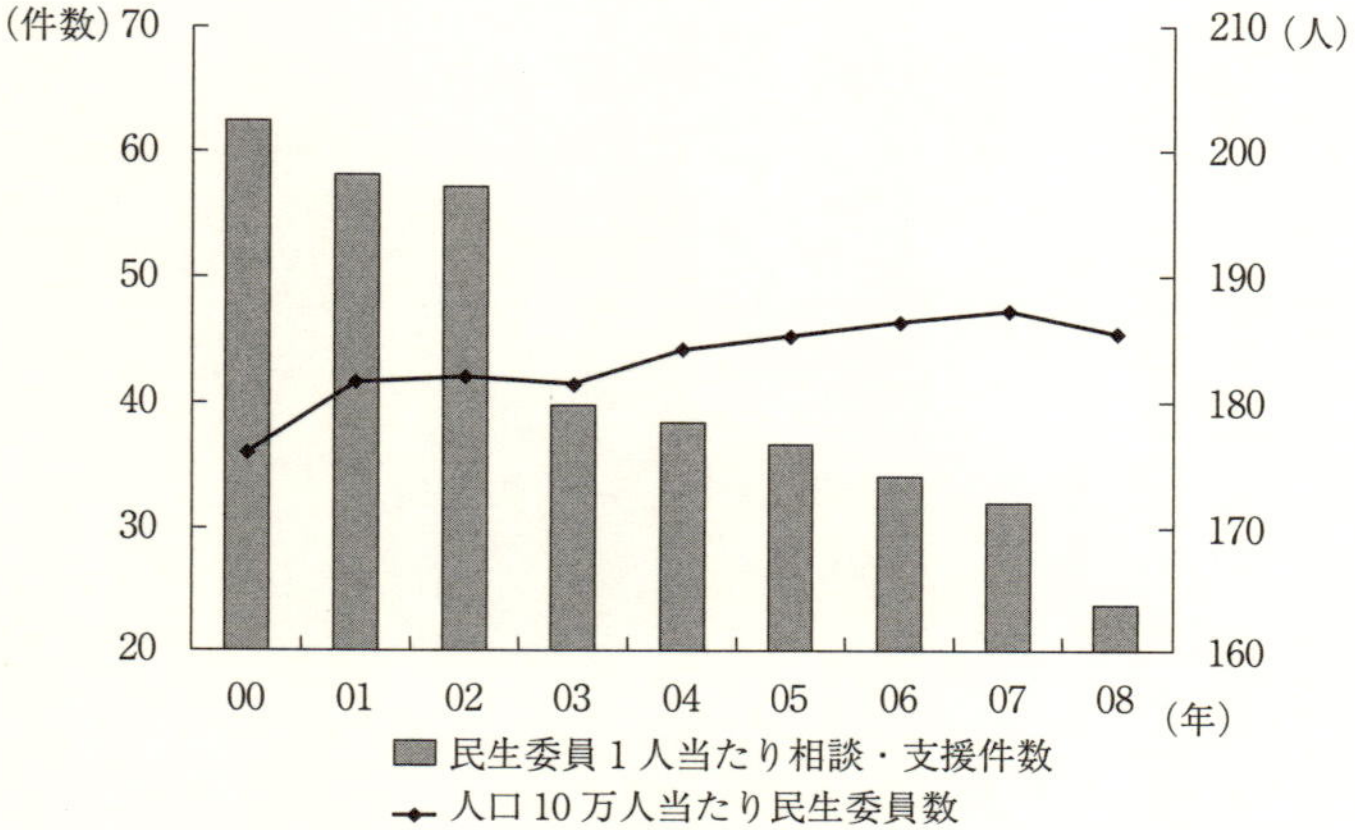

図 5　民生委員への相談件数と委員数の推移（太刀川，2018）

個人情報が入手できず、民生委員がその地域の悩んでいる人々を把握できない」という。個人のプライバシーを重視し過ぎた結果、悩んでいる個人にアクセスできなくなるという皮肉な事態が生じているのである。

更に、行政では、ある相談窓口に相談しても、それぞれの相談資源を十分に関係機関が共有していない、あるいは情報提供をしていない地域も多い。いわゆる縦割り行政である。例えば、自殺対策立案は社会福祉課が行うが、自殺予防キャンペーンを町でやろうとすると市民活動課、自殺リスクのスクリーニングをやろうとすると保健推進課が主管課になるといった状況である。自殺予防活動における様々な支援機関同士のつながりも弱い。図6にまとまった自殺予防対策を行う上でそろってほしい支援機関をあげた。

このうち消防や警察、医療機関、保健所、精神保健福祉センターなどは、ある程度連携している地域とほとんど連携ができていない地域がある。自殺は社会的に幅広い領域に関わる問題であるが、そもそも様々な支援機関や関係機関で情報や基本的な自殺予防の知識すら共有で

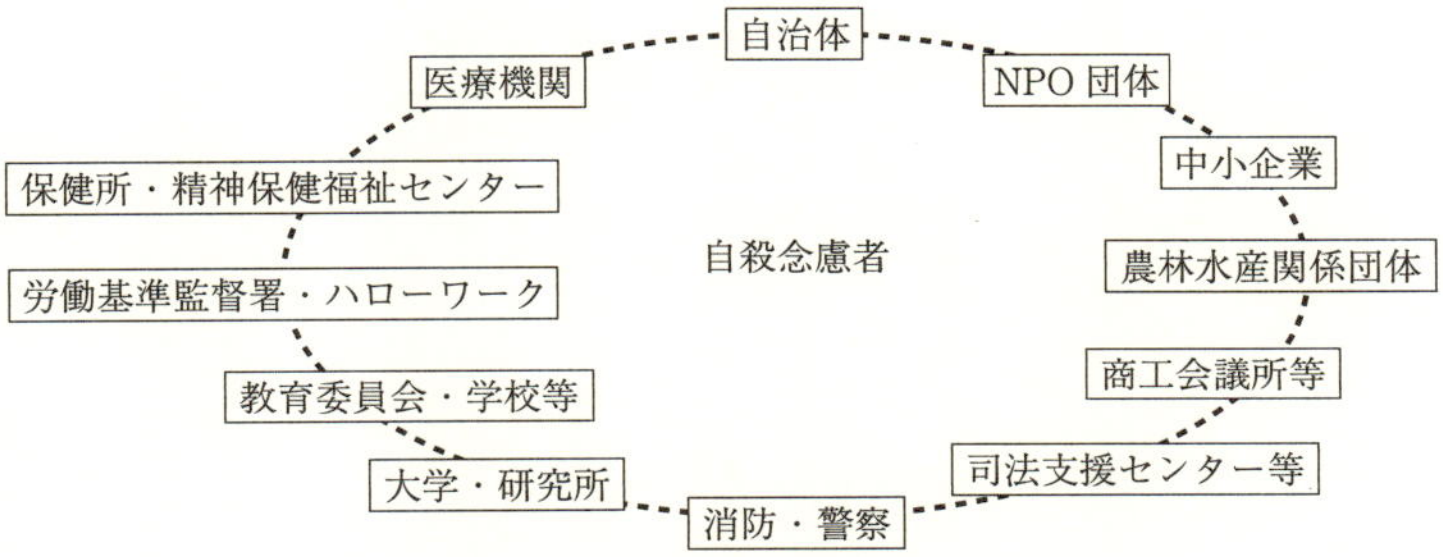

図6　自殺予防活動に関わるべき組織

きていないことに驚く。先日、ある自治体で開かれた自殺対策会議に出席した。会議の出だしで、自殺を今後何パーセント減らせるか目標を国に出さなければいけない、と行政が話した。学校の校長先生は「一人の自殺も日本で出さない活動を広めたい」と熱く語り、いのちの電話の担当者は「今自殺で苦しんでいる人を救うこともできないのに、一人の自殺も出さないとはいえないし、削減目標は作るべきではない」と冷静に述べた。これに対して商工会では「自殺したい人に気づくことなんてできないでしょう」と述べ、心理士会は「いじめ対策が大事です」と述べた。老人会は「死ぬなっていったって、年寄りはわがままだからいうこと聞かないね」と笑った。このような状態が日本の現実なので、まとめて社会対策を行うことは、地域によっては大変な困難を伴うだろう。

精神保健対策と社会対策をつなげる

現在、日本の自殺予防対策の大きな問題点として、国の社会対策と精神保健対策のつながりが弱いことがあげられる。自殺対策はこの一〇年、自殺対策基本法ができて自殺予防の意識が急速に進んできた。その中心として国を動かしてきたのは、三章で述べた自死遺族団体であるＮＰＯのライフリンクである。[19] ライフリンクの活動理念は、「新しいつながりが新しい解決策を生む」、「自殺対策とは地域や社会づくり」、「生き心地のいい社会」などのスローガンに集約される。二〇一四年には、長年日本の自殺予防に関わってきた日本自殺予防学会とは別に、日本自殺総合対策学会[20]という、ほぼ政策に特化した学会を作るなどの活動を行っているが、活動に精神科医や現場の自殺予防専門家はほとんど関与していない。つまり、ライフリンクの自殺対策は明確に社会的対策を重視している。

自殺対策基本法は二〇一六年に一部が改正された。[21] これは、自殺総合対策の更なる推進を求める要望書[22]に応じて、自殺対策を推進する議員の会[23]が提言し、参議院厚生労働委員会が決議し、国会で改正に至ったものである。改正された法律では、目的規定に「誰も自殺に追い込まれることのない社会の実現を目指してこれに対処していくこと」が重要課題とされており、都道府県、市町村自治体がそれぞれ自殺対策計画を定めるよう明文規定した。

具体的な対策の中で特に大きな変化は、「自殺対策推進本部」が、厚生労働大臣を責任者とする省内横断的組織として作られ、その下に自殺対策推進室が新設されたこと、ならびに自殺総合対策推進センター[24]が国立精神神経医療研究センターの中にあった自殺予防総合対策センターに代わって設立されたことである。従来の自殺予防総合対策センターは、精神保健福祉の観点に偏っているという理由で解体され、代わった自殺総合対策推進センターには、実態統計分析室や総合政策研究室など、政治学、統計学、経済学的な視点における機能が強まり、精神保健の視点が大幅に縮小されたという特徴がある。現在都道府県と市町村は、「自殺対策トップセミナー」という自殺総合対策推進センターとライフリンク代表の巡回講演を聞き、同センターが制作、配布した「地域自殺対策実態プロファイル」や「地域自殺対策政策パッケージ」[25]を参考に、各自で自殺対策計画を策定するよう、強く求められている。しかし、市町村単位の自殺者数は年単位で数人のところもあるため、自殺既遂者数に基づいた統計データでは、皆同じようなプロファイルとなり、その結果具体的な対策は似たり寄ったりになってしまう。そもそも具体的な対策として自殺ハイリスク者に行うのは、精神保健対策に他ならない。このため、社会的対策しか教示されない市町村では、どのような対策を講じればよいのか戸惑い、ジレンマに陥っているという話を聴く。日本の自殺対策は二〇一六年より、精神保健対策から社会政策へと大転換したのである。

なぜ自殺率が下がってきたのに精神保健対策が縮小されたのか、という点について、主義や思想を抜きにして冷静に考察してみよう。理由の一つには社会対策が自死遺族の声からその活動を始めていることがあげられる。自殺で最もつらい立場に陥る遺族は、第四章でふれたように何が問題で自殺が生じたのかを繰り返し考え、自らを責め、あるいはやり場のない怒りに震える。その際、仮に精神医療が関わっていたが、自殺が生じてしまった場合、あるいは警察が関わっていたが対応が十分でなかった場合など、対応機関がなぜもっときちんと対応してくれなかったのか、と思う事もあるだろう。そして自殺は社会問題であるから、この社会を変えねば、と強く思うことだろう。そう考えるのは、先に説明した悲嘆のプロセスから、当然である。二〇一三年にライフリンクがまとめた「自殺実態白書２０１３」[26]では、自殺でなくなった人のうち七二パーセントがなくなる前に相談機関にいっており、そのうち最も多い五八パーセントは精神科であったとまとめられている。この数字を聞けば、なぜ精神科医は救えないのか、という思いが強まり、精神保健対策では不十分ではないか、という気持ちになるかもしれない。一方、このような統計で注意しなければならないのは、数字は捉え方で全く反対の意味をもつことである。メディアはよく統計データを引用する。数字が社会的事実として人に強い印象を与えることを知っているからである。その際、数字だけみて誤った解釈で報道されることも稀ならずある。一章で述べたように、

ＷＨＯの統計では既遂者の九割に精神障害の診断がつくわけであるから、自殺者が自殺前に相談にいくところは圧倒的に精神科が多いはずである。この観点からすると、なぜ六割弱しか精神科にいっていないのかがむしろ問題である。残り四割が精神科で救われたかもしれないとも解釈できる。

逆に、精神科は自殺を考える人をどのくらい救っているのかについても、簡単に推計してみたい。二〇一一年にうつ病等の気分障害で精神科に通院した患者は年間約一〇〇万人に上る。[27]一般的にうつ病のうち一五パーセントが自殺念慮をもつので、通院している自殺リスクがある患者は年間一五万人いる。同じ年の自殺既遂者は二万九〇〇〇人なので、このうち六割の一万七四〇〇人が精神科に通院していて、全員うつ病だとしても、精神科は自殺リスクがある患者の八八パーセント、年間一三万二〇〇〇人の自殺を食い止めている計算になる。これは例えば、同じく死のリスクがあるがんの入院通院患者があわせて年間約二百万人で、このうちがんによる死亡者数が年間二三万人であることを考えると、ほぼ同じ死亡抑止比率である。ここで筆者は、だから精神科の対応は問題ないといっているのではない。もちろん一人の自殺は重いし、自殺に至る直前の機会で、さらに努力できる点はあっただろう。しかし、少なくとも良識ある精神科医たちは無策ではなく、一五万人の患者の自殺を最前線で防止すべく戦っている姿勢は理解していただきたい。

ここ数年の自殺対策の広がりに、ライフリンクが多大な貢献をしたことはいうまでもない。国を動かすまでの活動力に心から敬意を表する。また、全国の自治体にあまねく自殺対策を促す状況は、社会的な自殺対策の観点からは理想的なモデルであるかもしれない。しかし一方で、世界的にみて自殺予防対策の中で最も重視されている精神保健福祉対策にはあまり触れず、自治体の首長を集め、社会的対策ばかりを全国で強調している様子をみると、トップダウンで行われるそれらの対策が、今死にたいと思っている当事者主体の支援といえるのか不安を抱かざるを得ない。ここまで考察してきたことから明らかなように、社会的つながりの強調は自殺ハイリスク者には逆効果である。

社会的つながりを強調するだけでなく、絆の束縛をきらう人が面子を潰すことなくつながれるピアや専門家を支援・養成すること、専門家やピアが共通のビジョンをもってつながること、そして社会的対策と精神保健対策が相互補完的につながることが重要である。**社会的対策と精神保健対策が車の両輪のようにつながり、困難を乗り越えて前進する時、日本の自殺対策は真に有効なものとなるだろう。**

(1) 釘原直樹編『スケープゴーティング――誰が、なぜ「やり玉」に挙げられるのか』有斐閣、二〇一四。
(2) 須田桃子『捏造の科学者 STAP細胞事件』文藝春秋、二〇一五。
(3) 土居健郎『「甘え」の構造』(増補普及版)、弘文堂、二〇〇七。
(4) ルース・ベネディクト(長谷川松治訳)『菊と刀』講談社、二〇〇五。
(5) 岩波明『他人を非難してばかりいる人たち バッシング・いじめ・ネット私刑』幻冬舎新書、二〇一五。
(6) エミール・デュルケーム(宮島喬訳)『自殺論』中公文庫、一九八五。
(7) 小笠原將之「「人の絆」を超えるもの:地域モデル・医学モデルの限界について」『自殺予防と危機介入』三二(一)、二五-三三、二〇一二。
(8) 山岸俊男『信頼の構造――こころと社会の進化ゲーム』東京大学出版会、一九九八。
(9) (関根正雄訳)『旧約聖書 出エジプト記』岩波文庫、一九六九。
(10) 東京大学(調査代表:大学院人文社会系研究科教授 池田謙一)「世界価値観調査2010」二〇一〇。
(11) 阿部謹也『「世間」とは何か』講談社現代新書、一九九五。
(12) 張賢徳『自殺予防の基本戦略』(専門医のための精神科リュミエール)中山書店、二〇一一。

(13) 加地伸行『儒教とは何か　増補版』中公新書、二〇一五。

(14) 加藤典子「英語・中国語・日本語の"face"（面子）の違い」『東京工芸大学工学部紀要　人文・社会編』二三（二）、四八－五七、二〇〇〇。

(15) ＢＢＮＥＷＳ「韓国の盧武鉉前大統領が死亡、自殺か」ＡＦＰ通信、二〇〇九年五月二三日。

(16) 日本いのちの電話連盟『自殺予防いのちの電話――理論と実際』ほんの森出版、二〇〇九。

(17) 岩井喜代仁『わが魂は仲間とともに　薬物依存回復施設　茨城ダルクの20年』どう出版、二〇一二。

(18) 太刀川弘和、松井豊、遠藤剛他『地域ネットワーク強化により自殺既遂を防止する介入モデル研究「笠間を元気にするネットワーク作り」平成22年度茨城県地域自殺対策モデル研究事業受託研究報告書』二〇一一。

(19) 特定非営利活動法人自殺対策支援センターライフリンク（http://www.lifelink.or.jp/hp/top.html）

(20) 日テレ NEWS24「「日本自殺総合対策学会」を設立」二〇一四年九月八日。

(21) 自殺対策基本法の一部を改正する法律、法律第十一号（平二八・三・三〇）

(22) 自殺対策全国民間ネットワーク、自殺のない社会づくり市区町村社会「自殺総合対策の更なる推進を求め要望書～「誰も自殺に追い込まれることのない社会」の実現に向けて～」平成二七年五月一三日。

(23) 自殺対策を推進する議員の会（https://www.suicidepreventiongiren.com/）

(24) 自殺総合対策推進センター（https://jssc.ncnp.go.jp/）

(25) 自殺総合対策推進センター「地域自殺対策政策パッケージ」二〇一七。

(26)『自殺実態白書２０１３』（http://www.lifelink.or.jp/hp/whitepaper.html）

(27) 厚生労働省：精神疾患による患者数。みんなのメンタルヘルス総合サイト（https://www.mhlw.go.jp/kokoro/speciality/data.html）

おわりに

これまでの論考から、これからの自殺予防で解決すべき課題は多い。まず、社会的なつながりの障害が個人の脳機能の障害をもたらすという仮説を検証する必要がある。これは脳科学が現在進行形で研究を進めている。画像解析研究や認知脳科学研究が、今までブラックボックスであった脳と社会のインタラクションを解明し、遠からず本書の仮説を生物学的に検証してくれることを願う。次に、自殺が幼少期のつながりの障害による誤学習や、コミットメントに偏った日本社会の構造上の問題とすれば、社会的葛藤やスティグマへの対処を教える自殺予防教育は、重要であろう。手法を洗練させて普及させるべきだが、教育界での慎重論も多く、普及には時間を要する。さらに、つながりの観点からは、ケース・マネージメントの普及、あるいはインターネットを含めたメディアの活用など、新たな自殺予防手法の開発を進めたい。前者については、専門人材が少なく、育成にマンパワーを要するばかりか、経済的に維持ができる体制が未完成である。後者について、海外ではすでに大規模臨床研究を含めた様々な試みが行われている。しかし日本では、ＩＴ技術を自殺予防に応用する試みは遅れている。最後に、社会的対策と精神保健対策の連携であるが、こちらは研究者個人ではできることに限りがある。今後一〇年で年間自殺者数を三〇パーセント削減する目標を掲げた政治・行政の主導で、ぜひ取り組んでほしい。これらの課題に取り組みを続けていくことが、自殺予防の未来につながると筆者は信じている。

さて、本書は、筆者が精神科臨床において自殺予防に取り組み始めた頃から感じていた問題意識を、「個人と社会とのつながり」という切り口で述べてきた。社会学、社会心理学、精神医学を援用し、つながりの観点から自殺の実態とメカニズムの仮説を提示し、続いて、様々な自殺予防対策とその今日的課題を検討してきた。自殺予防に関する成書でつながりの重要性を謳うものは多いが、一人の自殺から社会現象としての自殺まで、すべてつながりで説明を試みた点が本書の特徴と自負している。なお、本書に登場する症例は、印象的な発言の一部のみを用い、属性も大きく改変して個人が特定できないよう配慮している。専門以外の学問分野の用語も独学で取り入れているため、概念の理解に精緻さが欠けるとしたら筆者の勉強不足である。また時間と紙幅の関係で、高齢者の自殺やインターネットを用いた対策など、十分に言及できなかった課題もある。今後機会があれば改めて言及するつもりでいるので、ご容赦願いたい。

筆者の怠惰で本書は構想から実に一〇年の歳月を要し、多くの方々の協力を得て完成にこぎつけた。まず、家庭での時間がとれない中、常に厳しく執筆を促してくれた妻と三人の娘と三匹の猫、筆者に批判的な思考を植え付けてくれた数学者の父と優しい母、弟、妹に感謝したい。次に、二〇〇六年のACTION-J研究以降、筆者を自殺予防研究に引き入れていただき、現在まで自殺予防活動をともに行っている札幌医科大学医学部神経精神医学講座河西千秋教授、岩手医科大学神経精神科学講座大塚耕太郎教授、国立精神神経センター精神保健研究所精神薬理研究部山田光彦部長、日本自殺予防学会理事長の帝京大学溝口病院精神科張賢徳教授と全国の自殺予防の仲間にお礼を述べたい。さらに、自殺予防研究をご支援いただいた筑波大学精神医学前教授の朝田隆先生、茨城県立こころの医療センター前院長の土井永史先生、本書でもたびたび著作を参照した筑波大学災害・地域精神医学高橋祥友教授、社会心理学から指導をいただいた筑波大学人間系松井豊教授、スティグマのアイデアをいただいた南山大学経済学部阪本俊生教授に敬意を表したい。加えて、筆者の研究活動をいつも支持してくださる筑波大学医学医療系精神医学新井哲明教授、脳画像作成などいつも筆者のサポートをしてくれる根本清貴准教授、原稿作成を加速していただいた松崎朝樹講師、白鳥裕貴講師と筑波大学附属病院精神神経科の同僚たち、保健管理センターでともに大学生の自殺予防に取り組む人間系杉江征教授はじめ学生相談の先生方、筆者の全ての自殺予防研究の解析をしてくれた東洋学園大学人間科学部相羽美幸講師、病院の自殺対策を懸命に実施してくれている山田典子さん、矢口千絵さんと茨城県立こころの医療センターの職員の皆様、執筆のため指導が滞っても待っていてくれる、院生の高橋あすみさん、翠川晴彦君と歴代のわが研究室の学生諸君、研究室秘書として長く筆者を支え続けてくれている原信田清子さん、そして筆者に自殺予防の示唆をくれた多くの患者さんと友人たちに深く感謝したい。そしてなによりも、この一〇年間、企画段階から我慢強く本書の完成までサポートしてくれた人文書院の井上裕美さんに、最大の感謝を述べたい。彼女と彼女が幾度となく持ち出すピーコ人形（彼女の安心毛布らしい）の話題がなければ、本書は完成に至らなかった。

最後に芥川龍之介の『蜘蛛の糸』の一場面を引用する。「ふと気がつくと蜘蛛の糸の下の方には数限りもない罪人たちが自分の登ったあとをつけてまるでありの行列のようにやはり上へ上へと一緒によじ登ってくるではありませんか。自分一人でさえ断ち切れそうなこの細い蜘蛛の糸がどうしてあれだけの人数の重みに耐えることができましょう」。この話は、慈悲があっても人間は己の欲望のために身を亡ぼすことの説話である。

画家の鴨居玲は、蜘蛛の糸に捕まる男につながる無数の人々の場面を印象的な絵画にしている（第四章図3）。しかしよく考えてみると、蜘蛛の糸で罪人が上っていくのは天国ではあるけれども、やはり死後の世界である。鴨居玲も、芥川龍之介も自殺しているのだ。

そこで鴨居の絵を逆さにしてみよう。自殺を考える人は現実の地獄から逃れたいと思って蜘蛛の糸にすがり死の世界に行こうとする。我々もまた、現実世界の地獄の中で互いにつながっている罪人のようなものである。そこで蜘蛛の糸で一人死の世界に旅立とうとする人を、仲間としてとりあえず生の世界につなぎとめようとすること、これが自殺予防ではなかろうか。

太刀川　弘和

二〇一九年一月

著者略歴

太刀川弘和（たちかわ・ひろかず）

1967年生まれ。茨城県出身。筑波大学医学専門学群卒業，博士（医学）
現在，筑波大学医学医療系臨床医学域災害・地域精神医学教授，日本自殺予防学会常務理事
専門分野：臨床精神医学，青年期メンタルヘルス，自殺予防，精神科救急，災害精神医療。
趣味は自主映画製作

JIMBUN SHOIN Printed in Japan
ISBN 978-4-409-34053-0 C1011

つながりからみた自殺予防

二〇一九年二月二八日　初版第一刷発行
二〇二三年六月一〇日　初版第二刷発行

著者　太刀川弘和
発行者　渡辺博史
発行所　人文書院
〒六一二-八四四七
京都市伏見区竹田西内畑町九
電話〇七五（六〇三）一三四四
振替〇一〇〇〇-八-一一〇三

印刷・製本　創栄図書印刷株式会社
装丁　㈱META　田端恵

乱丁・落丁本は送料小社負担にてお取替いたします。